营销伦理学

易开刚 主编

浙江工商大学出版社

图书在版编目(CIP)数据

营销伦理学 / 易开刚主编. — 杭州 :浙江工商大学出版社，2010.12

ISBN 978-7-81140-236-0

Ⅰ. ①营… Ⅱ. ①易… Ⅲ. ①市场营销学：伦理学 Ⅳ. ①F713.50—05

中国版本图书馆 CIP 数据核字(2010)第 239471 号

营销伦理学

易开刚 主编

责任编辑 何海峰
责任校对 张振华
封面设计 刘 韵
责任印制 汪 俊
出版发行 浙江工商大学出版社
(杭州市教工路 198 号 邮政编码 310012)
(E-mail:zjgsupress@163.com)
(网址:http://www.zjgsupress.com)
电话:0571-88904980,88831806(传真)
排 版 杭州朝曦图文设计有限公司
印 刷 杭州杭新印务有限公司
开 本 787mm×960mm 1/16
印 张 15.75
字 数 291 千
版 印 次 2010 年 12 月第 1 版 2012 年 6 月第 2 次印刷
书 号 ISBN 978-7-81140-236-0
定 价 30.00 元

浙江工商大学出版社营销部邮购电话 0571-88804227

目　录

前　言

市场营销学产生于20世纪初市场经济已具相当发展水平的美国。20世纪70年代末开始传入中国，并随着改革开放和市场经济的形成，得到了广泛的传播与发展。随着生产力水平的提高、市场供求的变化、市场竞争的激化，营销观念也经历了一个漫长的演变过程：以产品为中心的市场营销理论—以顾客为导向的市场营销理论—以道德与社会责任为导向的社会营销理论。当今世界，市场竞争日益激烈，社会真正需要的是具有道德和社会责任感的企业：它们遵循市场营销伦理，提倡道德营销，在制定营销策略时综合考虑顾客、企业、社会三者利益的统一，致力于建立一个真正可持续发展的和谐社会。

改革开放30多年来，我国企业整体营销水平有了大幅度的上升，但在价值观念、道德水平方面却与国外同行存在着较大的差距。积极推行道德化的营销方式，增强营销伦理观念，在“软实力”上奋起直追，才是我国企业发展的长远之道，才是我国企业走出国门、走向世界的竞争优势。可以说，道德低下的企业是没有未来的。营销伦理是中国商人和企业家急需补上的一课。

营销伦理是针对营销策略、营销行为及营销活动的判断标准，即判断企业营销活动是否符合消费者及社会的利益，能否给广大消费者及社会带来最大幸福的一种价值标准。企业与消费者和社会的关系，最主要的是经济关系，直接表现为某种利益关系，这种关系的正确处理，除依靠法律外，还需要正确的伦理观念指导。营销伦理涉及企业高层管理者、营销经理和一般营销人员的道德问题，因为他们的道德水准将影响企业的营销行为。营销伦理影响到企业各个方面的活动，包括营销策略的制定，目标市场的选择，产品策略、价格策略、分销策略以及促销策略中的人员推销、广告、营业推广等的制定和运用。

在市场经济条件下，企业的营销活动不仅仅是一种赢利性活动，更是一种社会性活动，是一种致力于通过交换过程满足需要的人类活动。企业营销的这种属性决定了企业在从事营销活动时既要遵循市场规律，也要遵循一定的道德及有关法律，承担相应的社会责任。企业的市场营销行为需要遵循一定的评价标准，这个评价标准就是社会对企业营销的一种伦理要求。因此，企业要以营销伦理观念为核心，来指导企业的营销活动，维护消费者和社会的利益，增加企业的知名度，提高企业的声誉，并把企业的伦理优势转化为竞争优势，实现企业的可持续发展。同时，社会需要合乎伦理的营销行为，因为只有符合道德的营销才能真正促进市场经济的有序发展，促进社会的不断进步，最终实现可持续发展。

伦理营销是市场营销发展的必然趋势，道德观念在市场营销中的地位越来越重要。在营销活动的各个阶段，如市场调研、产品设计、渠道建设、产品定价、促销等，以及与顾客、批发商、零售商、竞争者、广告公司、媒体、研究机构、政府机关、公众等群体或部门的利益博弈中，存在着形形色色的伦理问题，其广泛性和普遍性要求我们重视营销的伦理道德，真正把道德观念贯彻到企业的市场营销活动中来，杜绝不道德行为。

当今社会对营销伦理的呼声越来越高。众所周知，20 世纪 70 年代以后，伴随着消费者保护主义、环境保护主义运动的兴起，市场营销已经进入了后营销时代，这标志着企业需要承担更多的道德和社会责任，像近年来出现的“齐二假药案”、“苏丹红”事件、“SK-Ⅱ”事件、“三聚氰胺”等事件，给那些不注重营销伦理的企业敲响了警钟。

信息技术的发展、互联网的普及把营销带入了一个新纪元。信息技术的迅速发展使企业能及时地分析各项商业数据，预测当前形势，充分利用资源，便于发现交易的规律及商机，挖掘更多更大的商机。同时，互联网的普及为人们提供了更大的交易平台。在这种情况下，营销的功能被放大，营销伦理的地位和重要性也随之提高。

放眼全球，注重营销伦理是经济全球化背景下的必然选择。随着中国加入 WTO，中国社会发生着深刻的变化，关注伦理道德是极其重要的一个方面。在全球视野下，不同的政治、经济、文化交往引发的转型问题，不同文化、民族、国家之间碰撞产生的差异性问题，都属于伦理道德研究的范畴，而在经济方面的交往则具体体现为商业伦理学、营销伦理学的各种问题。

营销伦理学是 20 世纪 80 年代兴起并在 20 世纪 90 年代末 21 世纪初得到迅速发展的一门新的交叉学科。它是商业伦理学的一个分支，根据伦理学的道德原理对企业经营活动中的营销策略、营销行为进行道德评价和伦理批评。本书是一本系统介绍营销伦理理论、实践策略的教材，全书共 12 章，前 3 章系统地介绍了营销伦理的理论背景和演进历程，全方位地分析和论述了营销伦理的一些基本概念，并提出了营销伦理组合的分析方法，力求使读者对营销伦理有一个清晰的认识。接下来的 6 章分别从产品、定价、渠道建设、广告、公共关系、营销竞争这几个环节来介绍营销伦理，通过理论与案例相结合的方法，分析了这几个环节中存在的伦理问题，突出实践中的伦理策略和技巧应用。最后3章详细地介绍了服务营销、网络营销、国际营销中的伦理问题及策略，进一步拓展读者对营销伦理的认识。

本书与一般的营销伦理学教材相比，主要特色及创新之处有四。一是理论与实践相结合。书中各章节相应地提供了大量的案例，供读者思考和分析；每章结束后还附有一个案例分析题，可以使读者更好地掌握本章的学习重点。二是思路清晰，结构明了。本书在每一章开始都设有“本章学习目标”和“本章学习重点”，针对性强，脉络清晰；每一章结尾配有“本章小结”和“思考题”，帮助读者更好地对本章进行概括和分析。三是符合时代特征。本书紧跟时代潮流，增加了21世纪经济大背景下的服务营销、网络营销和国际营销，来适应信息化和经济全球化时代。四是本书增加了学习深度，不仅在理论上进行了深入归纳和论述，而且在实际环节方面也更注重读者的理解程度，力争使读者更好、更全面地学到营销伦理的知识。

本书可以作为普通高等院校营销管理专业本科生和研究生教材，也可以作为企业中、高级营销人员和管理人员培训教材。

本书的主编为浙江工商大学教师，在写作过程中，浙江工商大学2008级研究生王丰超、俞富强、金宝玉，浙江工商大学2006级本科生叶晓青、厉飞芹、刘凯、林肖肖、许晓仪、卢瑜瑜、朱金军、肖海棠等在资料收集、内容整理、文字校对等方面付出了辛勤劳动，在此表示诚挚的谢意！作者在编著过程中参阅、借鉴和引用了大量营销伦理的内容和案例，有的已进行了注释，若有疏漏，还请谅解！在此对这些教材和材料的编著者表示感谢！

由于时间紧迫和水平有限，书中的错误和不妥之处在所难免，恳请各位读者批评指正！

易开刚

2010年12月于浙江工商大学

第一章　营销伦理的理论背景与演进历程

营销伦理——中国商人和企业家急需补上的一门必修课。

——编者语

本章学习目标

通过本章的学习，了解和掌握市场营销理论的演进与发展，把握基本的市场营销理论；了解营销伦理的形成和发展；正确掌握营销伦理的概念及其构建要素；清晰把握营销伦理的理论框架，掌握营销伦理的理论基础。

本章学习重点

市场营销理论的演进，营销伦理的概念及其形成过程，营销伦理的理论框架。

市场营销学译自英文 marketing 一词，20 世纪初产生于市场经济已具备一定发展水平的美国。20 世纪 70 年代以后，伴随着消费者保护主义、环境保护主义运动的兴起，企业经营活动的道德层面得到了越来越多的强调，传统的市场营销理论受到了越来越多的挑战。营销伦理正是在这样的背景下发展和成长起来的，它要求企业把赢利与社会责任统一起来，制定合乎伦理的营销策略。

第一节　市场营销理论的演进与发展

当社会经济条件趋于成熟时，一种新的思想和理论就会应运而生。市场营销学理论是一门研究市场及顾客需要，并通过有效的策略和手段促进产品和价值交换，从而达到企业的经营目标的学科，是在社会经济条件不断成熟的背景下产生的。

市场营销观念是企业在市场上从事经营活动的指导思想和价值目标，其核心是如何对待顾客。市场营销观念是市场营销的理论基础，是一切经营活动的出发点。营销观念不同，企业营销活动的目标和任务就会产生很大的差异，在处理企业、顾客和社会利益等关系时也会有迥异的态度。企业的营销观念不是静止不变的,也不是主观臆造出来的,它是由企业在特定时期内所处的客观环境所决定的。随着社会生产力水平的提高、市场供求的变化、市场竞争的激化,营销观念也经历了一个漫长的演变过程,概括来说主要分为三个阶段的理论:以产品为中心的市场营销理论—以顾客为导向的市场营销理论—以道德与社会责任为导向的营销理论。

一、以产品为中心的市场营销理论

以产品为中心的市场营销理论主要经历了生产观念—产品观念—推销观念的发展阶段。此时企业首先考虑的是产品而不是顾客,企业的一般运作模式是推销出售已经生产出来的产品,要求顾客的需求符合企业的供给,把市场作为生产和销售过程的终点。

(一) 生产观念

1. 生产观念是以企业为主的一种传统理念。这种观念认为,顾客追求的是使用价值高、价格低廉的产品,所以企业经营管理的主要任务是:合理组织企业内部的各种资源,加强管理,提高劳动生产效率,提高产量,降低成本,以满足消费者的急切需求,从而达到获取利润的目的。

2. 生产观念是生产力和科学技术水平相对落后的产物。在这一时期,社会生产力水平较低,产品供不应求;企业一般集中精力增加产品产量,以产定销;企业生产的产品无论数量多少、品质优劣,都不愁销路,且能够获得丰厚的利润。这一时期产品的成本较高,所以只能通过提高销量来降低单位产品的成本率。因此,在这一阶段,企业的一切经济活动都以生产为中心,市场考虑的不是产品的质量和服务,而是产品的生产速度和供应量。

(二) 产品观念

随着社会生产的不断扩大,消费者对产品的选择余地也不断增大,人们倾向于选择质量更好、性能更优的产品。因此,企业经营管理的中心任务从一切以产速和产量为中心转变为集中一切力量生产出更加优质的产品以增加销售额。以产品观念为导向的企业往往忙于开发高质量的新产品,却找不到销路,容易导致"市场营销近视"现象,即在市场营销管理中缺乏远见,只把注意力放在自己的产品上而忽视了市场的需要。只看到自己的产品质量好,却看不到市场需求的变化,导致企业经营陷入困境。

（三）推销观念

随着社会生产力的不断提高，一方面，市场上产品的供应量不断增多，产品种类也更加丰富，出现了供大于求的状况，直接导致了市场竞争的日益激烈化；另一方面，随着消费者生活水平的不断提高，个人购买产品时的选择余地不断增大，销售困难的增加一定程度上促进了推销观念的产生。推销观念又称销售观念，认为企业如果不采取一定的推销措施，消费者一般不会较多地购买本企业的产品，所以必须通过推销的外部刺激来促使消费者购买本企业的产品。推销观念虽然比生产观念和产品观念前进了一步，开始注重产品的广告宣传和市场推销，但其实质仍然是以生产为中心的，仍然是"以产定销"支配下的一种观念。

二、以顾客为导向的市场营销理论

以顾客为导向的市场营销理论主要经历了从市场营销观念到顾客满意和忠诚理论的发展历程。该理论是以顾客为中心的。此时企业首先考虑的是顾客需要而不是企业已有的产品，然后根据顾客需要，设计、生产出产品，并对市场营销因素进行合理有效的组合，制定出既能满足需求，又有利于企业长期发展的营销策略。

（一）市场营销观念

市场营销观念出现在第二次世界大战以后，该观念认为，实现企业经营目标的关键在于准确掌握目标市场消费者的需求和欲望，并以市场需求为导向来组织企业的生产经营活动，从而生产出比竞争对手更能有效满足消费者需求和欲望的产品。市场营销观念的出发点是满足顾客的需求，即"顾客需要什么，就生产什么"。

以往的营销观念都是以生产为中心，以卖方为中心，是一种"以产定销"的营销观念。而市场营销观念则以市场、顾客、消费者为中心，实行"按需生产"，是一种"以销定产"的营销观念。企业通过制定相应的经营策略，开展市场调查，科学地制定产品决策、价格决策、渠道决策和促销决策，来满足顾客的需要，并以此获取消费者的信任和喜爱，提高企业知名度，树立良好形象。总之，市场营销观念的核心是把满足顾客需要作为企业经营活动的中心，即顾客需求导向。

（二）顾客满意与忠诚理论

随着市场竞争的日益加剧以及顾客消费的多样性，企业面临越来越大的竞争压力，并且更加重视顾客的满意度和忠诚度。事实证明，如果企业能够有效地提高顾客的满意度和忠诚度，不仅能在竞争中处于有利地位，而且有利于形成企业的核心竞争力。

顾客满意和忠诚理论是一种以消费者为导向的市场营销理论。美国营销学权威、现代市场营销之父菲利普·科特勒(Philip Kotler)认为:"顾客满意是指一个人通过对一个产品的可感知效果与他的期望值相比较后,所形成的愉悦或失望的感觉状态。"顾客忠诚是指客户对企业产品或服务的依赖和认可,坚持长期购买和使用该企业产品或服务所表现出的在思想和情感上的一种高度信任和忠诚的程度,是客户对企业产品在长期竞争中所表现出的优势的综合评价。顾客满意和顾客忠诚之间具有非常紧密的联系,但并不是一直存在着正相关的关系。毋庸置疑的是,无论在高度竞争的行业还是低度竞争的行业,顾客的高度满意都是形成顾客忠诚感的必要条件,而顾客忠诚感对顾客的行为忠诚无疑会有巨大的影响。

三、以道德与社会责任为导向的营销理论

以道德与社会责任为导向的营销理论主要包括社会营销观念、道德营销观念和绿色营销观念,三者都是在道德和社会责任指导下进行的市场营销活动,综合考虑了顾客、企业、社会三者利益的统一,是真正符合建立一个可持续发展社会目标的营销观念。

(一)社会营销观念

20 世纪 70 年代,一些有识之士开始针对环境污染、资源短缺、人口暴增、世界性通货膨胀和忽视社会服务等情况,提出了对市场营销观念应作某些修正和补充的建议,从而引出了一种新的观念,即社会营销观念。社会营销观念认为,企业的中心任务是确定目标市场消费者的需要,并在保护和增进消费者与社会长远、整体利益的前提下,以比竞争者更有效的方式,将能满足消费者需求的产品和服务提供给他们,从而达到企业的经营目标。因此,企业在确定经营目标时,既要认真研究市场需求,充分发挥企业优势,同时也要十分重视维护消费者的长远利益和社会福利。

市场营销观念强调的是把满足消费者需求和实现企业利润结合起来,而社会营销观念则把社会公众整体的、长远的利益也包含进来,即在市场营销观念的基础上,统一顾客、企业、社会三者的利益关系,是一个可持续发展的营销观念。

(二)道德营销观念

随着社会生产力的进一步提高,市场营销理论不断成熟,企业之间的市场竞争也变得更加激烈。不少企业为了获取更大的利润,抢占更大的市场,采取了很多不道德的手段,越过了道德和伦理的底线,对顾客、他人和社会带来了严重的伤害和危害。于是,很多学者开始提出道德营销的观点。

道德营销是合乎道德的营销，它要求企业在经营活动中坚持义利统一，将社会利益、企业利益及其他相关者利益结合在一起，达到一个较好的平衡和统一。道德营销是企业坚守营销伦理的途径和表现。也有学者认为道德营销是指个人和组织在通过产品和价值的交换，实现自身利益的行为中，对道德、良知与正义的向往和坚持的一种社会活动过程。由于道德的核心理念就是善，因此概括地说，道德营销就是以善取利。

(三) 绿色营销理论

在当今社会，环境问题越来越引起人们的重视，因环境污染而造成的温室效应、海平面上升等问题已经日益威胁着我们人类的生存。为此，很多有识之士开始提倡绿色营销。所谓绿色营销，是指企业以环境保护观念作为企业经营指导思想，以绿色文化为其价值观念，以消费者的绿色消费为中心和出发点，力求满足消费者绿色消费需求的营销策略。[①] 该定义强调了企业在进行市场营销活动时，要把经济利益和环境保护结合起来，保持人与自然的和谐。绿色营销作为营销工作者对环境和资源问题的积极响应，对消费者、对社会都是非常有益的，从长远看，对企业也是非常有好处的。

【案例 1-1】 重谈企业社会责任[②]

2008 年 9 月，中国乳业遭遇前所未有的危机，在三鹿婴幼儿奶粉曝出含三聚氰胺之后，伊利、蒙牛等 22 家乳品企业的产品也被检出三聚氰胺。在此事件前，这三家企业，尤其是伊利和蒙牛，一直都表现出一副勇于承担社会责任的企业形象，不仅每年要拿出上千万元用于公益活动，而且频频在媒体露面，宣称坚持承担社会责任是企业的义务和宗旨，因此，当产品被检出问题时，举国上下一片哗然。

中国自进入 21 世纪以来，企业社会责任被赋予越来越多的内涵，很多企业家出言必称企业社会责任，然而，在他们的眼里，企业社会责任似乎仅仅意味着单纯的公益性、社会性的活动。被检出产品中含有三聚氰胺的伊利和蒙牛，分别在 2007 年和 2008 年发布了《企业公民报告》(伊利)以及《蒙牛社会责任报告》。看着这两份报告，只会让人感觉到讽刺。号称走在企业社会责任前列的企业却出现产品质量问题，这不能不让人反思企业对社会责任的理解程度。

那么，如何建立相互之间的信任呢？不管大家多么专心、刻苦地做事，如果只是靠自己，很少有人会信任你，这时候才产生了企业，企业是帮助社会建立信任的

① 甘碧群:《关于绿色营销问题的探究》,《外国经济与管理》,1997 年第 3 期。

② 金明辉:《重视企业社会责任》,《管理人》,2008 年第 9 期。

机构。企业本身就是一个名字，这个名字可以帮助公众记忆，然后我们才能够互相信任。因此，做企业的必须记住这一点：我们需要企业，就是为了建立一种信任系统，而利润就是责任。

2008年9月12日，三鹿集团宣称，通过对产品大量而深入的检测排查，在2008年8月1日就已得出结论：是不法奶农向鲜牛奶中掺入三聚氰胺造成了婴儿患肾结石，不法奶农才是这次事件的真凶，并将调查结果立即上报，而且通过卫生部发布会发布召回婴幼儿奶粉的声明。但是必须强调的是，三鹿公司要想取得利润，就必须对所有奶厂、奶农的行为承担连带责任，如果不承担连带责任就没有资格谈利润。一个企业也好，一个人也好，越有能力，越得为别人承担，只有勇于承担才能够取得更多的利益。

在企业内部，一般会靠利益分配来划分责任。老板拿的收入是利润，承担的是100%的责任；普通员工拿的收入是成本，承担的是过失责任。老板需要用心去建立一个科学合理的管理制度，监督员工，促进员工的工作效率和企业归属感。因此，企业利润本身实际上就是社会考核个人行为的一种责任制。当我们知道这些口口声声将社会责任挂在嘴边的企业，其实连社会责任的最底线也没有守住时，我们的确应该重新思考到底什么是企业社会责任了。

社会责任是有意义的，因为制度不可能是完美的；但它的意义也是有限的，因为缺乏好的制度，责任是难以考核与落实的。对企业家来说，他们的真正责任，是在诚实守信的基础上，通过为客户创造价值，赚取利润，同时给更多的人创造就业机会，为国家发展及社会稳定贡献一份力量。只有干实事且真正为社会着想并勇于承担社会责任的企业才能在不断变化的市场机制当中获得良好的口碑和持久的公众支持力。

第二节 营销伦理理论的形成

一、营销伦理思想的形成

“伦理”(ethics)一词，在西方来源于希腊文 ethos，本意是风尚和风俗。[①] 公元前4世纪，亚里士多德在雅典学院讲授道德品行的学问时，提出了 ethikas(伦理学)这一术语，此后，伦理就变成了与道德品行相关的概念。在中国古代，“伦理”一词是分开而论的，“伦”的本意为辈，后来引申为类、比、序等意思，“伦”字又由“人”、

① 纪良纲：《商业伦理学》，中国人民大学出版社2005年版。

“仑”组成，“仑”有条理、思虑的意思，加“人”字做偏旁就有人事之理的意思，指人和人一代一代相连接，表示人与人之间的道德关系。“理”的本意是“治玉”。东汉学者许慎在《说文解字》中解释为“理，从玉，治玉也”，即从玉石的纹路引申为事物的条理、道德等意思。“伦理”的连用，最早见于《礼记·乐记》的“乐者，通伦理者也”，意指人与人之间应当遵守的行为准则。由此可知，“伦”即人伦，是指人与人之间的关系；“理”即治理、整顿，是指条理、原理和规则。所谓“伦理”，是指在人与人关系中所需要的准则、原则和规定。

伦理的概念运用到营销领域就形成了营销伦理的概念。营销伦理学（marketing ethics）是商业伦理学的一个应用分支，是指对营销策略、营销行为及经营道德的判断标准，即判断企业营销活动是否符合消费者及社会的利益，能否给广大消费者及社会带来最大幸福的一种价值标准。

自人类社会产生开始，就有了人的责任。道德责任现象始终伴随着人类社会的实践生活，是人类得以生存和发展的动力所在。道德责任随着人类社会的发展，随着时代的变化，其自身也在不断地变化与更新。因此，道德责任理论的历史性更新，为我们研究营销伦理诸问题提供了丰富的历史资料。

（一）国外营销伦理思想的形成

国外学者对营销伦理研究的主要特点是理论研究同实证分析相结合，侧重从伦理角度分析营销战略与决策，研究的方法主要是综合应用伦理学、市场营销学、组织行为学、消费者行为学等多门学科的方法。菲利浦·科特勒于 1987 年 5 月在美国营销协会成立 50 周年纪念日召开的世界营销大会上，做了题为《市场营销思想的新领域》的报告。[①] 根据报告提供的内容和菲利浦·科特勒的介绍，20 世纪 70 年代以来国际市场营销学界在营销理论和实践方面的创新主要在两个方面展开。

1. 基于顾客价值的营销创新。如 20 世纪 70 年代阿尔·赖斯和杰克·特鲁塔提出的“市场定位”，80 年代巴巴拉·本德·杰克逊提出的“关系营销”，90 年代约翰逊等提出的“营销网络”等，都属于这一层次。随着新技术的应用与发展，使得“网络营销”成为企业适应市场、创造需求的新的营销方式和手段。

2. 基于道德价值的营销创新。这种营销创新意味着企业追求顾客满意和利润的同时承担更大的社会义务或道德责任。之后，相继出现了“绿色营销”（green marketing）、“社会营销”（social marketing），这些观点都需要企业在发展中同时考

① 邝鸿：《现代市场营销大全》，经济管理出版社 1990 年版，第 923－926 页。

虑环境的保护与社会的长远利益。显然，基于道德价值的营销创新比基于顾客价值的营销创新提高了一个新的层次。在进入后营销时代，企业各种营销活动不仅要最大限度地满足“顾客利益”，还要满足“社会利益”，这是市场营销活动发展的一个必然趋势。

（二）国内营销伦理思想的形成

20 世纪 90 年代中期，我国开始了对企业营销伦理的研究。武汉大学、上海财经大学、南开大学等都纷纷加强了对营销伦理问题的研究，并对市场营销的宏观方面、中国特色的营销伦理问题等进行了专门的探讨。学者刘向晖在 2003 年通过分析网络营销伦理失范的负面影响及产生根源，提出了遏制网络营销中不道德行为的对策，并在 2005 年提出了网络营销伦理水平的两维模型，探讨了企业网络营销伦理战略的不同选择及企业制定网络营销伦理战略时必须考虑的各种因素。何伟俊在 2001 年分析了跨国公司在中国的市场营销的反伦理现象，提出跨文化背景下建构市场营销伦理体系的对策。施祖军在 2005 年结合绿色营销的定义及特点，阐述了绿色营销三个主要的伦理含义。部分学者对体验营销中的伦理冲突及其诱因进行分析，并提出了体验营销的伦理意义，论述了违背产品包装道德的危害，并提出符合营销伦理道德的包装原则。我国学者对企业营销伦理的研究侧重于规范性研究，重点针对当前经济活动中的不道德营销行为的现象、成因和对策进行探讨。

但是，我国目前关于营销伦理的研究与国外相比，还存在着较大的差距。在中国最有影响、发行量最大的营销杂志——《销售与市场》中，关于“营销道德”、“营销伦理”的专题论文还比较少。在研究的广度、深度和系统性上还很不够，在学术的研究上还需要下很大的功夫。

二、市场营销中的伦理问题

伦理问题广泛存在于企业的营销活动中，一般情况下，作为企业中最活跃的部门，营销部门最容易遇到伦理问题。营销部门要与各种各样的单位和部门打交道，每一方都有自己的期望与要求，因而利益冲突是在所难免的。如何处理好营销中的伦理问题，将直接关系到企业的生存与发展。

（一）产品伦理问题

一般来说，企业的产品伦理问题主要体现在产品质量低劣、污染环境、隐瞒产品缺陷、有缺陷的产品设计、冒充名牌、包装信息不真实、倾销过时商品、产品认证虚假等方面。消费者在购买产品时都追求货真价实，而某些企业对产品的真实信息存在着故意夸大或隐藏，如卖给农民假化肥而使庄稼受害等；有些企业故意夸大

产品功效或者隐藏产品的有害信息；有的企业生产与名牌产品外观基本相同的产品来冒充名牌；有的企业不考虑消费者是否真正需要，在市场上大量倾销过时的淘汰产品；有的企业故意用不符合要求的包装来吸引消费者的眼球，使消费者不易辨别产品的价格……种种涉及产品伦理的现象正在市场上不断上演，值得广大消费者和相关部门引起重视。

（二）定价伦理问题

消费者要求企业的定价达到公平合理，但部分企业依旧采用价格歧视、掠夺性定价、垄断价格等定价策略破坏着正常的市场竞争，部分企业甚至故意向消费者宣传虚高的"出厂价"或"批发价"，同经销商建立"价格共谋"，共同欺骗消费者。有的商家还采用价格欺诈或误导性定价、暴利价格来损害消费者的利益。因此，在探讨产品定价中的伦理问题时，消费者和社会各方要以动态的标准和不同的角度来判断企业的产品定价，要记住市场上并不存在着一个适用所有情况的审查标准。

（三）渠道伦理问题

概括来说，分销策略上的伦理失范主要涉及两个方面。一是生产商与中间商之间的伦理问题。有的生产商与中间商不能完全履行经营合同，或生产商供货不及时，或供货不足；有的生产商对渠道成员的选择极度苛刻，并对渠道成员进行过分压榨；也有实力雄厚的中间商不认真履行协议，存在返款不及时等现象；在一些制造商和中间商之间存在着较为严重的收送回扣的问题。二是经销商与消费者之间的伦理问题。例如，企业在销售过程中做出的空头承诺、误导信息、以次充好、商品调包、串货、"价格同盟"以及生产商与经销商相互推诿售后服务责任等现象，严重损害着消费者的利益。

（四）广告伦理问题

企业的广告伦理问题主要表现在五个方面。

1. 虚假广告和欺骗性广告。有些厂家利用消费者对产品信息的不了解，在广告中往往夸大产品的特色和性能以达到扩大销售的目的。

2. 恶意广告和烦扰广告。包括一些电视台在黄金时段集中投放的短时间段大量、密集且毫无美感的广告；一些利用电子邮箱和手机短信平台发放的小广告；开启有些网页窗口后弹出的色情广告等；还有一些地方电视台和电台在各节目之间长时间播放一些壮阳、丰胸的保健产品和服务的广告，其广告词不堪入耳。

3. 在营业推广方面，诱导或操纵消费者购买已滞销的廉价货或进行事先内定的抽奖活动，或者在营业推广活动中不考虑社会影响和可能的安全隐患等。2007

年重庆家乐福超市搞食用油促销活动，引起消费者争抢踩踏，造成消费者 3 死 31 伤的惨痛事件就直接暴露了广告伦理问题可能带来的安全隐患。

4. 在公关活动中采用贿赂送礼、制造假新闻、宴请、娱乐等不正当的行为进行促销。

5. 在人员推销中不讲公德。有的推销员在消费者休息时“登门入室”上门推销，或是未经预约直接跑到办公地点逐门推销。

(五) 公共关系伦理问题

在现实社会中，有些媒体行业还没有建立成熟完善的行业规范和自律机制，为了获得市场占有率和商业利益，一味地迎合大众，用煽情的手法处理新闻，甚至制造假新闻。比如西方曾出现过的“黄色新闻”，就是盲目追求商业利润的结果。还有一些媒体片面强调经济效益，追求轰动效应，不断炒作体育新闻、明星绯闻和犯罪新闻，造成了不良的社会影响。因此，媒体和企业都必须积极地寻找一个合适的解决之道，建立良好的社会声誉。

(六) 其他伦理问题

目前，伦理问题存在于社会生活的方方面面。如市场调研的伦理问题，是否在调研中泄漏了被调查者的信息，或采用不正当行为对竞争者进行调研；网络营销的伦理问题，是否侵犯了消费者的知识产权和网络隐私问题；国际营销的伦理问题，如倾销、歧视等违背伦理的问题等。

【案例 1-2】 营销伦理：商家急需补上的一课[①]

2007 年 11 月 10 日，重庆家乐福商场搞食用油促销活动，引起消费者争抢踩踏，造成 3 死 31 伤。余波未平，2007 年 11 月 16 日，又发生了石家庄市一酒楼搞庆典，用电子礼炮往空中撒一元纸币，导致近 400 名市民哄抢，险些发生人身伤亡事故。这屡屡发生的悲剧事件，不禁使得人们对商家的这些促销行为产生质疑：商家在举行商品促销活动时，是否应该以消费者为本，将消费者的人身安全放在第一位？是否应该考虑促销活动所产生的社会影响？在企业营销活动中，是否应该遵循必要的商业伦理？

当今中国，商业竞争的激烈程度日益加深。在这一大背景下，企业为了应对激烈的竞争形势，都纷纷采取各种手段各出奇招，力求聚集人气，提升销售额，以获得更多的经济效益，这原本无可厚非。但企业的负责人应该充分认识到，企业

① 苏勇：《营销伦理：商家急需补上的一课》，《文汇报》，2007 年 11 月 20 日。

不仅是一个经济组织，同时也是一个社会组织。企业的每一项商业活动，虽然其主要目的是追求商业利益，产生经济效益，但同时也不可避免地具有社会效应，产生社会影响。因此，企业负责人在进行每一项活动决策时，不仅要考虑到经济方面的影响和作用，更要充分全面地考虑消费者的利益，秉承良好的商业伦理，使每一项商业活动获得经济效益和社会效益的双丰收。

对于中国目前绝大多数的商业企业而言，亟须补上的是营销伦理这一课。所谓营销伦理，指的是营销主体即企业在从事各种营销活动时，所应遵守的基本道德准则。企业与消费者及社会的关系，最主要的是经济关系，直接表现为某种利益关系，这种关系的正确处理，除依靠法律外，还需要正确的伦理观念加以指导。因此，营销伦理的本质就是营销道德问题，它服从于整个社会的伦理，是商业伦理的一个重要组成部分。世界著名营销学权威菲利浦·科特勒就曾经说过："公司需要用最后一种工具来评价他们究竟是否真正实行道德与社会责任营销。我们相信，企业的成功和不断地满足顾客与其他利益相关者，是与采用和执行高标准的企业与营销条件紧密结合在一起的。世界上最令人羡慕的公司都遵守为公众利益服务的准则，而不仅仅是为了他们自己。"这就给我们指出遵守营销伦理的必要性和重要性。企业只有充分、全面地考虑顾客和其他利益相关者的利益，才能在市场上获得真正的优势。

由营销伦理引申开去，更使我们想到当今企业界热议的一个概念，即企业的社会责任。企业从社会中获取资源，在作出经济贡献的同时也促进了企业自身的发展，因此企业也应该更好地履行社会责任来回报社会，这已经成为当今企业界的共识。所以，每一个负责任的企业，每一个具有责任心的企业家，不仅在企业营销活动中要注重商业伦理，而且在企业生产、经营、管理的全过程都要注重履行社会责任，用良好的企业行为来促进整个社会的和谐发展，做一个真正具备社会伦理意识和良好责任感的"企业公民"。

第三节 营销伦理理论框架

一、营销伦理的学科性质与研究领域

营销伦理学(marketing ethics)是20世纪80年代兴起并在20世纪90年代末21世纪初得到迅速发展的一门新的交叉学科。它是商业伦理学的一个分支，根据伦理学的道德原理对企业经营活动中的营销策略、营销行为进行道德评价和伦理批评，也就是判断企业的营销活动是否符合消费者和社会的利益，能否给广大消费

者及社会带来最大幸福的一个有效的价值标准。它有利于健全和维护市场营销活动的秩序，提高市场营销人员的道德水平和专业素质，增加企业的价值，使市场营销活动更加公平有效。

营销伦理就是营销主体在从事营销活动中所应具有的基本的道德准则。在当今的市场竞争过程中，市场营销活动总是被人们直接观察和重视的道德伦理准则所约束和影响。没有任何一家企业可以单纯依靠欺骗或坑害顾客等不道德、不伦理的手段而得到长久的发展。像近年来出现的“齐二假药案”、“苏丹红”事件、“SKII”事件、“三聚氰胺”事件等都是很好的例证。

事实上，企业在市场营销活动中的每一个环节都与营销伦理有着密切的关系，对市场营销活动进行科学的、系统的伦理学分析，探索出市场营销的义利统一之道，对我国建设社会主义市场经济和指导我国企业进行市场营销活动具有十分有效的作用和现实意义。

营销伦理的研究领域主要是：企业在市场营销活动中的道德问题，即企业为了满足消费者日益增长的物质、文化需求所进行的以产品、定价、销售渠道、促销为主要内容的营销活动中所涉及的道德问题。它是对企业营销活动的一种道德判断标准，具体体现为企业高层管理者、营销经理和一般营销人员的道德问题，因为他们在营销活动中代表了主要的企业行为，他们的道德水准将直接影响企业的营销行为。营销伦理涉及企业组织营销活动的各个方面，包括营销策略的制定，目标市场的选择，产品策略、价格策略、分销策略以及促销策略中所涉及的人员推销、广告、营业推广等的制定和运用等。

二、营销伦理的理论基础

（一）罗斯（W. D. ROSS）的显要义务理论（The Prima Facie Duty Framework）

显要义务理论最早由英国人罗斯提出。罗斯在1930年出版的《“对”与“善”》一书中，系统提出了关于“显要义务”或“显要责任”的观念。该理论解释为在一定的时间、一定的环境中人们本能地认为合适的行为，即在大多数场合不需要仔细推敲，人们便明白自己应当做什么和怎样做，但发生冲突时，人们凭借正确的直觉，会作出优先的履行的选择。包括六项基本内容：(1)诚实，(2)感恩，(3)公正，(4)行善，(5)自我完善，(6)不作恶。

优点：有效避免片面性。鼓励营销人员如实履行凭借直觉意识所应承担的责任和义务，并强调这些责任和义务贯穿营销活动的全过程，避免只问结果不问过程的片面性。

缺点：带有明显的主观色彩。将营销中的道德责任和义务完全归结为正常人

的直觉和意识的反映，难免带有主观色彩。

（二）加勒特（T. Garrctt）的相称理论（The Proportionality Framework）

相称理论最早由加勒特于 1966 年提出。该理论认为应该从目的、手段和后果来判断某一种行为是否符合道德，并提出了“大恶”、“小恶”和“相称理由”的概念。“大恶”是指导致某个组织或个人丧失某些重要能力的行为；“小恶”是指虽对他人物质利益造成损害，但不会导致受损害方丧失某些重要行为能力；“相称理由”是指行为人所意欲的善的效果超过可能发生的但不为人所希望的恶的效果。该理论认为作为行为的目的和手段，倘若是为了给他人造成“大恶”或“小恶”，那么该行为是不道德的；即使目的和手段无可挑剔，但是如果预见了行为将导致“大恶”或“小恶”之类的副作用发生，则应当有足够的“相称理由”来解释，否则该行为将是不道德的。

优点：综合性的考察方式为营销行为道德的合理性判断提供了思考框架；要求营销人员不要从事会给他人造成利益损害又提不出正当理由的营销活动；提出了“大恶”、“小恶”，提醒营销人员将道德建设的重点放在有可能发生严重不道德行为的活动领域。

缺点：带有主观臆断、含糊不清的色彩。

（三）罗尔斯（Rawls）的社会公正理论（The Social Justice Framework）

社会公正理论由哈佛大学伦理哲学家罗尔斯于 1971 年提出。罗尔斯是著名的研究正义和公平的社会学者，他试图从一种被称为“起始位置”的状态出发，来构建一个理想的社会公正系统。起始位置是指社会中的每个人并不知道自己将来在社会上居于哪一个层次、处于什么样的地位，只有这样才会对权利和义务作出合理的安排。

社会公正理论遵循自由原则和差异原则。自由原则是指在保持社会和谐、稳定的条件下，最大限度地使人们行使同样平等的权利，尽可能让每一位成员享受更多的自由。差异原则是对自由原则的一种修正和补充，要求任何社会的制度安排一方面普遍适合社会的每一个成员；另一方面要使社会底层的人们优先获得最大的利益，不应出现强者剥削弱者而使弱者更弱的状况。

优点：公正原则强调了人的权利与责任，任何消费者都有权选择安全、可靠的产品和服务，企业的营销活动应尊重和维护这些权利。差异原则要求树立道德公正的营销观念，重视处于弱势地位消费者的需求。

缺点：两条原则有时会相互矛盾，那时候就可能出现不能解决营销活动中道德冲突的情况。

三、营销伦理的理论逻辑框架

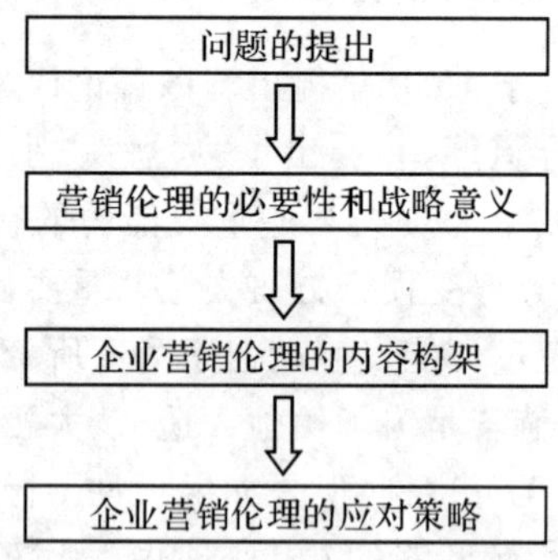

图 1-1 营销伦理的理论逻辑框架

(一) 问题的提出

市场营销活动的本质是满足和创造顾客的需求，目的是为了实现企业的经济效益，但是企业的营销活动也不能给顾客、他人和社会带来伤害和危害。然而，我国企业存在不道德甚至违法营销行为的案例比比皆是。如 2008 年下半年的三鹿"三聚氰胺"事件，导致全国近 20 万名幼儿确诊患有不同程度的泌尿系统结石病，甚至还出现了婴幼儿死亡事件，震惊全国；还有阜阳"假奶粉"事件、"齐二假药案"、"苏丹红一号"事件等。这不得不使我们思考，什么叫做营销伦理？企业为什么要进行营销伦理分析？企业如何对营销行为进行伦理分析？企业怎么样才能做到遵守营销伦理？

(二) 企业实施伦理营销的必要性和战略意义

营销伦理是企业发展的必然选择。现代市场营销战略不仅仅要求企业从自身角度出发，通过努力扩大现有的生产规模来推销自己的产品与服务，而且要力图与消费者建立长久、诚信和合作的关系，从而实现企业的可持续发展。显然，现代市场营销战略要求企业领导者必须把建立在符合伦理观基础上的价值体系看作是衡量营销组织杰出性的基石，坚持义利统一的价值观，积极主动地推行诚信、公平、负责的道德准则，即实行道德化的营销管理。实施合乎伦理的营销方式，对于企业的发展具有重要的战略意义。

1. 实施营销伦理给企业带来的利益。

(1)有助于提高和改善企业的营销组织效率。营销伦理所坚持的基本价值和原则，往往构成了企业营销文化的核心部分，使企业的员工形成群体意识，并且影

响着营销人员，引导他们的行为符合伦理的要求。营销伦理坚持以人为本，能够最大限度地激发员工的积极性。

(2)有助于增强企业的市场竞争力。实施营销伦理能有效提高顾客的满意度，增加企业寻求战略合作的机会，便于塑造良好的企业形象。

(3)有助于实现企业的可持续发展。企业的可持续发展是当代企业必须确立的经营理念，也是企业追求的基本目标之一。实现企业的可持续发展，关键是培育企业的可持续发展能力。这种能力除了企业必须具备技术替代、产品替代等能力外，还应具备制度替代、文化替代等能力，而营销伦理能力则是企业可持续发展中必须具备的基本能力之一。

2. 实施营销伦理给社会带来的利益。

(1)有助于提高人民的生活水平。企业产品质量的提高，对社会环境、生态环境的日益关注和保护的深入，不仅较好地提高了人们的生活质量，而且改善了人们的居住环境。

(2)有助于社会的稳定发展和增加社会福利。众所周知，不道德营销的大量存在会造成社会的恐慌，人们会因此对企业、政府和社会产生不信任的态度，对社会的稳定造成不利影响。道德营销则相反，不但有助于社会的稳定，而且还可以增加社会的福利。

(3)有助于市场经济的稳定和可持续发展。实施了营销伦理，可以实现企业发展环境和资源的有效利用，竞争力等方面都会得到很大的改善，整个市场经济也会随之得到稳定、持续的发展。

(三) 企业伦理营销的内容构架

市场营销活动中的每一个方面都与营销伦理规范息息相关。因此，对于企业的营销伦理分析，可以按照4P(产品、价格、渠道、促销)营销组合来分析。

1. 产品策略伦理分析。主要分析产品策略中是否包含以下的伦理问题：产品质量低劣、品牌冒充、包装信息不真实、产品认证虚假、无计划性的产品淘汰等。

2. 价格策略伦理分析。主要分析价格策略中，企业是否采用价格歧视、掠夺性定价、垄断价格等定价策略攫取不正当的高额利润。

3. 分销策略伦理分析。运用分销策略进行伦理分析主要涉及两个方面。一是生产商与中间商之间的伦理分析。生产商与中间商是否存在未能完全履行相关经营合同的问题，是否存在生产商供货不及时或不足的问题，是否存在对渠道成员进行过分压榨的问题，是否存在中间商返款不及时的问题等。二是经销商与消费者之间的问题。如经销商是否存在过多的口头承诺、“价格同盟”以及误导信息等。

4. 促销策略伦理分析。在促销策略的伦理分析中，主要涉及企业在进行促销活动时，是否存在夸大产品特色和性能的行为，是否存在引诱、操纵消费者购买已滞销的廉价货或进行事先内定的抽奖，是否采用贿赂、送礼、宴请、娱乐等不正当的行为进行促销，是否存在有偿新闻等不正当的公共宣传手段进行促销等。

（四）营销伦理下的企业应对策略

1. 企业应树立诚信的营销观念。在杜绝营销不道德行为的问题上，企业自律是根本。在社会活动中，企业不仅是经济组织，还是社会组织，所以企业在不断追求自我生存发展的同时，也要承担一定的社会责任。这就要求企业在进行营销活动时，要把消费者的需求、企业的利益和整个社会的长远利益结合起来考虑。企业必须认识到，不道德行为所能带来的利益只是暂时的，只有自觉遵守道德规范，树立自己在消费者和社会公众心目中的良好形象，才是企业发展的长远之计。诚信经营塑造的企业形象和品牌价值是企业最宝贵的无形资产，可以给企业带来长远的经济利益。企业要想树立诚信的营销观念，就要视消费者为上帝，坚持顾客至上。只有以消费者的利益为中心，企业才能诚实守信，不做欺骗消费者的不法行为。诚信不仅是企业生存之本，更是企业营销之道。诚信本身就是最好的营销策略，再好的营销策略失去了诚信，也不是成功的营销策略。

2. 消费者树立正确的消费观念。消费者通常在市场交易中处于弱势地位，经常由于对商品信息的掌握不充分而受到不道德营销行为的侵害。要防止市场营销中的不道德行为，让自己免受侵害，消费者必须提高自身素质，树立正确的消费观念，不断增强自我保护意识，积极与违法的营销行为作斗争。作为消费者，一方面，在面对琳琅满目的商品、强大的广告宣传攻势和产品的低价诱惑时，必须保持清醒的头脑，做到理性购买，抵制不道德企业的不合格商品。另一方面，消费者在自己的利益受到侵害时，要积极地诉诸法律，使不道德企业受到应有的惩罚。只有广大消费者都积极地行动起来，一起抵制市场营销中的不道德行为，这种现象才能得以抑制。

3. 执法部门加大监管执法力度。道德是法律的前提基础，法律是道德的约束和保证，两者相辅相成。市场经济是法制经济，完善的法律体系对规范的市场营销主体行为具有重要意义。法律法规不仅为治理企业的不道德营销行为提供依据，而且让企业有了参照的底线。近年来，我国颁布了一系列法律、法规来规范和约束企业的营销活动，涉及经济合同、商标、价格管理、广告、产品质量、不正当竞争、消费者权益等方面。但一方面在法律上仍然存在一些空白或模糊之处，为不法企业钻漏洞、打擦边球提供了机会；另一方面，相对较低的违法成本也鼓励了一些企业的不道德行为。为此，政府监管部门如工商行政、物价、计量、技术监督部门必须加大执法力度，严厉处罚违法行为。只有用法律的手段使不讲诚信的企业为其行为付出沉重的代价，才能有效制止企业在营销中的不道德行为。

【案例 1-3】 汽车企业的社会责任与营销①

目前，中国大部分汽车企业都没有设立固定的社会公益项目，企业的社会公益支出也只是依靠企业上层简单的个人决策，随意性很强，并且忽视了对公益活动的宣传及后期的跟进，显然错失了很好的建立公众形象的机会。对于企业来说，“锦衣夜行”值得赞赏，但不值得鼓励。2008 年汶川大地震发生后，国内许多汽车企业的捐赠数额很大，却不为外界所知晓，还是让人觉得有些美中不足。

相比之下，国际汽车品牌却特别重视企业社会责任的传播，而且更有章法。最典型的就是上海通用的“雪佛兰红粉笔乡村教育计划”，“红粉笔”的命名可谓神来之笔，与中国的教育事业达到了完美的结合，让人在过目不忘的同时很容易产生联想。后来中国平安保险推出“小桔灯计划”，应该也是受此启发。汶川地震发生后，上海通用联合媒体发起了“橙丝带行动”，得到了很好的社会反响。东风日产在汶川地震之后，专门成立了“东风日产阳光关爱基金”，不仅实现了命名的品牌化，同时还建立了一个企业履行社会责任的长效机制，为日后东风日产的对外公益活动提供了基金会的后盾支持和强大的执行力，这对于提升东风日产的企业形象大有好处。

由于汽车在使用过程中占用了大量能源、道路，并给环境、生态带来一定的破坏，所以各大汽车企业一般都热衷于赞助和支持环保、节能、安全等领域的社会公益事业，以期在赢得社会公众好感的同时，显示自己在该领域的技术领先性。比如，福特汽车在中国推出“福特环保奖”，丰田在中国赞助“地球奖”，通用汽车举办“安全驾驶先锋评选”，广州本田长年坚持在河北省植树造林等无一不显示了这一目的。但是，当大家都在朝同一个方向努力时，品牌的差异化特征也会随之减弱。所以，汽车企业在开展履行社会责任行动时，应该尽量跳出环保、节能、安全的老套子，找到符合自己品牌个性的行动方向。

在这一方面，宝马汽车在中国开展的“BMW 企业社会贡献系列行动”就非常值得赞许。此项行动涵盖文化促进、教育支持、环境保护、宝马车主爱心活动和企业文化塑造五大领域，开展的相关项目包括 BMW 中国文化之旅、赞助辽宁省芭蕾舞团、与宋庆龄基金会共同设立“BMW 中国优秀大学生奖励基金”、针对 4—6 岁幼儿园小朋友的长期项目“BMW 儿童交通安全教育训练营”，以及在北京、上海等城市开展清洁能源的推广等，还有“同享一片蓝天”文化推广活动，邀请宝马车主免费接送北京郊区的优秀师生参观首都博物馆……内容十分丰富，在淡化商业气息的同时易于为社会公众所接受。长期以来，宝马车主被公众视为暴富、缺

① 根据相关报道整理。

乏社会责任感的一群人，很显然，宝马汽车开展的上述行动，对于扭转宝马品牌在中国市场的负面社会形象将起到极大的作用——前提是宝马汽车要坚持不懈地将公益活动做下去。

对企业来说，在进行企业运作时一方面必须履行社会责任，当好企业公民；另一方面，必须建立一套完善的履行社会责任的长效机制，做到规范化、长期化，而要做到这一点，最好的办法就是实现社会责任行动品牌化。只有实现了企业的品牌化，才能将企业所举办的各种社会公益活动变得日常化、长期化，不会因企业领导人的更替而改变；唯有品牌化，企业才会有意识地将社会公益活动当做企业形象推广的一个重要组成部分。

本章小结

本章重点介绍了市场营销理论的演进和发展，至今主要经历了以产品为中心的市场营销理论—以顾客为导向的市场营销理论—以道德与社会责任为导向的营销理论这三种不同理论的发展阶段。阐述了营销伦理的形成和发展，简要地列举了市场营销中常见的几个伦理问题，主要包括产品中的伦理问题、定价中的伦理问题、渠道中的伦理问题、广告中的伦理问题、公共关系中的伦理问题及其他伦理问题。

营销伦理是商业伦理学的一个分支，根据伦理学的道德原理对企业经营活动中的营销策略、营销行为进行道德评价和伦理批评，也就是判断企业的营销活动是否符合消费者和社会的利益，能否给广大消费者及社会带来最大幸福的一种价值标准。它的研究领域主要是：企业在市场营销活动中的道德问题，即企业为了满足消费者日益增长的物质、文化需求所进行的以产品、定价、销售渠道、促销为主要内容的营销活动中所涉及的道德问题，以及企业人员的道德问题。

最后介绍了营销伦理的理论基础，主要有罗斯的显要义务理论、加勒特的相称理论、罗尔斯的社会公正理论。探讨了营销伦理的理论逻辑框架。

案例阅读与讨论

【案例】 中国葡萄酒企业须树立营销伦理观念[①]

事件直击：2005 年 6 月 26 日，央视《每周质量报告》爆出葡萄酒企业通过“假年份酒”来牟取暴利的内幕。据报道，北京嘉裕东方公司所生产的 1992、1998 和 1999 的“嘉裕长城”牌葡萄酒年份酒涉嫌生产年限与标签不符。2005 年 6 月 28 日，嘉裕东方公司在北京商房大厦召开新闻发布会，总经理苏诚承认报道属实，并进一步指

① 资料来源：博锐管理在线，2005 年 11 月 21 日。

出"中国市场上贴有1992年生产的葡萄酒,几乎都不是1992年生产的!"从而爆出了中国葡萄酒行业的又一个丑闻。

（一）商业伦理挑战红酒企业营销决策

从20世纪90年代初开始,中国葡萄酒行业的发展驶入了快车道,经过十几年的快速增长,取得了显著的成绩。截至2004年,全国总计完成产量36.73万千升,实现销售收入74.37亿元,实现利润8.45亿元。但是,在一个充满生气的行业背后,涌动的是企业在利润驱使之下的短期过度攫取行为。从2002年开始,中国葡萄酒行业可以说进入了一个"多事之秋"。"九问张裕"、"解百纳商标争议"、"洋垃圾事件"、"通化假酒案"、"十问华夏"、"王朝橡木桶事件",以及近期所引发的"年份酒丑闻"等一系列被媒体聚光的"焦点"都无不凸显出中国葡萄酒市场竞争环境的不理性与不规范。在这个充满生机而又浮躁的市场环境之下,要与消费者实现长远的"共赢"局面,我们的企业应该有什么样的反思和诘问呢?

众所周知,市场营销是在可获利的前提下识别并满足消费者的需求。但企业若想通过产品的价值实现自身的利润目标,一个不可或缺的前提就是要建立起企业与消费者之间的信任关系,这就要求企业的一系列商业行为遵循一定的道德伦理规范,我们把它称之为商业伦理。商业伦理在企业营销决策过程中的应用与体现,我们称之为营销伦理。中国葡萄酒作为一个新兴的行业,企业的营销手法翻新花样无可厚非,但也应该注意有所为和有所不为。因此,合理导入营销伦理观念,是任何中国葡萄酒企业无法回避的课题。

（二）导入营销伦理观念,助推红酒行业长远发展

企业创立和发展的最终目标是牟取自身利益的最大化。但在这一过程中,任何企业并非孤立地存在着。在消费者权益与整体社会和谐健康发展呼声渐高的市场环境之下,经营管理者在企业营销决策过程中就遭遇到了来自商业伦理的挑战。而且,企业对待市场的导向也由最初的产品观念发展到现在的社会营销观念,社会营销观念要求营销人员在制定营销策略时,在公司利润、消费者需求与社会福利之间作出权衡。这就要求企业在满足消费者需求和为公司创造利润的同时,为社会福利的长久进步与提高作出贡献。因此,要保持企业的长久发展,必须树立正确的营销伦理观念,从而使自身的营销分析、计划、执行和控制过程符合商业伦理的行为规范。

在新的葡萄酒市场竞争环境之下,要实现葡萄酒生产以及销售企业利润、消费者需求与社会福利之间的"共赢",企业管理经营者应该致力于培养一种支持营销伦理决策的企业文化,即在组织内部有意识地培养一种关心员工、股东、消费者以及社会福利的企业运营氛围和价值取向,使得企业经营管理者在营销决策的过程中意识并应用"道德与良知"来实现其营销目标,这样会规避一些由于短期营销手

法滥用而编织的"美丽陷阱"。

要培养和建立一种支持营销伦理决策的企业文化，首先必须让企业的最高管理层认识到商业伦理在公司营销策略中的重要性，进而尝试做出种种朝着这一既定方向前进的努力。另外，企业的经营管理者还必须始终保持对内部员工的真诚关心和爱护，无论是公司指导方针的制定还是执行，都要让受到影响的利益相关人体会到这一变革对企业和员工的长远生存和发展的重要意义。

将营销伦理观念植入企业文化，最终会体现在葡萄酒企业的营销决策过程当中，使企业以一种善意的、为人着想的、共同发展的、与社会和谐进步的指导原则来制定相应的营销策略，从而让葡萄酒企业具有"人文关怀"的市场营销行为能够从内到外地传递出去，为自身企业甚至整个葡萄酒行业铺就长期的健康发展之路。

通过导入营销伦理观念，葡萄酒企业在向社会提供葡萄酒产品时，就会对葡萄酒原材料供应、生产、分销以及最终消费者这整个价值链的各个环节负责，在价值链实现与传递的过程中可以为上游酿酒葡萄原料供应商、原辅料供应商、分销渠道成员和消费者之间建立长期"共赢"的商业增值模式，同时也为保障股东利益、公司员工素质提升、规范行业竞争环境和发展社会福利作出杰出的贡献。在整体市场监控环境有待完善的同时，中国葡萄酒企业本身的商业伦理将在此过程中起到至关重要的作用，企业应该应用营销伦理观念来指导其营销决策的进行。简单来说，企业在实现自身目标的同时，如果能够做一名合格的企业公民，将对其自身的发展起到积极的作用。

先有理性的企业，才会造就理性的消费者，最终才能有中国葡萄酒市场的繁荣健康。在"行业自律"的呼声越来越高的过程中，葡萄酒企业应树立营销伦理观念，像一个具有良心的人一样存在于商业竞争环境之中，时刻等待着公众的审视。

【讨论】

1. 该案例反映了当前中国葡萄酒企业存在哪些问题？
2. 你认为中国葡萄酒企业如何树立营销伦理观念？

思考题

1. 市场营销理论是如何形成的？它有哪些基本理论？
2. 市场营销有哪些新的理论？各有什么含义？
3. 营销伦理的基本含义是什么？
4. 如何构建营销伦理新体系？
5. 营销伦理的理论基础有哪些？
6. 举例说明营销伦理的具体表现。

第二章　营销伦理概述

以德养生，以德养心，以义制利——中国传统经商文化中的修身之本。

——编者语

本章学习目标

通过本章的学习，应掌握营销伦理的基本概念，正确把握道德营销与绿色营销、公益营销的区别，了解营销伦理的本质特征和基本特征，正确把握营销伦理模式的基本构成，清晰了解其核心价值观——义利统一的价值观。

本章学习重点

营销伦理的内涵，营销伦理与绿色营销、公益营销的区别，营销伦理的基本特征，营销伦理的基本模式。

任何一种新型营销模式的诞生都有其经济社会发展的历史背景，营销伦理也是。20 世纪 50 年代，随着市场供应的增加和买方市场的出现，消费者对商品的需求层次越来越高，于是"以消费者需求为导向，生产能满足顾客不同需求的产品以实现企业组织目标"的现代市场营销观念随之诞生。20 世纪 70 年代后，随着消费者保护主义运动、环境保护主义运动以及政府对市场监管的加强，企业的活动与社会道德责任联系越来越密切，后营销时代的到来要求企业不得不关注企业本身的社会责任与道德问题，因此，营销伦理应运而生。

第一节　营销伦理的基本概念

21 世纪市场经济条件下，企业的营销活动不仅是一种营利性活动，更是一种社会性活动，也是一种致力于通过交换过程满足自身需要的人类活动。企业营销的这种属性，决定了企业从事营销活动既要遵循市场规律，也要遵循一定的道德基准，接受有关法律的约束，并勇于承担社会责任。对企业的市场营销行为，社会也有一定的评价标准，这个评价标准是社会对企业营销的一种伦理要求。因此，以怎样的营销伦理观念来指导企业营销活动，维护消费者和社会的利益，发展和巩固企业已有信誉，提高市场竞争力，并最终实现企业自身利益，是值得我们深入探讨的现代营销新课题。

一、营销伦理的发展概况

（一）国外营销伦理研究概况

国外对营销伦理的应用研究开始于20世纪80年代，其研究范围拓展到新兴的服务营销、绿色营销和一些特殊行业的营销领域；20世纪90年代的营销伦理研究逐步向跨学科研究方向发展，多个学科的新方法和新理论也被引入到对营销伦理的研究中，由于全球化和技术进步所导致的新的营销伦理问题的出现，学者们又将其扩展到跨文化营销、网络营销和数据库营销等领域。一般来说，国外研究营销伦理的主要特点是理论研究同实证分析相结合，在研究方法上侧重应用伦理学、市场营销学、组织行为学等多学科方法，初步形成了较为完善的营销伦理学体系。

（二）国内营销伦理研究概况

我国在20世纪90年代中期开始了对现代企业营销伦理的研究。对营销伦理的应用研究主要集中于网络营销、保险营销、跨文化营销、绿色营销、体验营销及产品包装等相关领域。我国学者对企业营销伦理的研究侧重规范性研究，重点针对当前经济活动中的不道德营销行为的现象、成因和对策进行探讨。从谢建明于1994年最早呼吁企业要加强营销道德建设至今，国内对营销伦理的研究已逐步发展并进入了繁荣时期，越来越多的学者开始关注营销伦理这一问题。这与企业市场营销中频频发生的不道德现象及市场营销学自身的发展趋势密切相关，这就要求我们必须对营销伦理的研究予以高度重视。

二、营销伦理的内涵

（一）营销伦理的概念

1. 伦理的概念。伦理是用来鉴定某一特定的行为是正确还是错误，是好还是坏的理论规范。它所指向的是人类自我的内部世界，在本质上是人类对自我的生存和发展的一种规范、设计和引导，是为人类自身的自我实现和自我完善服务的。

2. 营销伦理的概念。营销伦理是商业伦理的一个分支，是指营销主体在从事营销活动中所应具有的基本道德准则，是人们在营销活动中的内在行为准则，是对营销策略、营销行为及经营道德的判断标准，有助于人们在物质需求满足与精神需求满足之间实现平衡。

营销伦理是判断企业营销活动是否符合消费者及社会的利益，能否给广大消费者及社会带来最大幸福的一种新型营销手段。企业与消费者和社会，最主要的是经济关系，直接表现为某种利益关系，这种关系的正确处理，除依靠法律外，还需要正确的伦理观念进行指导。营销伦理涉及企业高层管理者、营销经理和一般营销人员的道德问题，因为他们的道德水准将直接影响企业的营销行为。营销伦理影响到企业各个方面的活动，包括营销策略的制定，目标市场的选择，产品策略、价格策略、分销策略以及促销策略中的人员推销、广告、营业推广等策略的制定和运用。

（二）营销伦理的理论内核

1. 营销伦理是企业管理伦理的一部分。营销伦理是营销主体在从事营销活动中所应具备的基本道德准则，即判断企业营销活动是否符合消费者及社会的利益，能否给广大消费者及社会带来最大幸福的一种价值判断标准，营销伦理服从和服务于整个社会的伦理。

2. 营销伦理是企业营销的必然要求。市场营销蕴涵着丰富的伦理思想，比如市场营销中“顾客至上”的经营理念，既是营销原则，也是营销伦理原则。企业贯彻营销伦理的要求，就会在市场营销活动中坚持“顾客至上”的经营原则，做到以消费者为中心，而不是以利润为中心；坚持以“人”为营销活动的出发点，而不是以“物”为企业经济活动的出发点；不单注重经济活动中“物”的流转，更要注重对消费者需要的满足，通过提供能够满足顾客需求的特定产品或服务，努力使企业获取最大利润，达到互利双赢的目的。

三、营销伦理与商业伦理及营销理论的关系

（一）营销伦理与商业伦理

商业伦理（business ethics）是指商人在从事贸易活动中处理相互关系的行为规范和准则，或表达为商务活动各方应遵守的一套行为规范和行为准则，或指商人采取什么样的态度对待贸易中的各种关系，又指商人在贸易关系中如何进行道德自律。[①] 因此，我们可以说，商业伦理既是一种社会道德，又是一种职业道德。简

① 纪良纲：《商业伦理学》，中国人民大学出版社 2005 年版，第 22 页。

而言之，商业伦理是人们在商业领域中用来指导商业行为的准则和标准。

营销伦理是商业伦理的一部分，是商业伦理学的一个应用分支，它服从和服务于整个社会的伦理。商业伦理和营销伦理是一种从属关系，商业伦理的研究范围要比营销伦理宽泛得多，它着眼于生产、分配、交换、消费等各种领域；而营销伦理则主要着眼于营销活动这一领域，主要包括产品、定价、渠道、广告等方面。

（二）营销伦理和道德营销

我们首先要搞清楚“伦理”与“道德”这两个概念。一般来说，无论是在学术研究还是生活观念中，伦理和道德可以都看作是同义词，两者的含义大致相同，经常可以互用，但仍有一些差异，理解这些差异，有助于我们更好地学习营销伦理。

“伦”即人伦，指人与人之间的关系，“理”是指道德律令和原则，所以“伦”和“理”合起来就是指人与人相处时应遵守的道德和行为规范。伦理是人们在动机或行为上是非善恶的判断基准，是人类社会长期发展中自发形成的一种约束机制。所以简单地说，营销伦理就是指对营销策略、营销行为及经营道德的判断标准，即判断企业营销活动是否符合消费者及社会的利益，能否给广大消费者及社会带来最大幸福的一种价值标准。

道德和伦理的基本含义并没有什么区别。道德意义上的“道”是指为人处事的根本原则，即规范；“德”是指人们内心的情感和信念，即对这种规范的认识和信仰。道德是社会在一定程度上调整人们之间以及个人与社会之间关系的行为规范的总和。营销道德则是指调整企业与所有利益相关者之间关系的行为规范的总和，是客观经济规律及法制以外制约企业行为的另一要素。一般而言，伦理与道德之间的区分在于道德是强调一定的文化界域内占实际支配地位的现存规范，而伦理则是指对这种道德规范严密的、方法性的思考。按以上这种区分可总结出，伦理倾向于一种理论，它是对社会道德的科学性思考，是高于道德的哲学，而道德则是伦理在实际中的规范。比如我们通常会说“一个有道德的人”，而不会说“一个有伦理的人”，同样我们也只会说“伦理学”而不会说“道德学”。从这个角度来说，在人们的日常用法中，道德更多地用于人，具有主观性、主体性和个体性的特点；伦理则更具有客观性、客体性、社会性和团体性的特点。

道德营销即合乎道德的营销，它要求企业在经营活动中坚持义利统一，将社会利益、企业利益及其他相关者利益很好地结合，以达到一个很好的平衡和统一。综上可知，道德营销是企业坚守营销伦理的途径和表现。

（三）道德营销与绿色营销、公益营销

1. 道德营销与绿色营销。所谓绿色营销，是指企业以环境保护观念作为其经

营的前提思想，以绿色文化为其价值观念，以消费者的绿色消费为其中心和出发点，力求满足消费者绿色消费需求的营销策略。环境问题和资源问题是人类共同面临的两个重大问题，保护环境和资源就是保护人类自身。绿色营销作为营销工作者对环境和资源问题的积极响应与体现，对消费者、对社会都是非常有益的，从长远看，对企业的持续性发展来说也有很大的好处。毫无疑问，绿色营销是一种道德营销。但是，道德营销不只是绿色营销，两者不能画等号。一般情况下，道德营销的范围更广，除了保护环境、节约资源外，还要求诚实、公平、人道地对待顾客及其他利益相关者。一个不注重绿色营销的企业，很难说是实行道德营销的企业；而实行了绿色营销的企业，其营销行为未必都是合乎道德的。

2. 道德营销与公益营销。公益营销是指通过开展公益事业而进行的营销活动。从事公益活动在一定程度上很好地表达了企业的一片爱心，同时也为企业赢得了良好的声誉。目前，许多企业意识到从事公益事业对企业经营具有战略意义，他们把从事公益事业与企业经营联系起来。对许多公司来说，公益营销已成为一种整合公益事业和品牌形象及公司形象的长期策略，它不仅提供了品牌差别化的机会，而且也是增强员工自豪感和满意度的有效手段。然而，企业的中心任务是为社会提供产品和服务，从事公益活动并不是企业必须做的事。一个企业即使没有采取公益营销的手段，也不会直接影响其实行道德营销。纵然一个企业开展了公益营销，也不能保证企业其他的营销活动是道德的。一般而言，公益营销只是一种营销策略和手段，如果企业在公益营销的过程中有误导、欺骗等行为，那么这种公益营销本身就存在着道德问题。

【案例 2-1】 "环保运动"引发"绿色营销"①

1970 年的地球日，新兴的环境保护主义运动首次大范围地对群众进行污染危害的教育。这无疑是一项艰巨的任务，那时，社会上的多数人对污染问题根本不感兴趣。而到了 1990 年，地球日已经成为美国全国范围的一大节日，一些比较重要的报纸、杂志上的文章宣传，电视黄金时段节目的渲染以及数不清的其他事件使它成为"地球的十年"的起点。在这十年里，环境保护主义运动已经成为全世界的巨大力量。新的环境保护主义运动使得消费者重新思考他们要买什么，从谁那里购买。消费者态度的变化引发了一种新的营销策略：绿色营销——一种由企业开发的适应环境保护主义产品的新型营销手段。投入"绿色"经营的企业不仅仅追求环境的清洁，而且注重防止污染，真正的"绿色"工厂要求企业实行废物的三"R"管理：即废物的减少(Reducing)、再利用(Reusing)、再生(Recycling)。

---

① 资料来源：深圳市麦肯特企业顾问有限公司，2002 年 10 月 22 日。

麦当劳公司为绿色营销提供了绝好的样板。以前的麦当劳一般将出售的可口可乐汁放在塑料袋中再装在纸箱里，而现在是直接将运罐车上的饮料汁送入饭店的贮藏罐中，这一改变每年可节约数以百万磅的包装。麦当劳店里用的餐巾、袋子、托盘都是再生纸制成的。对于像麦当劳这样规模的大企业来讲，极小的改变也会带来巨大的差异。例如，仅将吸管减轻20%就会为公司每年减少100万磅的废料。除了“绿化”自己的产品外，麦当劳还投资了10亿美元购买原料建造、重新装修店堂，这一举动也迫使其供应商提供并使用再生产品。

许多行业的生产商都在对环境保护问题做出反应。例如，3M公司实行的“预防污染有奖”的计划大大减少了对环境的污染、降低了生产成本；道公司在阿尔伯特新建一座聚乙烯厂少用了40%的能源，少排放了97%的废水；赫曼·米勒是一家大型办公家具生产厂，它在家具行业率先使用来自可靠地方的热带木材，此举掀起了一股潮流（不仅如此，它进而拒绝包装，重新使用可溶解的涂料，焚烧废布和木屑作为工厂的能量来源，这些措施不仅对环境有益，还使得赫曼·米勒每年节约能源和垃圾掩埋成本75万美元）。

随着绿色营销观念的不断深入，连零售商也在赶“绿色”浪头。例如，沃尔玛向它的几千个供应商施加压力，要求他们提供更多的再生产品；在商店里，沃尔玛利用录像对顾客进行废物处理的教育，它还在全国的零售店停车场里安置了900多个垃圾箱；沃尔玛甚至还开办了“生态友好”商店，在这些商店里，空调系统用的是不损耗臭氧的制冷剂，停车场、屋顶的雨水被收集起来浇灌草坪，受光电传感器调节的荧光照明得到自然光补充，而路标是太阳能的。

总而言之，面对顾客对环境逐渐增强的关心，一些企业只做出必要反应以避开新的法规或者使环境保护主义者平静下来，另一些则迎合公众对环境问题越来越多的关注疯狂赚钱。但明智的企业之所以会选择及时地采取行动并不是被动而为，也并非着眼于追求短期利润，而是因为其战略性的眼光精准地看到了这个正确决定带来的未来市场及其夯实的可持续发展性。他们相信今天环境保护的远见在明天将会得到回报——对顾客、对企业都是如此。

第二节　营销伦理的本质与基本特征

一、营销伦理的本质

营销伦理的本质就是营销道德问题，它旨在满足和创造顾客的需求，实现企业的经济效益，它服从于整个社会的伦理，是商业伦理的一个重要组成部分。世界著名营销学权威菲利浦·科特勒曾说:"公司需要用最后一种工具来评价他们究竟是否真正实行道德与社会责任营销。"企业与消费者和社会的关系,最主要的是经济关系,直接表现为某种利益关系,这种关系的正确处理,除依靠法律外,还需要正确的伦理观念加以指导。营销伦理,既是一种职业道德,具有职业道德的本质属性,同时又是一种社会道德,具有社会道德的本质属性。下面简要分析一下营销伦理的几个本质特征。

(一) 诚信

俗话说"诚信为本",企业在营销活动的各个领域都要时刻遵守诚实守信的原则,因为诚信是最好的竞争手段。开展诚信营销是建立社会主义市场经济体制的客观要求,也是我国企业应对全球化时代国际交往规则的迫切需要。在整个营销活动中顾及社会、企业、消费者、竞争者及内部员工等利益相关者的利益,诚实守信,注重长远发展。

(二) 职责

在伦理学上,责任是义务的一项内容,职责也可以说是一定职业岗位上的责任和义务。每一类岗位都承担着一定的责任,体现着一定的义务要求,包含的内容如下:(1) 严格遵守职业规则,按要求办事;(2)充分发挥本职业、本岗位的职能;(3)保持本岗位、本职位的目标和方向;(4) 按时完成任务,勇于承担后果;(5) 保持与其他岗位和职业之间的联系。

(三) 公平

公平、正义的本质是一种社会契约,它是为了保障全体成员的利益不受他人侵犯,为了维护社会的安定秩序而自然形成的一种普遍公认的道德准则。它包含几方面的含义:权利的平等,如消费者的知情权、安全权、选择权等;机会均等,如参与市场竞争的机会均等,自主权利的均等,遵守规则的义务均等,承担税收和社会责任均等等;分配的平等,劳动者的付出会有一定的回报。企业应努力在合同中实现公平的利益平衡,并遵循公平交易的道德原则。

二、营销伦理的基本特征

营销伦理虽然是商业伦理的一个方面,但营销伦理的营销活动有其自身特点,主要表现在以下六个方面。

（一）外显性

企业要想实现自己的目的，进而获得收益，必须通过各种营销活动向外输送产品或提供劳务。但能否得到社会的承认，不仅是营销技巧的问题，而且还是营销伦理水平的问题。

（二）广泛性

任何企业的产品都具有一定数量的消费者或中间商。企业的规模越大，产品越多，其市场占有率就越高，其营销伦理的影响也就越广。

（三）直接性

消费者一旦购买或接受某种劳务服务，或中间商经销某种商品，便与该商品的生产者构成了一种权利与责任的关系，即形成了直接的利益共同体，企业的营销伦理就直接维护着这一利益共同体。

（四）互动性

因为消费者或中间商与企业间存在着直接的利益关系，因此，营销伦理的作用不是单向的，而是双向的，表现出一种典型的互动性。这种互动的结果主要有三种：要么产生共鸣，要么此消彼长，要么互相抵消。

（五）超前性

营销伦理具有现实性和理想性统一的特点。虽然营销伦理来源于生活，但它的价值观往往含有高于现实的理想成分。比如，营销活动中经常会提到“以顾客利益为中心、诚实守信、买卖公平”等，说得容易，但操做起来很困难，现实生活中的企业往往遵循的是利益至上的原则。

（六）持久性

一般情况下，企业都会按照一定的营销伦理水平来培养一定层面的消费者或中间商，并极力维护这一既有的利益共同体，保持或扩大市场占有率，实现利润的稳定增长。实践表明，较高的伦理水平能够更好地给消费者带来超值的享受，并使消费者产生一种长期的、由衷的信赖感。企业的营销行为除了经济上可行，法律上允许外，还存在伦理观念上的行为是否正当的问题。什么产品可以生产，什么产品不可以生产，生产的产品以什么手段到达消费者或中间商的手中，企业是否讲诚信优廉，是否视顾客为上帝，营销中合理性与合法性的正确处理等，都涉及营销伦理问题。在市场经济条件下，客观上要求企业必须在一定的营销伦理观念指导下加以解决。不仅如此，营销伦理还对企业具有一定的约束规范作用，能够使企业行为趋向完善，它对企业的生存和发展具有重要意义。

因此，根据营销伦理的本质及特征，商家在制定营销方案及实施营销活动时，要妥善考虑下列各方面因素：

其一，营销方案对消费者或其他利益团体产生的后果和影响；

其二，该营销方案和活动实施在消费者或其他利益团体上的可能性；

其三，消费者对营销活动所产生后果的接受程度或排斥程度。

【案例 2-2】 毒鸡蛋事件警示：有远见的企业应自觉履行社会责任①

一个企业如果只顾眼前利益而放弃了对社会责任的履行，通过损人利己的行为追求自身利益最大化，那么它终将被淘汰出局。近期发生的几起食品安全事件给人们敲响了警钟。

在市场经济条件下，企业追求利润最大化本身无可非议，但由于市场是不完全的，市场失灵难以避免，这意味着企业的利润最大化目标并非总是与社会所期望的目标一致。鸡蛋中检验出三聚氰胺成为一个典型的关于企业社会责任的案例。

有一个问题值得所有企业深思：在市场不完全条件下的企业目标与社会目标发生冲突时，企业是否应该承担相应的社会责任？社会主义市场经济理论所揭示的价值观与现代市场经济的运行原则都做出肯定回答。因为社会主义市场经济既是竞争经济，也是法制经济与道德经济，它保护市场主体通过合法的竞争谋求最大化利润的行为，但并不鼓励损人利己的极端利己主义行为。企业在追求自身利润最大化的同时，不仅仅只是单纯地履行社会义务，而是要在履行经济和法律责任的同时，还应该承担相应的社会责任。

企业的社会责任要求企业在履行社会义务的基础上还遵守一个社会所共同遵循的道德准则。这一道德准则主要包含两层含义：一是企业在追求利润最大化的过程中要讲道德，不能损人利己；二是企业除了履行经济责任以外，还须在可能的条件下为增进社会福利作出贡献。

其实从长远的角度看，企业承担相应的社会责任与追求利润最大化之间并非水火不容。由履行社会责任赢得社会信任，从某种意义上说也是企业的一种财富。许多精明的企业家发现，如果以欺诈行为去赚钱，到头来必定是搬起石头砸自己的脚。因为，企业在市场竞争中自觉承担相应的社会责任，就容易获得社会

① 资料来源：《人民日报》，2008 年 10 月 31 日。

的接受，企业及其他的产品和服务容易在社会公众中获得更高的信任程度。这种良好的企业信誉对于企业来说本身就是一笔可观的无形资产，有助于企业在市场竞争中获得更有利的地位，增强企业的获利能力。

当然，在目前我国制度与市场双方都还不完善的条件下，必须通过制度建设来激励与约束企业履行社会责任的自觉性。首先是通过深化体制改革，优化市场环境以及完善各种必要的规制结构，明确企业与个人在市场交易中的利益与责任边界，在源头上防范企业实施损害社会目标的损人利己行为；其次是构建一个包括政府监督部门、新闻媒体、消费者协会等在内的立体监控体系，让企业违背社会义务和责任、损害消费者利益的不道德行为尽早暴露；最后是对企业损人利己行为的惩罚力度必须加大。不仅要让那些无良企业得不到任何便宜，而且必须让其付出高昂的代价。

问题鸡蛋事件及三鹿奶粉事件给我国的每个企业都上了一课，那就是一个有远见的企业只有在追求企业利润最大化的过程中始终自觉履行相应的社会责任，那么它才可以在激烈的市场竞争中立于不败之地，才有可能做成一个具有持久生命力的百年老店。

第三节　营销伦理的基本模式

营销伦理是一种指导营销活动的道德准则，它强调的是一种以道德责任为基础的营销模式，目的是实现企业的长期战略，通过关注企业长远的发展利益，为企业的发展赢得大量的社会资源。营销伦理是为了适应新的形势而提出的创新营销模式，注重的是长远的利益及可持续的发展。营销伦理不仅仅是以实现企业利益的最大化为目的，还是对单纯以利益驱动为目的的策略或技巧性营销模式的否定，是关注社会道德责任价值的深层次的营销创新。

营销伦理模式并非单纯地否定追求赢利这一企业本质的传统营销模式，与其他营销模式一样，营销伦理模式也是为了企业的利益，但不是为了眼前的利益而牺牲企业的长远利益。营销伦理具有策略性与战略性的统一，眼前利益与长远利益的统一，理论意义与可操作性的统一等特点。

一、营销伦理模式的基本构成

（一）实施的主体

营销伦理的实施不仅仅需要企业的努力，还需要社会这个大环境作为支撑。

正如“道德的企业与不道德社会”所言，如果社会上没有形成一个很好的道德氛围，那么企业实施营销伦理也是不可能的。因此，在构建营销伦理模式的过程中，不应只包括企业，还应该有政府、消费者及各种相关利益者甚至是全民都参与到其中，共同促进一个营销新理念的发展。

（二）企业实施营销伦理的流程

企业实施营销伦理应该从上到下逐步实施，企业的领导者首先应该树立起道德营销的观念，再将这种观念融入到企业的管理中，采取各种措施来提高企业每个员工的道德意识，只有这样，营销伦理才能在各个企业深入贯彻下去。

（三）营销伦理组合

营销伦理模式不仅是一种强调整体性的战略营销，同时它也是一种强调实战作用的战术营销。如同市场营销 4P、6P、4C 等组合一样，道德营销也应有自身的营销组合，以便更好、更有效地满足目标市场。

二、营销伦理模式的核心价值观

企业一般都具有双重身份：一方面，具有“经济人”的利益本性；另一方面，具有“道德人”的伦理特征。市场营销作为企业的一项重要职能，必然也具备了双重职能：既要追求自身的经济利益，又要考虑社会的整体利益和长远发展，自觉承担起相应的道德责任。显然，“经济人”和“道德人”的双重身份，要求企业在市场营销活动中把义利两方面有机地统一起来，并将义利统一确定为企业道德营销的基本价值观。一般而言，营销伦理的本质就是营销道德问题，道德营销模式的核心价值基础在于它的义利统一的思想。因此，义利统一的思想也是营销伦理模式的核心价值观。

（一）义利关系的内涵

“义”是指道义、正义、社会公共利益或道德法则，属于社会意识的范畴；而“利”一般是指物质经济利益，也包括精神文化利益，属于社会经济范畴。关于义利关系的内涵，欧阳润平教授认为，现实中的“义”包含公益、人道、公平三重含义，现实中的“利”包含私利、物用、效率三重含义。因此，她认为义利关系是一个三重结构。[①]

---

① 欧阳润平：《义利共生论——中国企业伦理研究》，湖南教育出版社 1999 年版，第 141－142 页。

第一重结构是公益与私利的关系。在这重结构中，以企业为利益行为主体形成了企业与国家利益、企业与社会利益的关系，反映了企业的社会道德水平；把企业中的个人作为利益行为主体形成了企业人员与人员之间的利益关系、个人与集体之间的关系，如同事关系、部门之间的关系等，很好地反映了企业人的道德水平。

第二重结构是人道与物用的关系。所谓人道，首先要承认人的生存权，其次要承认人的劳动权，再次要承认人的发展权，第四要承认人的选择权，最后是在承认人的权利的基础上，运用物质资源发展人。物用，是指所有创造的物质财富都应该是为了发展和满足人的需要，为人所用的。人道与物用的关系基于两层意义：一层是人追求物质财富的动机是合理的；二层是所有创造物质财富的直接和间接的经济活动仅仅是满足人的各项权利的手段。①

第三重结构是公平与效率的关系。这层关系涉及企业内部员工和经营管理者的利益，涉及国家和社区的利益，行为主体和利益主体的利益，还涉及通过国家综合经济实力的损益对后代的影响。

由此可见，正确处理好义利关系，有助于企业更好地获得经济效益。如果市场营销理论是教人怎样赚钱，那么，营销伦理理论则是帮助企业如何以正当的方式赚更多的钱。

（二）义利统一的价值观

义利关系是中国传统经济思想中一个十分重要的经济伦理问题。战国时孟子就提出："生我所欲也，义亦我所欲也；二者不可得兼，舍身而取义者也。"《吕氏春秋》提出："义者，百事之始也，万利之本也。"我们经常说"君子爱财，取之有道"。中国传统的义利思想，对于中国人重信义、讲信用、重长远利益这样一种经济思想的形成，起到了非常巨大的推动作用。

事实上，企业追求利润无可厚非，但关键是要有道德的追求利润，不仅要追求短期利润，更要追求长期利润。"红顶商人"胡雪岩就深谙"义利"的辩证关系，至今仍把"戒欺"的牌匾悬挂在胡庆余堂的"中堂"。由此可以看出，舍义取利，不可能得到长利，企业也不可能实现持续发展。

德国著名的经济伦理学家科斯洛夫斯基曾对企业如何对待求利与求义的关系作过考察，并将其分为三类。

1. 将"义"与"利"完全对等。"行为人能够无条件地按照道德进行交易。他把道德行为和个人行动都视为经济利益，把公共利益视为他个人的利益，即他按照道

① 高朴：《道德营销论》，江苏人民出版社 2005 年版，第 89—91 页。

德进行交易不受其他人的影响。”这类企业往往把求义与求利绝对等同起来，甚至可以为了求义不惜损害自身的利益。这类企业所作出的行为选择虽然在道义上值得称颂，但由于偏离了企业经济活动本身的直接价值指向，因而在经济活动中缺乏现实性和普遍性。

2. 把求利置于求义之上。“个人能够无条件地按照道德进行交易。如果其他人或大多数人也这样做，他准备遵守道德规则，如果他感觉只有他一个成了‘傻瓜’，他就自己破坏规则。”这类企业并不是康德式的义务践履者，它往往把求利置于求义之上，认为求义必须得利，也就是说，企业是否按照社会公认的道德要求从事经济活动，是有条件的。这个条件从根本上讲就是不得损害企业求利的最低限度。

3. 希望得到利益而逃避规则的机会主义。“追求自身的最大利润，最佳情况是所有其他人都遵守规则，只有他自己不遵守规则。”这类企业在行为的选择上极具投机性，是典型的“逃票者”，既希望享受因社会整体道德秩序的良好而使自己的交易成本有所降低带来的好处却不愿支付任何代价，又企图获取由于自己对社会道德规范的违背而使别人的交易成本有所提高所带来的额外收益却想逃避惩罚。

根据科斯洛夫斯基对企业作出经济行为的道德条件所作的考察，我们可以得出这样的结论：在现实经济生活中，绝大多数企业出于对自身利益的权衡，往往会选择第二种情况，总希望通过自己对社会道德规范的遵循以实现利益最大化的目标，而将第一种情况和第三种情况予以排斥。因为第一种情况即求义不计成本的非现实性，必然导致企业在激烈的竞争中被淘汰出局；而第三种情况即求利不择手段的反道德性，也会使企业因受到社会舆论谴责和法律制裁而加大成本支出，从而丧失竞争能力，同样会被淘汰出局。然而，就第二种情况而言，企业在经济行为的选择中自觉求义择善也并非没有条件、没有限度，这个条件和限度就构成企业一切经济行为的伦理限度。①

第四节 营销伦理的实施条件

一、政府

(一) 进一步健全和完善法制，为企业遵守法律和道德规范提供保证

道德是法律的基础，法律是道德的保证，两者密不可分。道德是没有强制约束

① 杨文兵：《论企业经济行为的伦理限度》，《社会科学》，2001 年第 8 期。

力的，这种软弱的“负强化”有可能使某些企业经受不住高额利润的诱惑而作出有损消费者利益的行为，因此，必须用法律来强制规范这些伦理道德。

（二）强化执法力度，切实做到“执法必严，违法必究”

在社会中，“有法不依、违法不究、执法不严”的现象仍然存在，甚至许多违背伦理的行为是在当地政府支持之下进行的，因此，政府相关部门必须强化执法力度，切实做到“执法必严，违法必究”，体现法律的威慑力，形成一种强制性压力，有力地限制非道德行为的泛滥。

二、企业

（一）企业应系统制定一系列有效的伦理准则，并广泛开展营销伦理教育

一个优秀的企业应该是道德高尚的楷模，它遵守社会公认的道德标准，形成具有自己特色、良好的道德体系，并通过各种途径向公众传达，以提高企业的美誉度。因此，企业在营销中必须把道德标准放在优先位置，建立一套广泛而固定的与产品开发、产品促销、定价、服务等有关的伦理准则；必须广泛进行营销伦理规范的宣传和教育，形成“重道德，讲信誉”的氛围，把营销伦理规范渗透到全体职工的意识中去，把执行营销伦理规范作为自己的基本责任，以推动企业营销道德风尚的形成和发展。

（二）完善企业文化建设，强化营销道德意识

企业文化是影响营销道德的重要因素之一。企业文化制约着企业营销决策的动机，规范着企业营销决策的内容，具有促进企业营销决策实施的作用。企业文化中的核心——企业价值观与企业精神是企业凝聚力和向心力产生的源泉，优秀的企业文化能塑造员工的共同价值和共同意识，把全体职工凝聚在一起，借此实现企业目标。

（三）加强企业内部人员之间的伦理道德建设

优秀的企业领导者应成为良好企业道德的倡导者、实践者和学习楷模，应具备长远眼光，有道德、有正确的义利观，有公正的判断标准，会以身作则，用自己的言行影响员工，产生强大的精神力量，能激励员工的积极性和创造性精神的发挥。建立良好的员工关系，确立“以人为本”的管理伦理，提高企业职工素质。培养员工的信任感、责任感，把员工的个人利益与企业的整体利益融合在一起，从而形成强大的凝聚力和向心力，使企业具有长久的生命力和竞争力。

（四）善待竞争对手，正确处理好竞争与合作的关系

在激烈的市场竞争中，企业的发展越来越依靠彼此间的合作。为了开拓市场，增强自身的竞争实力，企业应积极寻求文明的竞争道德规范，开展合作与交流，实现信息、资源共享，降低生产成本，并组成联盟，实现优势互补，以求共同发展，在提高企业竞争力的同时取得双赢的效果。

（五）建立良好的顾客关系，正确处理好追求利润与提供服务的关系

顾客作为商品的购买者和使用者，构成了现实或潜在的市场需求。为了赢得顾客，企业应为顾客提供优质的产品和服务，而不能只为追求短期利润，欺骗顾客。在企业中形成对顾客、对社会负责的诚信文化氛围，既可以提高企业内在经营效益，也可以提升企业的外在竞争力，让企业在市场经济浪潮中立于不败之地。

三、消费者

（一）增强消费者的自我保护意识

新闻媒介应加大有关消费者权益保护的宣传，政府也应该大力协助其开展各种提高消费者权益意识的活动，同时，加强对各种损害消费者利益的行为的惩罚；要对现实中发生的各种纠纷给予合理的解决，从而为消费者的自我保护行为树立典范。

（二）树立正确的消费观念

消费者应自觉抵制各种不健康消费观念的影响，从维护国家、企业及自身利益出发，拒绝购买和使用假冒伪劣产品及污染环境的产品，坚决反对一切不良营销活动及行为。

（三）强化消费者的道德意识

消费者在市场交易中同样需要承担一定的道德责任。消费者的整体素质和道德水平，直接影响企业营销方式的选择和效果。因此，消费者也要从自身做起，信守道德。

四、社会环境

（一）通过宣传教育，形成注重营销伦理的社会氛围

政府及社会应利用各种传播媒介开展多层次、多形式的企业伦理和营销道德

教育，尤其是企业的职业道德教育，提高企业家、企业职工、营销人员的道德素质，同时，大力宣传营销道德水平高的企业，树立典范，从而形成全民注重营销伦理的社会氛围。

（二）加强行业协会建设，强化行业监督

行业协会是同行业企业之间形成的组织。由于个别企业的非道德营销行为很可能会损害到全行业的商业信誉和利益，因此，行业协会应针对本行业的特点，制定相应的营销道德准则以及对非道德营销行为的处罚规则，规范全行业的营销行为，维护全行业的利益。

（三）加强企业营销活动的社会监督

社会监督主要包括新闻监督和消费者监督。新闻监督的特点是非功利性、影响力大、制约性强。它通过运用现代大众媒介对企业道德行为进行评议，造成强大的社会舆论，唤起群众抵制其产品，引起国家执法部门的注意，增加这类企业的经营风险和“投机成本”，通过舆论的力量制约企业的经营行为，使其回到道德营销的规范中来。消费者监督主要由消费者协会等消费组织来进行，其特点是具有群众性、广泛性、经常性和民主性。

【案例 2-3】 打好组合拳确保食品安全①

市场准入制度是从源头上保证食品质量安全的一项重要制度，是从源头抓好食品质量的总抓手。准入质量的高低直接影响到企业的食品质量，也会影响到部门形象。为保证这项制度顺利实施，维护好部门形象，质监部门应结合实际，不断完善获证条件，提高获证门槛，并确保具备生产条件的企业顺利获得市场准入资格。从山东省宁阳县这几年的工作实践，笔者认为，应抓好五个方面的工作。

（一）分类指导，严把市场准入关

质监部门可以在所辖范围内对所有相关企业进行全面整顿，摸清底数，建立健全企业质量档案，积极帮扶可以达到要求的企业完善必备条件，并把生产必备条件和出厂检验作为检查工作的重点。结合目前食品生产加工企业的特点，采取备案、记录、结合等措施，严格市场准入制度，确保食品质量安全。备案，即食品质量安全备案、添加剂采购验证备案、检验设备备案、原料质量安全证明资料备案等；记录，即原料采购记录含添加剂记录、生产记录含添加剂使用记录、成品入库记录、检验记录、销售记录；结合，即宣传引导与帮扶促进相结合、现场指导与观摩

① 资料来源：国家质量监督检验检疫总局网站，2008 年 5 月 12 日。

学习相结合、严格准入与加强监督相结合、打击假冒伪劣与扶优扶强相结合、政策约束与企业自律相结合、法律法规培训与专业知识培训相结合等。

（二）重整体，引导和帮助企业完善自律机制

根据企业存在的问题和需要，分类指导，实行动态管理，为服务企业找准切入点。为进一步加强企业标准化、计量和质量管理水平工作，帮助企业收集、索取和制定产品标准，引导企业按标准组织生产，建立必要的检测体系和质量管理体系；同时与企业签订质量保证书，加强对企业质量管理知识的培训，引导企业积极推行科学的质量管理方法，建立有效的质量管理体系，提高企业员工的自身素质和生产加工质量安全可靠食品的自觉性。

（三）抓实效，落实回访制度，强化证后监管

为避免企业获证后放松管理，采取日常监督和突击检查相结合的方式对获证企业加强监管，对重点企业实施重点监控，加大巡查的频次，促使其进一步提高管理水平，持续保证食品安全，同时加大对无证生产企业的打击力度，以维护市场准入制度的权威。

（四）有计划、多管齐下、优势互补，以实现共同发展

采取区域整治、龙头带动、专业合作等多种模式，引导食品生产加工小企业、小作坊联小做大、整合做强、规范发展，并由各监管分局做牵头单位，组建行业协会等组织，使小作坊走上自我约束、自我发展的道路。对采用特色原料和传统工艺生产、产量小、加工户分散，但产品属于当地百姓日常生活必需品的小作坊，采取积极引导和鼓励联营的办法，以提高技术水平和产品质量。

（五）分步骤，加大宣传力度，签订责任书，形成报告

在工作中采取抓住食品监管的重点区域、重点生产加工企业和重点产品，与之签订《食品质量安全责任书》、《食品质量安全承诺书》，向社会公开承诺不生产劣质、不合格食品，并每季度向当地政府报告一次当地食品质量总体状况等，及时将质监工作的信息传达给当地政府。

第五节 营销伦理的实施流程

虽然在营销实践中，在面临着严峻的生存和竞争压力的情形下，一些企业并不一定会遵循严格意义上的营销伦理思想，而是把精力更多地放在了如何赚取更大的利润借以实现经济目标上。但是对于那些具有远大抱负、希望获得持续发展前景的企业来说，在营销决策中更多地考虑道德的价值，或者以道德的力量推进并提升企业的营销质量，显然又是企业不可避免的管理问题。研究商业伦理问题的专

家现在已经将营销伦理提升到了一个战略的高度。企业应当如何进行营销伦理?这一流程如图 2-1 所示。

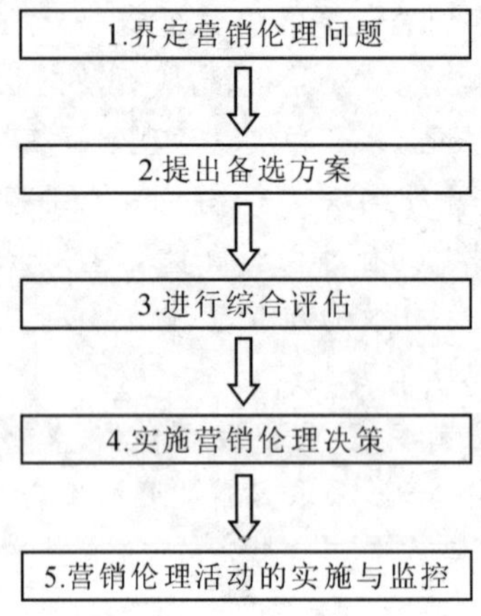

图 2-1　营销伦理流程图

一、界定营销伦理问题

营销伦理的一般流程始于对营销伦理问题的界定,即为什么要进行营销伦理活动,或者企业遵循营销伦理的依据是什么。事实上,一些企业在自身的发展过程中已经逐渐暴露了很多道德问题,如销售假冒伪劣产品、歧视消费者、贿赂采购人员等行为,如果在市场上已经存在了这种不良的现象并造成了较恶劣的影响,很可能会直接影响企业未来的发展。很多具有远见的企业从创立之日起,就把做一个道德的经营者作为自己的目标之一,从而使这些企业一开始就比较注重承担道德的责任,并据此制定符合道德的营销伦理。一般来说,企业的营销伦理面临两大类的道德问题:一类是战略性问题,一类是战术性问题。战略性问题包括如何对企业的营销资源进行长期安排,如设定营销目标,培育核心能力,确立竞争优势等,这些通常是由企业的高层管理人员来确定的。通常战略性的企业活动中存在的营销伦理问题,在很大程度上会影响营销伦理在现实中的实施,并直接导致企业员工大量不道德行为的产生和延续。

二、提出备选方案

在企业的营销过程中,对于营销伦理问题进行及时的界定,有助于企业管理人员制定相应的营销伦理方案。对于一些简单的营销伦理问题,解决的方案可能会偏于简单化,可以通过营销人员的经验得到较为准确的判断。然而复杂性的营销伦理问题，企业往往要采取较为谨慎的态度。企业营销管理人员要针对存在的营销伦理问题设计出几种备选的方案，以供进一步的决策之用。在营销伦理方案的设计中更多考虑的是企业营销工作的道德责任，及如何使营销伦理方案具有更大的道德含量。企业的营销伦理方案应该具有明显的影响，鼓励道德行为，遏制不道德的行为。另外，道德感强、注重合作、沟通良好的文化氛围，以及股东的价值、消费者组织、决策者所属行业的行为规范，也都会对营销伦理备选方案的设计产生重大的影响。

三、进行综合评估

一个营销伦理方案是否符合企业的实际需要，有赖于对方案进行进一步的评估，评估的标准包括政治的、经济的、社会的、技术的以及伦理的各个方面。对于一项具体的评估而言，上述不同标准的作用并不完全相同。而且，对于营销伦理方案的决策进行政治的、经济的、社会的、技术的评估，并非与伦理无关。例如从经济的角度来看，营销伦理方案不仅要考虑赢利多少，还要考虑是着眼于短期利益还是长期利益。根据伦理的基本原则，企业在制定营销伦理的方案时，应该将企业的长期利益放在第一位，要有长远的眼光。因为在长期利益驱使下的企业，会主动减少营销中的短期行为，会更多地关心消费者、员工利益和社会利益的实现，这样才会更加有利于社会的发展和企业的生存与发展。

四、实施营销伦理决策

在进行营销伦理备选方案的评估后，就要进行营销伦理决策。对于营销决策进行道德评价是关键的，这是营销决策是否符合道德要求的标志性工作。但是，一项营销决策是否可以引起决策者道德上的考虑呢？根据英国著名学者托马斯·琼斯(Thomas M. Jones)的观点，一项决策的道德强度越大，就越能引起决策者的伦理思考，因此，决策者建立道德一项的可能性越大，选择合乎道德的决策的机会也就越大。

关于决策的道德强度，琼斯认为主要取决于一项决策的预计后果，包括六个方面：一是后果的大小，即决策所产生的好处或害处的总量，总量越大决策的道德程度越大；二是社会舆论倾向，即社会对于一项决策善恶评判的一致程度，程度越高道德强度越大；三是结果的或然性，即好处和害处发生的可能性，可能性越大道德强度越大；四是时间的直接性，即一项决策产生后果所需要的时间长度，时间长度越短则决策的道德强度就越大；五是接近性，即决策者与决策后果的承担者在社会、文化、心理或物理方面的密切程度，密切度越大决策的道德强度越大；六是结果的集中度，即决策后果承担者的人数多少，人数越多决策的道德强度越大。[①]

五、营销伦理活动实施与监控

营销伦理制定之后，就要在具体的营销活动中进行实施。实施的好坏直接决定着营销伦理的效果，因此，要对其进行严格的监控。营销人员要根据外界的情况实施所制定的营销伦理活动，并将所发生的情况及时地反馈给企业的高层管理者。高层管理者的职责不仅要制定营销伦理活动，更要保证营销伦理活动的实施与有效监控，及时恰当地调整营销伦理执行过程中所出现的种种情况，以便使营销伦理活动更加有效持续地进行。

本章小结

本章重点介绍了营销伦理的内涵：营销伦理(marketing ethics)是营销主体在从事营销活动中所应具有的基本的道德准则，是对营销策略、营销行为及经营道德的判断标准，即判断企业营销活动是否符合消费者及社会的利益，能否给广大消费者及社会带来最大幸福的一种价值判断标准。营销伦理是商业伦理的一部分，是商业伦理学的一个应用分支，它服从和服务于整个社会的伦理。对营销伦理和道德营销两个概念进行了辨析，进一步区分了道德营销与绿色营销、公益营销的区别。

营销伦理自然有其独特性，主要表现在：外显性、广泛性、直接性、互动性、超前性、持久性。

营销伦理模式并不是那种否定追求赢利这一企业本质的无私的营销模式，与其他营销模式一样，它也是为了企业的利益，但不是为了眼前的利益而牺牲企业的长远利益。它具有策略性与战略性的统一，眼前利益与长远利益的统一，理论意义与可操作性的统一等特点。营销伦理模式的基本构成有：实施的主体；企业实施营销伦理的流程；营销伦理组合。

营销伦理的本质就是营销道德问题，道德营销模式的核心价值基础在于它的义利统一的思想。因此，义利统一的思想也是营销伦理模式的核心价值观。

营销伦理的实施条件主要从以下四方面来考虑：政府、企业、消费者、社会环境。营销伦理的实施流程主要分为四步：界定营销伦理问题→提出备选方案→进行综合评估→实施方案。

---

① Thomas M. Jones, *Ethical Decision Marking by Individual in Organization: An Issue Contingent Model*, *The Academy Management Review*, 16,2(April1991),pp. 365－366.

案例阅读与讨论

【案例】 皇明的公益营销[①]

皇明太阳能集团是目前世界上最大的可再生能源供应商，年推广太阳能热水器约300万平方米，相当于整个欧盟的总和、比北美的两倍还多，产品主要包括太阳能热水器、全太阳能锅炉、太阳能与建筑结合、太阳能高温热发电、太阳能光伏发电、玻璃真空集热管、温屏节能玻璃、太阳能光电照明、太阳能空调等。皇明集团始终引领行业的发展潮流，到目前已拥有460项国家专利，先后承担和参加了六项国家“863”项目、一项国家“火炬计划”项目、一项国家“双高一优”项目。并自主研发、世界独家掌控“三高”、“四高太阳芯”真空管和高温发电集热钢管等太阳能光热技术。

一、皇明集团的公益事业

自公司成立以来，皇明集团做了许多公益事业，如2002年，皇明为50名德州市家庭困难的大学生捐资助学10万元。2003年，皇明为家庭贫困学生捐款12万元，使每一位有前途的学生得到了良好的教育；同年4月，在“非典”时期，皇明向不顾个人安危、仍然坚守在工作一线的医护人员致敬，并捐款10万元。2004年，皇明在“慈心一日捐”、九三学社“爱心助残活动”启动仪式等活动中共捐赠20余万元，作出了突出贡献。2005年，皇明向驻守西沙群岛的官兵、德州中小学、河南省上蔡县“中华红丝带”家园等共捐赠了将近330万元的物资。2006年3月，皇明向德州教育学院捐赠大学生助学金2万元；8月，向德州市德城区特教中心、盲童学校、赵宅中学、赵虎中学、谦场刘小学等捐赠价值近20万元的太阳能热水器；向身患肺癌的女工王德娟捐赠一万元救助金；向德州市慈善总会捐款10万元，以救助50名家庭困难的大学生。

二、皇明集团的公益营销

皇明集团是中国太阳能产业的先行者、中国能源环境立法的推动者、世界太阳能工业化体系的开拓者。

（一）启动中国太阳能产业

早在1997年，太阳能市场在中国几乎是一片空白，99%的中国人都不知道太阳能到底为何物的时候，皇明人抱着“为了子孙的蓝天白云”的美好愿景，开展了其公益营销活动，并进行了大规模的、地毯式的太阳能公益科普行动，大量散发科普资料，为公众讲解以太阳能为主题的科普知识，并提供咨询服务。在1996年创办的《太阳能科普报》，累计发行达1亿份。自1997年起先后又发动了“科普万里

① 资料来源：皇明太阳能集团网站，经编者整理。

行”、“太阳能售后服务万里行”和“百城环保行”等活动，每年有数千员工和经销商在全国各地数千个市、县、镇，举办数万场次集太阳能科普展示、销售、服务咨询于一体的绿色风暴活动，创造了世人瞩目的“8122读数”。

皇明太阳能集团的科普活动有力地启蒙了中国的太阳能市场，探索出了适合中国国情的太阳能发展道路，并催生了一个富有竞争力和巨大市场潜力的太阳能产业。

（二）推动中国能源环境立法

皇明集团董事长黄鸣被誉为“太阳能教父”，他是中国太阳能行业唯一的全国人大代表，《中华人民共和国可再生能源法》的主要提案人。他联合56名全国人大代表向人大常委会提交环保节能议案，2005年2月28日，全国人大常委会第十四次会议表决通过此议案，于2006年1月1日正式颁布实施。

皇明集团还在全国率先提出“G(绿色)能源替代”战略，建议用太阳能光热替代农业、工业、生活、建筑等热能，大力推动能源的可持续利用，促进经济社会的可持续发展，并被列入国家可再生能源发展规划。

（三）开拓世界太阳能工业化体系

2006年5月5日，皇明集团董事长黄鸣应联合国总部的特别邀请，向参加联合国第14届可持续发展大会的各国政府代表和国际组织的专家学者们，介绍了中国太阳能工业体系的创新经验与商业化推广模式，为世界太阳能发展提供了参照依据。2007年在皇明召开的“太阳能热利用工业化”国际研讨会上，包括世界太阳能学会四位主席在内的50个国家、190位国内外专家领导到会，以皇明为样板探讨世界太阳能工业化解决方案。

（四）奉献社会公益事业

多年来，皇明集团一直把关爱贫弱、奉献社会作为企业的社会责任，始终热心为国家社会公益事业作贡献，先后向贫困学校、弱势群体、海岛部队、西沙驻军等捐款捐物不计其数。在2006年的全国“两会”上，皇明太阳能董事长黄鸣建议国家推动“新能源·新农村”的工程，推动解决1亿农民洗澡难问题，成为“两会”的热点之一。并与“中华健康快车”基金会合作，启动“农村贫困学校太阳能浴室工程”，计划用10年时间，建设10000个农村学校太阳能浴室，解决1000万师生健康洗浴难题。

三、皇明集团公益营销的效果

皇明集团通过良性的循环模式有效地开展其公益营销：“企业进行科普知识教育—启动太阳能市场—企业获得利益—建立太阳能工业体系—促进太阳能市场发展”，通过“市场的建立与发展—新观念形成(节能节煤)—颁布相关行业政策—推动市场前进”，在企业获得利益后再反哺社会“进行公益活动—进一步促进市场”。

皇明集团所进行的公益营销活动，给皇明集团带来了非常显著的效果。如对太阳能科普知识的普及，虽然花费了很多的财力、物力与人力，但是回收的效益却是成本的好几倍，它使得皇明集团在太阳能行业中成为市场的领导者，并一直处于同行业遥遥领先的地位，这在一定程度上为太阳能行业的其他进入者设定了很大的进入壁垒。

皇明集团的完全创新模式在2006年被中央党校列为教学案例，成为全国列入该校的第一个民营企业案例。这是企业的荣誉，直接促进了无形资产的增加。与此同时，皇明为国家作出了很多贡献。如黄鸣在联合国第14届可持续发展大会上的发言，经过多家国际著名媒体对皇明集团的大量报道，不仅提高了皇明自身的知名度和美誉度，并且有效改善了中国在能源环保方面的负面形象，为中国企业在国际上树立了良好的形象。

皇明集团的公益营销，为企业赢得了无数的荣誉。皇明集团董事长黄鸣先生被誉为“中国太阳能产业化第一人”，获“2006中国绿色年度人物”奖、2007年“中国可再生能源杰出贡献奖”、“全国最佳商业模式”第一名、“中华慈善事业突出贡献奖”等十多个奖项。这些都是企业的无形资产，树立了良好的品牌形象和企业形象。

皇明集团凭借现有的优势，在山东省德州市击败来自美国、日本、意大利的竞争对手，成功申办2010年世界太阳城大会。

坚持不懈的公益活动不仅使皇明集团在行业中树立了绝对威信、吸引了大量的消费者和经销商，并且通过建立同企业价值链相结合的公益机制，使皇明集团实现了基业常青。从此案例中，深刻体会到乔·马尔科尼(Joe Marconi,2005)所说的“多行善举必得益”，即使在实行的过程中会有很多阻碍，但是凭借两颗心——“公益之心”与“营销之心”相结合，必定会出现奇异的火花。

【讨论】

1. 你认为皇明实施公益营销的成功之处是什么？它与一般性的传统营销有哪些区别？

2. 什么样的企业适合实施公益营销战略？

思考题

1. 营销伦理的内涵是什么？它与道德营销的区别是什么？
2. 道德营销与绿色营销、公益营销的区别是什么？
3. 营销伦理的基本特征有哪些？
4. 营销伦理模式的基本构成有哪些？它的核心价值观是什么？
5. 简述营销伦理的实施条件。
6. 结合实际，对营销伦理的实施流程进行分析。

第三章　营销伦理组合

如果一种市场经济运行成本高昂，缺乏市场内部伦理的自我约束，而完全靠市场外部的高压来运转，必定是世界上最贵的市场经济。

——赵　晓

本章学习目标

通过本章学习，掌握营销伦理组合的基本内容，能结合实际进行应用、分析；了解营销伦理组合中各要素的基本含义；掌握目标市场的定义；掌握目标市场定位的概念；把握营销伦理组合的应用场合。

本章学习重点

营销伦理组合的基本内容，营销伦理组合的应用场合。

市场营销组合理论是企业在制定市场营销战略时要考虑的重要因素和应用工具。它是企业可以控制的微观市场营销因素组合，通过对这些因素进行灵活的运用可以帮助企业更好地进行市场营销，借以达到企业的营销目标。随着后营销时代的到来，市场等各方面因素对市场营销活动提出了更多的要求。市场营销组合理论也开始受到越来越严峻的挑战，市场营销活动中的伦理道德问题也开始越来越被人们所关注和重视。如何把实现企业赢利与消费者利益、社会利益统一起来成为营销理论和实践发展的新趋势。正是在这样的背景下，我们提出了营销伦理组合(6M)，用它来指导我们的市场营销，使其活动符合道德，健康发展。

第一节　营销伦理组合的基本内容

营销组合理论在市场营销的发展中起着至关重要的作用，主要包括产品(Product)、价格(Price)、渠道(Place)、促销(Promotion)。道德营销模式不仅是一种强调整体性的战略营销，同时它也是一种强调实战作用的战术营销。根据道德营销模式的特点可以建立相应的营销伦理组合模式图。如图 3-1 所示。

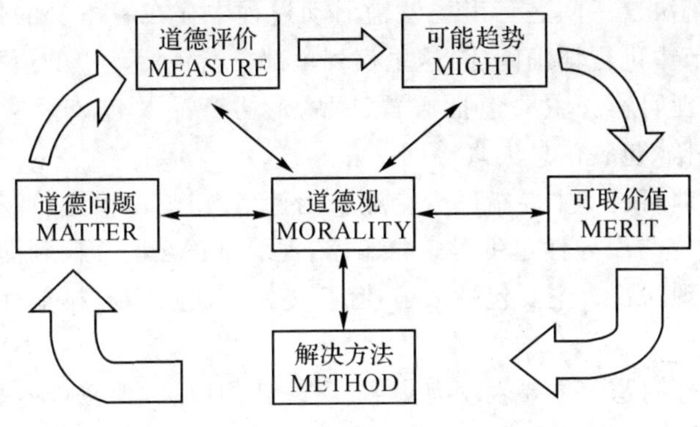

图 3-1 营销伦理组合

一、道德观(MORALITY)

道德观指的是企业经营者对社会的道德责任感,是企业经营者所拥有的核心道德价值观念,是对道德问题评价、分析与决策的指导原则与核心。道德责任是指具有一定自由和能力的责任行为主体(包括个体、团体与国家)基于一定的物质利益和道德认识,以社会客观道德价值为评价标准,履行(包括非自觉自愿和自觉自愿两种态度)社会赋予其对他人、社会、自然的责任,以及对于自我行为或由其控制的行为所导致或可能导致的有利于或有害于他人和社会的行为后果承担相应的责任,以及自觉自愿履行责任所形成的良好道德品质。[①] 道德责任观是企业道德营销的基础与核心,道德营销正是基于这种道德价值而开展的营销活动。

现代社会,企业作为经济人和道德人统一的社会角色,承担着为社会提供财富、效率、经济发展和进步的重要使命与责任。企业的道德责任是企业伦理的核心,并构成企业道德原则和规范的基本规定性,是企业文化和企业形象的有机组成部分。[②] 营销伦理作为企业伦理的一部分,也应当履行这一种道德责任,因为它对整个营销活动具有战略意义上的指导作用,可以帮助整个营销活动朝着正确的方向稳步前进。

二、问题(MATTER)

道德问题是道德营销模式分析的起点与目的,是指人们所关注的企业发展与

---

① 郭金鸿:《道德责任论》,人民出版社 2008 年版,第 52 页。

② 王泽应:《论企业道德责任的依据、表现与内化》,《道德与文明》,2005 年第 3 期。

社会发展道德矛盾的焦点，道德营销模式的分析流程都是围绕它而展开的，目的也是为了更好地解决这一问题。市场营销活动过程中存在着不少的伦理问题，本书将在之后的章节中进行详细阐述，这里仅列举部分营销活动中的道德问题。

1. 产品伦理问题。主要包括假冒产品、低劣产品及包装浪费资源与污染环境、隐瞒产品缺陷、包装信息失真等问题。

2. 定价伦理问题。主要指部分企业采用价格歧视、串谋定价、掠夺性定价、垄断价格、价格欺诈与误导性定价等定价策略，攫取不正当的高额利润。

3. 渠道伦理问题。主要包括渠道控制、传销、灰色市场、排他性及其他形式的歧视等。

4. 广告伦理问题。主要表现有虚假广告、新闻广告、比较广告、情色广告及其他伦理缺失的广告等表现形式。

5. 其他伦理问题。还包括市场调研中的伦理问题、公共关系中的伦理问题、网络营销中的伦理问题，以及国际市场营销中的伦理问题。

三、评价(MEASURE)

道德评价是道德营销模式分析的第一步，道德评价是根据一定的道德评价原则对道德问题产生的原因、所涉及的道德关系以及道德问题的严重程度进行相应的分析与判断。道德评价的标准包括政治的、经济的、社会的、技术的以及伦理的各个方面。分析道德问题产生的原因可以从外部因素和内部因素两方面来进行。外部因素主要从政府、社会、文化三方面来展开分析，具体来说就是要考虑政府立法和执法制度是否健全，市场竞争是否正当，以及文化(包括西方文化和传统的儒家文化)的影响。内部因素包括领导者的道德责任观念、企业文化及企业员工的素质等。道德问题所涉及的道德关系主要指与企业的营销道德问题相关联的组织、人员及相联系的各类事物。只有理清了彼此之间的道德关系，才能提出正确的解决方法。分析道德问题的严重程度，主要是通过分析道德问题对利益相关者所造成的危害来判断。一般情况下，对于一项具体的评价活动而言，上述标准的作用并不完全相同。

四、可能(MIGHT)

任何道德问题的发展态势都有很多种可能，这主要取决于道德问题性质本身与人们对道德问题的关注程度，以及企业是否能及时采取相应的措施去解决。一般有三种可能的发展趋势：一是道德问题得到解决，恢复原始状态；二是道德问题得不到有效解决甚至根本不受到重视，最后恶性发展，影响企业声誉与形象；三是道德问题得到完美解决，进而推动企业道德建设的发展，提高企业的道德形象与公关形象，有利于企业的长远发展。具有远见的企业总能在第一时间发现自身存在的道德问题，及时采取有效措施使之得到控制，并推动企业的进一步发展，实现可持续发展。例如，强生公司提出“公司存在的目的是要减轻病痛”、“我们的责任层次分明：顾客第一，员工第二，整个社会第三，股东第四”，该公司在知悉芝加哥地区有人因服用其生产的 Tylenol 祛疼片而致死之后，迅速采取行动将该种产品全部召回，并发出 50 万份邮件通知内科医生、医院和药品批发商，提醒他们注意该产品的危险性。由于强生公司采取的措施及时得力，从而有效、合理地处理了事件，避免了悲剧的再次发生，其善后的一系列举动不但安抚了受害者甚至使消费者更加信任强生公司，从而提高了公司的声誉和形象。

五、价值(MERIT)

这里的价值是指道德问题本身的价值与可取之处，道德问题多数是企业经营中的道德矛盾关系，是不利于企业发展和有损于企业形象的。但在对道德的分析过程中可以发现道德问题本身所含有的价值与优势，它可以有效制止人们再次犯道德层面的错误，也可以很好地暴露企业管理中的某些细节问题，甚至可以利用道德矛盾提升企业形象。对道德问题进行分析的目的也在于寻找道德问题本身所包含的价值，是我们采取解决道德问题方法的关键。企业在搞清道德问题的发展趋势后，应及时从道德问题中吸取教训，找到制约企业发展的弱点，为下一步采取正确的方法做好准备。

六、方法(METHOD)

根据对道德问题价值的发掘，我们可以找到相应的解决方法与手段，具体的手段方法各有不同，但作为一个企业，可以将其分为以下四类。

(一) 企业营销管理者的道德垂范

首先，营销管理者要以身作则，必须在任何时候都坚守企业的伦理守则，特别是在危急时刻，即企业利益与利益相关者的利益发生严重冲突时。研究表明，企业领导者的行为是影响企业员工伦理道德水准的最关键因素之一。美国组织行为学者德布拉·L. 尼尔森和詹姆斯·康拜·奎克认为经营者从五个方面对员工产生影响：通过经营者最关注的问题，通过经营者处理危机的方式，通过经营者的日常行为，通过经营者采取报酬的制度，通过经营者的招聘和解雇实践等。[①] 因此，营销

① Debra L. Nelson and James Campbell Quick, *Organizational Behavior: Foundations, Realities and Challenges*, St. Paul: West Publishing Co., 1994.

管理者首先应该比普通员工具有更高的伦理道德素质，这就要求管理者具有负责的态度，即对企业负责，对消费者负责，对社会负责。管理者的行动决定着员工的道德选择。

其次，营销管理者还应具有较强的道德能力，简单来说可称为"5P"：

1. 目的(Purpose)，指管理者在道德上的追求方向或为自己确立的使命，比如做一个值得信赖的人、当一个有责任心的公民等；

2. 自豪(Pride)，表现为一种健康的自尊或自信，是可以顶住各种压力，坚持履行道德原则的行为能力；

3. 耐心(Patience)，这是一种相信事物可以控制的信念以及在事情结束之前静心等待的心理，它要求管理者确立长远目标，相信自然规律而不是依赖偶然事件和运气；

4. 专一(Persistence)，这意味着即便结果不尽如人意，只要认定是正确的行为，就应当坚持到底；

5. 洞察力(Perspective)，它源于管理者对富于思想性和反应性的非任务导向的内在自我的重视，要求管理者根据道德目的和价值进行生活。① 最后，营销管理者应该具有较高的道德修养，以追求更高的道德境界。

(二) 建立企业道德制度规范

企业道德制度规范是指企业所确立的合乎道德原则的各种营销管理制度，包括市场调查制度、生产管理制度、定价管理制度、促销管理制度、产品分销制度等。企业应制定合理的伦理道德制度规范，并在企业内部严格执行。这意味着企业需要逐步建立起一套稳定的、完整的、有效的道德奖罚机制和道德激励机制，以道德制度为基础，充分利用社会利益尤其是社会荣誉的双向驱动效应，推动道德营销目标的实现。② 建设以营销伦理规范为核心的企业文化，形成"重道德，讲信誉"的氛围，把营销伦理规范渗透到全体职工的意识中去，把执行营销伦理规范作为自己的基本责任，推动企业营销道德风尚的形成和发展。

(三) 进行企业道德教育学习

加强道德教育是企业实施道德营销的重要前提。为了使营销人员树立良好的伦理道德观念，应在日常工作中对他们进行适当的道德教育，向他们逐步灌输企业

---

① 乔·L.皮尔斯、约翰·W.纽斯特郎：《管理宝典：开创管理新纪元的36部经典著作集粹》，东北财经大学出版社1998年版，第193—195页。

② 高朴：《道德营销论》，江苏人民出版社2005年版，第196—197页。

的价值观和道德观。企业道德教育学习要以企业的伦理守则为依据，教育方式要生动形象，可以采取灵活多样的活动，如参观访问、典型事例分析、演讲比赛、辩论赛等。一般来说，加强企业的道德教育学习，可以帮助企业提升营销队伍的整体实力。因为营销活动主要是由企业营销人员来执行，所以，企业营销队伍的道德水准决定了营销活动的伦理道德水准。因此，企业要通过对员工的道德教育，引导员工树立正确的道德意识，培养员工的道德行为习惯。

(四) 加强企业道德组织建设

企业应注意设置企业伦理委员会，由该委员会直接监督和规范企业的营销活动。企业伦理委员会应该包括最高管理层和少数几名企业核心人物。伦理委员会的主要职能是：定期举行会议讨论企业的伦理问题；研究处理企业道德问题上的“灰色区域”；向组织成员传播企业的道德准则；对企业违反道德准则的行为进行检查；在企业的经营管理中实施并贯彻道德准则；奖赏遵守规则者，处罚不守规则的组织和个人；审议和更新企业道德规则；将伦理委员会的工作向理事会汇报等。当企业准备进入新领域或需要做出重大决策时，通常由该会议做出应当遵循的道德基准，对报告的道德问题进行研究并提出改善方案。因此，伦理委员会实际上成为了企业道德管理的最高决策机构。[①] 企业还应设置相应的伦理主管来训练员工遵守正确的行为准则，并解答和处理员工对可能发生的不正当经营行为所提出的质疑。伦理主管的主要任务有：对企业的员工进行企业伦理培训；给其他管理者提供伦理方面的咨询、建议；参与不道德经营行为的调查及处理。如果可行的话，在企业营销部门内部也可以采取这种做法。[②]

综合可知，营销伦理基本模型由以上六个部分组成，六个阶段是不停循环的过程，共同围绕着一个核心道德价值观，在解决道德问题的同时，为企业的长期发展提供良好的道德支持与动力。道德营销是围绕着道德问题展开的，通过对它的评价、分析与解决，发现道德问题隐含的道德营销关系。道德问题与道德营销关系的明确是道德营销过程的重点。企业道德问题的解决过程应与企业形象提升的过程保持一致，两者相互促进与循环为企业的发展提供源源不断的动力。

【案例 3-1】 山寨乱市——近在咫尺的营销伦理问题[③]

山寨，原为绿林好汉占据的山中营寨，后逐渐被引申为模仿正统、不服管束、

---

① 高朴：《道德营销论》，江苏人民出版社 2005 年版，第 212 页。

② 一泓：《伦理主管——美国企业管理新趋势》，《中外管理》，1994 年第 6 期。

③ 资料来源：《中国质量万里行》，2009 年 4 月 7 日。

自立为王的意思。山寨的称呼最先流行于手机、MP3等电子产品，近年来，各类山寨产品迅速向社会各个层次和方面渗透，出现了山寨电脑、山寨服装、山寨汽车、山寨网站、山寨大学、山寨电影、山寨电视剧、山寨艺人等，甚至有人高呼“神州无处不山寨”，这话虽有些“雷人”，却传递出一个不争的事实：一种独特的“山寨文化”已然形成。

不过，“山寨文化”与“山寨产品”却不是一回事。前者通过模仿创新的目的更多的是娱乐大众，而后者则是为了获取经济利益对名牌产品进行抄袭，刻意欺骗消费者。当下成千上万的“山寨产品”充斥着市场，搞乱了秩序，不仅侵害了产权持有人的合法利益，更是误导了消费者，严重地伤害了广大消费者的利益。因此，消费领域里的“山寨产品”，一旦侵犯了知识产权、损害到消费者权益，就应该依法予以严究。日前，某知名报刊派出记者分赴全国各地，对“山寨版”的电视、报纸、服装、电脑、相机、加油站、食品等进行了一个全面的追踪和调查，为读者展现出“山寨产品”全面咄咄逼人、攻城拔寨之图景，同时希望广大消费者和政府有关部门能够积极行动起来，让这些顶着“山寨”光环的假冒伪劣产品再无容身之处。

2009年2月5日，中国质量万里行记者来到河北省高阳县南大街进行暗访。高阳县南大街位于高阳县汽车站附近，是当地比较繁华的商业街之一。整条街道全长不足两公里，但入目之处经销各种电器的店铺林立，仅专门销售各种品牌电视机的店铺，就有十几家之多。

正大家电是这条街上规模较大的一家店铺，营业面积近200平方米。在这家店铺入口处的展架上摆放着四五台外表精致的电视机，标志为“pasnlionc”，和松下的“panasonic”颇为神似。记者装作不懂的样子上前咨询：“这是什么牌子？”销售人员说：“日本松下呀，名牌！”

记者把其中一台所谓“松下”的电视旋转60度，从电视的背部透过侧面的小孔往里观望，赫然发现电视机里面的机芯是旧的，里面线路不仅混乱，还落了一层灰尘。在电视后背上记者看到一张标牌：生产厂家是松下电器（香港）发展有限公司，制造商是广州市白云区半球电器厂。

采访中记者了解到，当地销售的这些山寨电视大都是经过翻新的旧电视机。崭新的外壳下面，是旧的显像管，旧的线路，旧的配件。据业内知情人士透露，来高阳商业街推销这种电视机的批发商有北京的，也有石家庄和保定的，其中大部分来自于石家庄新华电子市场和泰和电子市场。前几年，这些翻新电视机都是从广州组装好以后，再往回发货。现在，这些批发商只从广州进外壳，里面的机芯都是从回收的旧电视机上卸下来的，然后把它们攒装在一起继续售卖。

从暗访中记者还发现，高阳商业街不仅电视机有“山寨”版，其他家用电器的

"山寨"现象也很普遍,大到冰箱、洗衣机,小到饮水机都有"山寨机",这条街上销售的小鸭牌洗衣机、青岛荣事达牌洗衣机、小天鹅牌洗衣机、威力火金刚洗衣机、美的之星饮水机都属于山寨机,仅威力洗衣机就有威力神童、威力神手、威力火金刚三种山寨产品。

山寨家电的存在严重干扰了正常的市场秩序,更严重的是污染了商业环境,使整条商业街遭遇诚信危机。商业街有一家专门经营国内某知名品牌电视机的店铺,已在当地经营十余年,以前日常的库存都在100多万元,如今原本生意兴隆的店铺,却显得有点冷清。"山寨家电砸了这条街的牌子,我们这里现在已被当成低端产品的集散地了。我原来每年赢利一二十万元,现在生意一天不如一天。"老板无奈地对记者说,"合同到期我就换地方,不能在这儿干了。"

第二节 营销伦理组合的应用

一、目标市场选择与定位

(一) 目标市场及目标市场定位

目标市场是指企业通过市场细分所选定的一个或几个细分市场,并用企业生产的产品来满足该市场上现在的或潜在的消费需求。有了明确的目标市场,企业就可以根据目标市场的特点来制定相应的营销策略,实施有效的营销组合。

目标市场定位是指企业通过对竞争者在目标市场上位置的全面了解和分析,来确定如何使自己的产品在目标顾客中占据一个独特位置的营销活动。目标市场定位的基本出发点是竞争,其本质是使本企业的产品和竞争对手的产品区分开来,并使消费者明显认识到这种差异,从而使本企业的产品在消费者心目中占据特殊的位置。

(二) 选择目标市场的影响因素

市场细分是选择目标市场的基础。市场细分是指按照消费需求的差异性,通过一定的细分标准,把整体市场划分为两个或两个以上具有不同需求特征的子市场的过程。每一个子市场内部都由一群具有相同或相近的需求、欲望、购买习惯、购买行为的消费者组成,而不同子市场之间的消费者需求则具有明显的差异。因此,企业选择目标市场,首先要对细分市场进行评估,主要从三方面来进行考虑:(1)细分市场的规模和潜力;(2)细分市场的吸引度;(3)企业的目标和资源。在对细分市场进行正确评估之后，就可以进行目标市场选择，并决定企业该采用的营销策略。

（三）目标市场选择和定位的作用

目标市场定位不仅可以帮助企业在目标市场上取得更大的竞争优势和效益，树立企业产品在目标市场上的形象，也是企业制定市场营销组合策略的基础。目标市场的选择和定位是企业制定正确营销组合决策的前提，在企业市场营销活动中起着至关重要的作用。当然，企业在进行营销活动前应当进行合乎伦理的目标市场选择和定位，使其市场营销符合道德和规范，只有这样，才能促进企业长久地发展，达到可持续发展的目标。

二、营销伦理组合的应用场合

营销伦理组合通过市场营销中的产品、价格、促销、渠道等因素对市场营销活动进行指导和规范，它要求企业制定合乎伦理的产品策略、定价策略、促销策略和渠道策略。图 3-2 清楚地反映了它们之间的关系。

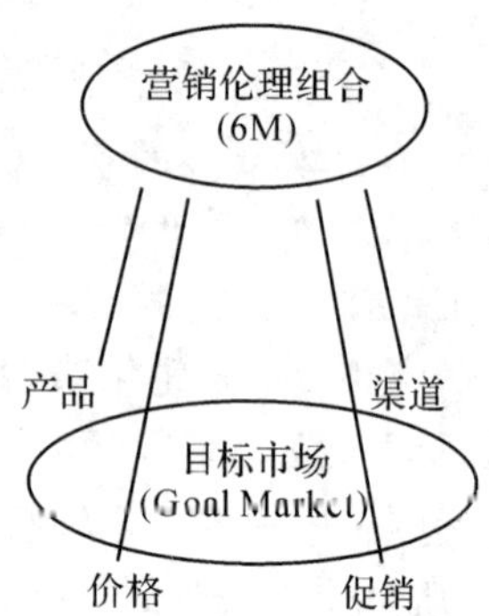

图 3-2　营销伦理组合与目标市场的关系

营销伦理组合可以用来帮助企业制定正确的产品策略，因为产品策略是最基本的策略，企业制定正确的价格策略离不开营销伦理的规范作用，只有符合道德的产品才能真正得到消费者的认可，进而在市场上获得成功。目前市场上存在着较为普遍的歧视性定价、串谋定价、掠夺性定价，以及价格欺诈、暴力价格等缺乏伦理道德的价格策略，因为价格策略是市场营销四个策略中最难以用伦理观点考察和研究的一个内容，这就要求企业自觉履行道德规范，遵纪守法，制定符合伦理的价格策略。渠道是产品从生产商到最终消费者的路径，它可以实现产品从生产领域向消费领域的转移，可以调节生产和消费者之间在产品数量上的差异性，调节生产时间和消费时间的差异性。因此,渠道是营销组合中非常关键的一个要素,只有那些符合道德的渠道策略才能使产品更好地被消费者所接受。促销策略是市场营销组合的又一个重要内容,它通过一定的手段,将产品的消息传递给消费者,促使消费者了解、偏爱和购买本企业的产品,从而扩大销售。促销手段主要有广告、人员推销、营业推广和公共关系等方式,营销人员要合理运用这些促销手段,使其符合道德规范,更好地促进企业的销售。

因此,从广义上来看,营销伦理组合的应用场合是指与企业市场营销活动有关的一切领域,其中特别是有关产品、定价、广告、渠道、公共关系、市场竞争中的伦理问题,还包括服务营销、网络营销和国际市场营销中出现的伦理问题。

【案例 3-2】 “三重门”事件——关乎质量更关乎企业道德①

2010 年 7 月 12 日起,从五常大米的“香精门”到霸王洗发水的“致癌门”再到真功夫的“排骨门”,消费者在一周内穿越“三重门”。这“三重门”,值得玩味的不仅是事态的复杂乃至真相的不可思议,而且是生产者避重就轻或近乎漠然的态度。消费者不禁要问,企业的道德和良知到底去了哪里?

(一) 五常香米——“香精门”

2010 年 7 月 12 日,央视“消费主张”栏目曝光西安一家米厂用其他产地大米,再用输液管加入香精冒充五常稻花香,而五常市本地生产的香米也不是纯正稻花香。“五常香米”造假事件在全国掀起轩然大波。据报道,在五常大米的原产地,多数加工厂都是用别的品种混搭后,再添加香精,加工成五常香米。在这些商家眼中,造假是正常的,因为不这么做就卖不出去,不能带来经济效益。于是,“潜规则”堂而皇之地成为了“显规则”,消费者的生命健康被“名正言顺”地踩在利益的脚下。

(二) 霸王洗发水——“致癌门”

2010 年 7 月 14 日,香港媒体《壹周刊》一篇名为《霸王致癌》的报道称,霸王旗下的多款中草药洗发产品,经过香港公证所化验后,均含有被美国列为致癌物质的二恶烷。7 月 16 日,国家食品药品监督管理局通报,霸王洗发水抽检样品中二恶烷的含量水平不会对消费者健康产生危害,这似乎给沸沸扬扬的洗发水致癌事件暂时画上了句号。但实际上,对霸王的“澄清”,很难打消消费者心中的顾虑。

(三) 真功夫——“排骨门”

2010 年 7 月 13 日,一批关于真功夫供应商提供的进口排骨质量问题频发及检疫证明作假的内部会议资料被曝光。胶线残留、夹杂异物以及更严重的“入境

① 舒静:《关乎质量更关乎道德——一周消费“三重门”回顾》,新华网,2010 年 7 月 19 日。

货物检验检疫证明存在作假现象”等，无不让消费者闻而骇然。相对于霸王的转移话题，“真功夫”立即承认原料排骨存在问题，算得上“正面过招”，但遗憾的是，对于如何保证“问题排骨”不出现在餐桌上，以及如何防止供应商入境货物检验检疫证明的作假问题，真功夫并没有明确解释。

这原本不应成为一个个还在不断出现的现象，就像不应为了利益而在牛奶里加三聚氰胺一样。不幸的是，继牛奶添加三聚氰胺后，大米里又有了香精。五常大米“香精门”事件中，令人心惊的不仅是大米里有多少香精，对人体有多少危害，生产者的冷漠和“不以为然”更让人心寒。

我国《食品添加剂使用卫生标准》早就有明文规定，不得以掺杂、掺假、伪造为目的而使用食品添加剂；卫生部也曾专门发布公告，大米等粮食生产者不得在生产加工过程中使用香精香料。然而，在暴利的驱使下，诸多商贩却选择公然铤而走险。

制售假冒伪劣产品的行为，可以通过法律来约束和制裁。但像五常香米“香精门”所反映的个别企业，甚至于个别行业普遍出现的诚信缺失的情况该如何根治，恐怕才是值得我们深思的问题。没有对消费者正确的态度，没有对企业的“道德”约束，霸王就会依旧“霸王”，真功夫就无法保证“真”，五常大米也只能“失常”了。

本章小结

道德营销模式不仅是一种强调整体性的战略营销，同时它也是一种强调实战作用的战术营销。营销伦理组合由六部分组成：(1)道德观(MORALITY)，是企业经营者对社会的道德责任感，是企业经营者所拥有的核心道德价值观念；(2)问题(MATTER)，道德问题是道德营销模式分析的起点与目的，它是指人们所关注的企业发展与社会发展道德矛盾的焦点，道德营销模式的分析流程都是围绕它而开展的，目的也是为了更好地解决它；(3)评价(MEASURE)，道德评价是道德营销模式分析的第一步，道德评价是根据一定的道德评价原则对道德问题产生的原因、所涉及的道德关系以及道德问题的严重程度进行相应的分析与判断；(4)可能(MIGHT)，任何道德问题的发展态势都有很多种可能，这主要取决于道德问题性质本身与人们对道德问题的关注程度，以及企业是否能及时采取相应措施去解决；(5)价值(MERIT)，这里的价值是指道德问题本身的价值与可取之处，道德问题多数是企业经营中的道德矛盾关系，是不利于企业发展、有损企业形象的；(6)方法(METHOD)，根据对道德问题价值的发掘，我们可以找到相应的解决方法与手段，具体的手段方法各有不同，但作为企业，主要有：企业营销管理者的道德垂范，建立企业道德制度规范,进行企业道德教育学习,加强企业道德组织建设。

企业应当进行合乎伦理的目标市场选择和定位,使其市场营销符合道德和规范,只有这样,才能促进企业长久地发展,达到可持续发展的目标。这就要求我们在进行目标市场选择和定位时要以道德观为核心,用营销伦理组合(6M)来指导我们的市场营销活动。

从广义上来看,营销伦理组合的应用场合是指与企业市场营销活动有关的一切领域,其中特别是有关产品、定价、广告、渠道、公共关系、市场竞争中的伦理问题,还包括服务营销、网络营销和国际市场营销中出现的伦理问题。

案例阅读与讨论

【案例】 三鹿、伊利、蒙牛:当企业社会责任成为一个伪命题[①]

在对企业社会责任误读的基础上,企业社会责任变成了三鹿等企业的伪命题:用劣质产品获取最大的利润,然后用利润的盈余部分去以高尚名义"回报"社会。当三鹿们将企业利益而不是民众安全责任利益置于首位时,已经注定了这样的企业行之不远。

一个朋友意味深长地发来这样一条短信,标题是《中国人在食品中完成了化学扫盲》:

从大米里我们认识了石蜡;

从火腿里我们认识了敌敌畏;

从咸鸭蛋、辣椒酱里我们认识了苏丹红;

从火锅里我们认识了福尔马林;

从银耳、蜜枣里我们认识了硫磺;

从木耳中认识了硫酸铜;

今天三鹿又让同胞知道了三聚氰胺的化学作用;

外国人喝牛奶结实了,

中国人喝牛奶结石了,

……

以上的调侃,不失幽默,且意味深长。当一个笑话的形成是以成千上万人的健康折损为代价、当一个中国式幽默的出炉是以整个国家为之蒙羞为前提时,这种笑话与幽默的潜台词却是一种心酸,一种无奈,或者是一种无法自抑的愤怒。

目前,中国正在开展一场有史以来最大规模或者最为严厉的食品检验运动,温

① 资料来源:中国营销传播网,2008 年 9 月 22 日。

总理罕见地严厉指责某些食品企业丧失责任感，罔顾人民生命健康，国务院更是以取消所有食品企业免检资格的高姿态，对中国的整个食品行业进行了整风。

三鹿危机的爆发，不仅让三鹿深陷困境，更令人吃惊地暴露出伊利、蒙牛等一大批行业的领军企业与名牌企业的严重产品质量问题。从这个角度看，三鹿危机事件并非偶然与个别，这么多家名声显赫的奶制品企业齐陷三聚氰胺事件，只能说明这是一种行业潜规则，是一场明知故犯的行业共谋，更是一次利益驱动下的无意识戮婴行动。而导致这次可怕的人为大灾难的根源就在于：企业社会责任底线的沦丧。

从企业社会责任的角度看，三鹿、伊利、蒙牛对社会没贡献吗？显然不是。从无数的媒体公开报道中，我们都可以轻易地找到这三家企业大量的社会捐赠或所参与的公益事件，特别是伊利与蒙牛这两家行业巨头，每年投入社会公益的资金不低于1000万元。他们大量参与公益事件，他们言必称社会责任，但又为何在产品质量的控制上，连最基本的产品安全都无法保障？显然，他们误读了企业社会责任这一命题。

打开三鹿网站，上面有一栏“三鹿公益史”，里面这样写道：“作为一个拥有50年历史的企业，三鹿集团一贯致力于社会公益事业，投入公益事业资金已达上千万元。捐资助教，关心儿童成长。关爱婴幼儿，捐助双胞胎、三胞胎、四胞胎近百家，为他们免费提供奶粉、衣物；赞助少儿基金会救助孤儿及贫困儿童60余名；资助石家庄三十中、机场路小学等学校10万余元。扶贫济困，捐助弱势群体，三鹿还开展了‘关爱儿童老人，捐助弱势群体’等活动……”

在三聚氰胺事件爆发前，如果我们读到这份“三鹿公益史”，会对这个企业肃然起敬。但是当我们回顾三鹿集团整个三聚氰胺事件的曝光过程时，我们会充满疑惑与矛盾：为何一个貌似充满爱心的企业，却连最基本的产品安全都不愿意去保证？在提前知道产品质量出现严重事故之后，却大胆妄为地去掩盖事实？在疑惑之余，我们不得不说这是一个极大的讽刺。

在企业社会责任这个命题上，无数中国企业都误读了其中的深刻含义，包括三鹿、伊利与蒙牛，他们有意或无意地将企业社会责任片面等同于公益捐赠。零点调查的数据显示，中国民众对于企业社会责任的履行要求包括了五个方面，其重要性依次如下：产品安全责任、环境保护责任、公众安全责任、依法纳税责任、公益事业责任。

从上我们可以看到，参与公益事件，对社会进行相应捐赠不过是履行企业社会责任的最低一层次，而在最高一层次即产品安全责任上，三鹿们却都失去了遵守的力度与道德。

在对企业社会责任误读的基础上，企业社会责任变成了三鹿们的伪命题：用劣质产品获取最大的利润，然后用利润的盈余部分以 globrand. com 的高尚名义去“回报”社会，博取不明真相者的掌声。

多年后当这些今天饱受肾结石折磨的孩子们长大成人，读着报纸上写着的三鹿、伊利们的长长社会公益史时，他们该是什么样的心情？当企业社会责任变成一种伪命题时，所有的企业都将陷于一种可怕的发展思维，即舍本逐末地追求企业发展。而当企业社会责任的最基础一层都未履行到位时，企业规模越大、发展越快，只会对社会祸害越大。

不要怪中国企业为何无法冲进世界五百强，不要怪为何中国本土品牌无法基业长青，不要怪中国企业为何危机频发……因为我们许多企业在最基础的产品制造这一关上都未曾做好。当企业们将企业利益而不是民众安全责任利益置于首位时，早已注定了这样的企业行之不远。

丧钟为谁而鸣？为三鹿，还为那些社会责任底线沦丧的企业。[①]

【讨论】

1. 上述案例反映了哪些伦理问题？
2. 结合你所知道的“三聚氰胺”事件，用 6M 模型进行分析。

思考题

1. 营销伦理组合的基本概念是什么？
2. 如何进行目标市场选择？
3. 目标市场定位的基本概念是什么？它有什么作用呢？
4. 营销伦理组合可以应用的场合有哪些？
5. 结合实例，请用 6M 模型对营销活动进行道德分析。

---

① 资料来源：中国营销传播网，2008 年 9 月 22 日。

第四章　产品伦理

产品品质是企业进入市场的伦理底线，是立足社会的前提。

——编者语

本章学习目标

通过本章学习，掌握产品伦理的基本概念；了解产品伦理的基本原则；正确把握新产品开发、产品包装中的伦理问题；正确把握产品安全的伦理问题；了解新产品开发中的伦理策略；掌握合乎伦理的包装决策和质量安全策略。

本章学习重点

产品伦理的基本概念，产品伦理的问题，产品伦理的策略。

随着市场经济的迅猛发展，各大企业均希望自身的产品可以以直接或间接的形式产生最大的经济效益和社会效益，这就导致了商业活动中的败德行为日益猖獗，企业的产品伦理问题已经成为社会普遍关注的一个焦点问题。产品是企业发展和形象展示的基点，要想企业在激烈的市场竞争中稳占优势，必须弄清如今企业产品开发中的伦理道德失范的原因，并制定相应防范措施。必须建设一个符合社会利益以促进经济发展的伦理体系并加以合理运用，使其真正成为企业前进过程中强大的支持力和推动力。

第一节　产品伦理概述

科技的进步在很大程度上推动了人类社会的发展和进步。但与此同时，现代经济生产运营活动中出现的假冒伪劣、质量欠佳、以次充好等产品对人的身心发展和健康，都在不同程度上造成了危害，企业家道德约束的弱化与商业伦理的问题引发了社会各界对商业伦理的关注和研究。种种现象无疑对企业的产品提出了更为严格的要求与挑战：企业应该生产什么产品以同时满足消费者利益和社会利益？

企业应该如何设计环境友好型产品？企业如何更好地保障产品质量？

一、产品伦理的基本概念

（一）产品的概念

在企业的市场营销活动中，产品策略是最基本的策略，是市场营销4P（Product、Price、Place、Promotion）组合的核心，关系着营销管理中的定价决策、渠道决策和促销决策等。

日常生活中每个人随时都在接触产品，都会对产品概念有自己的见解。菲利浦·科特勒认为产品是能够提供给市场以满足需要和欲望的任何东西。一般来说，产品的整体概念包括以下三个层次的内容：一是产品的核心部分，即满足消费者某种需要所必须具有的功能和效用，是消费者购买产品时所追求的中心内容；二是产品的形体部分，即产品所具有的，满足不同消费者需求的质量、特色、包装、款式、牌号等具体内容；三是产品的附加部分，即消费者在购买产品时期望的附加服务和利益，如送货、安装、维修等服务。美国市场营销学教授里维特认为："未来竞争的关键，不在于工厂能生产什么产品，而在于产品能提供的附加价值：包装、服务、广告、用户咨询、购买信贷、及时交货和人们以价值来衡量的一切东西。"

（二）产品伦理的基本内涵

产品是营销组合中最基本也是最重要的因素，因此，产品伦理在营销伦理中起着至关重要的作用。只有那些符合伦理观念的产品，才能赢得消费者的信任和青睐。当今社会，很多企业设计和生产的产品都是以获得最大利润为目标。为了达到这个目标，甚至不惜一切代价，丝毫没有把营销伦理考虑在内。消费者的需求是企业生产产品要考虑的重要因素，但不是唯一因素，企业还必须从法律和道德的角度进行思考。比如某些假冒伪劣产品确实存在着一定市场，但企业不能因为有市场就生产，假冒伪劣行为明显有悖于营销伦理：对被仿冒的产品来说，该行为侵犯了其知识产权；对购买正品的消费者来说，也侵犯了他们的消费者权益。因此，企业在生产产品时，要从营销伦理的角度出发，生产那些对社会、对消费者有益的产品，摒弃那些危害社会、危害自然、有违营销伦理的产品。

综上所述，产品伦理就是企业在产品的质量、设计、定位、包装等方面所涉及的伦理现象，重点是产品的质量伦理问题。它的目的是为了使产品、人、社会三者能够真正和谐、健康地统一起来。

二、产品伦理的基本原则

产品伦理主要是指产品策略中的道德问题，包括新产品开发、产品包装以及产品的质量问题。为顾客提供货真价实的优质产品是企业最基本的社会责任，如果违背这一原则就违背了营销伦理。但在现实生活中，一些企业的产品策略往往同产品伦理相违背，主要表现为：产品销售过程中存心欺骗顾客，将假冒伪劣产品充当正货好货出售；产品的包装及标签没有提供真实的商品信息，或者产品包装过多造成社会资源的浪费及环境的污染；产品的质量不过关，给消费者的人身安全带来危险和损害等。产品是企业营销的重点，产品伦理是营销伦理的重中之重，企业在制定产品策略时，必须要注意遵循产品伦理的以下基本原则。

(一) 保证产品质量安全

产品的安全是指在产品的使用过程中，各利益相关者（主要指消费者）的生命和利益不受威胁，没有危险、危害或损失。企业应对自己生产的产品安全负责，消费者具有获得安全产品的权利、知情权和选择权。

(二) 杜绝欺骗性包装

产品的包装要力求真实、适度，避免过分强调商品的外在包装而忽视其内在质量，避免过度包装和包装欺诈，若产品与实物有明显差异，必须在包装上明确标注，避免误导消费者。

(三) 保护自然环境，实现可持续发展

环境保护是在制定产品策略中经常涉及的一个问题。保护自然环境、实现社会可持续发展是企业的社会责任。这就要求企业实行“绿色营销”，在新产品开发上，尽量减少非再生资源的消耗；产品包装要适度，避免造成资源的浪费和环境的污染；生产那些低能耗、低污染（无污染）的产品。

三、产品伦理的影响因素

(一) 外部因素

外部因素主要包括市场因素、文化因素及政府因素。市场因素如一些企业凭借其垄断地位，采用某些非经济手段参与市场竞争；在文化因素方面，西方资产阶级的某些腐朽文化和传统的实用主义封建文化对企业经营哲学及企业文化产生复杂的影响；政府因素主要包括政府立法和执法体系是否健全，政府对企业违法及违

德行为采取何种态度等。

（二）内部因素

内部因素如领导者的经营哲学、企业文化及职工素质等。企业领导者是企业的头脑和心脏，其个人哲学必然融入企业经营决策的规定与实施中。只有领导者具有正确的经营哲学，在制定营销决策时，才能既考虑企业的利润目标，又考虑消费者及社会的利益，体现出企业产品决策的道德性。企业文化制约着产品决策的动机，规范着产品决策的内容，对产品决策的实施起着不可忽视的作用。另外，企业职工素质的高低对企业产品伦理也有极大影响。许多企业发展的事实表明，职工的文化、业务及思想素质的高低同企业产品道德呈正相关关系。

【案例 4-1】 从道德产品到道德营销[①]

现在，商界开始流行一个词，叫道德产品。事实上，这种流行在全球范围正在变成一种潮流。比如从 2007 年 1 月起，英国餐厅的所有豆原料都从经过热带雨林联盟认证的农场获取，这个联盟是为农民提供可持续发展生计的非营利性组织。由此，这种咖啡也获得了另一名声："道德产品"——生产这种产品的过程必须是"道德"的。

2006 年，整个英国购物者的道德支出总额为 20 多亿英镑，英国的一些商场开始销售一系列由"公平贸易组织"认证的产品。与此形成对比的是，2004 年沃尔玛公司就曾因为出售"非道德"产品，在美国遭到起诉。

中国的企业家王石最近也在呼吁万科要做"道德住宅"：万科过去主要开发中高档住宅，但现在也开始逐步与政府合作，开发一些经济适用房，满足中低收入消费者群体的需求。其出发点并非出于赢利角度的考虑，而是要把万科的产品打造成一种道德产品，提高万科品牌声誉。

从概念上讲，道德产品并不是什么新词。经济法中对道德产品有明确的定义：指人们在各种社会活动当中取得的非物质化的道德价值，比如荣誉称号、嘉奖、表彰等。但我们知道，获得道德称号并不能够制止不道德的行为，中国乃至世界范围内有多少知名公司在道德的光环下仍然明知故犯。

近年来兴起的"道德产品"，并不是字面意义上的"道德产品"，而是消费市场意义的道德产品：消费者在购买环节团结起来，以对抗制造商或销售商的强势或欺诈——由消费者自己建立 NGO（非政府组织），由该组织对销售的产品进行认证，消费者拒绝购买非认证产品，并提倡购买认证产品。这种结合将在消费领域

---

① 资料来源：易迈管理学习网，2008 年 1 月 28 日。

掀起一场革命，这场革命的实质在于销售卖点的转移：从此，产品的功能价值或者品牌价值将首先取决于企业在道德层面的立场，取决于企业的销售人员在客户价值层面的正义感。

大部分公司都希望能生产“道德产品”，但在真正的执行过程中态度就没那么坚定了。这就是为什么目前世界上大部分优秀公司，在发布年报的时候，要发布《社会责任报告》的原因。不过奇怪的是，中国企业中首先发布《社会责任报告》的公司，居然是一批垄断企业，比如中国石油、国网等。

这种现象提醒我们：《社会责任报告》本身并不能够真正说明你的责任，道德产品的营销战场不会真正从公司自己的“社会责任报告”中获得。道德产品真正的营销之战，将会在消费者组织主导下展开，比如耐克公司决定在互联网上公布它所有合同制造商的名单，接受社会的监督，而不是通过发布社会责任报告来“道德营销”。

如果耐克公司的做法成为企业普遍行为，那么，营销将会发生什么变革？我们无法清楚地回答，但有一点是肯定的，那就是“道德产品”这个词将可能颠覆整个营销的基础：销售面对的将不再是消费者，而是消费者组织；销售的东西也不单是产品功能价值或品牌价值，而是包括生产过程的“道德”。

从“道德产品”到“道德营销”，孕育着多少新的商机？当基础改变的时候，基础及其之上的一切，我觉得，全是挑战，也全是机会。

第二节　产品伦理的问题

产品伦理的问题主要体现在：产品质量低劣、污染环境、隐瞒产品缺陷、冒充名牌、包装信息失真、倾销过时商品、产品认证虚假、迎合不当需求等方面。有些企业故意夸大产品功效或者隐藏有害信息；有的企业不考虑消费者的真实需要，而在市场上大量倾销淘汰产品；某些企业故意用超常尺寸的包装来吸引消费者的眼球，形成不同商品之间价格比较的困难；有些企业故意在品牌名称和商标上假冒名牌以混淆消费者视线；有些产品和服务的提供商迎合顾客的不当需求等。产品伦理的问题体现在产品从开发至售后的各个阶段。

一、新产品开发中的伦理问题

激烈的市场竞争，使得产品生命周期越来越短，这就要求企业更多地去研究和开发新产品，逐步替代老产品，更好地满足现实和潜在的消费需求。企业积极开发新产品还可以提高自身的市场竞争力，取得更好的经济效益。需要注意的是，企业在进行新产品开发时，要符合道德的要求，遵循市场营销伦理。

(一) 产品质量缺陷问题

有缺陷的产品可能会导致灾难性的悲剧，如福特公司的 Pinto 车案例就是一个很典型的例子。20 世纪 70 年代初，福特公司的热销品牌 Pinto 车发生多起车毁人亡事故，由于当时没有发现问题的关键所在，公司召开委员会经投票后反对召回有质量的车辆。大约一年以后，公司发现是油箱存在问题，但管理层仍然决定不采取行动，他们的逻辑是小型车本来就是不安全的，并且公司还对减少汽车油箱起火的可能性进行了损益比较。这条消息一经公布，社会的反响可想而知，福特被一系列公开发表的言论指责为了牟取利益，无情地以牺牲人的生命为代价。实际上，该公司将车辆召回并为每辆车安装安全装置的成本仅为平均每辆车 11 美元。1980 年在一次昂贵的召回之后，福特公司停止了 Pinto 的生产，但消费者对公司的信任感大幅度下降。[①] 因此，企业在进行新产品开发时，要注意其安全性，尤其是在产品设计环节上要充分考虑到可能出现的安全隐患。

(二) 迎合不当需求问题

新产品开发，不仅要考虑消费者的需求，还要考虑该需求是否正确，是否符合伦理道德的要求。据研究发现，消费者并不一直都是理性的，有时会对自己的潜在需求产生认识上的失误。对企业而言，设计、生产消费者不当需要的产品是有违产品伦理的。有些不当需求违背市场经济的道德原则，不符合国家的法律法规规定，也不利于整个社会的和谐风气，甚至会对消费者身心造成伤害。所以从长远看，生产该类产品的企业必会被市场的正常秩序排挤，迎合消费者的不当需求只能为企业带来一时之利而非企业生存的长远之道。

(三) 污染环境问题

在新产品开发中，还有一个值得关注的伦理问题，那就是环境保护。企业在开发新产品时必须要考虑到自身的产品是否会污染环境，是否会造成大量的资源浪费，产品的使用是否会给社会带来负面影响等问题。比如一次性产品的开发，虽然极大地方便了人们的生活，满足了消费者的卫生要求，但消耗了大量的资源，造成了严重的环境污染；再比如氟利昂制冷剂虽然价格相对便宜、制冷效果好，但会对大气臭氧层造成严重的破坏。“由种种不道德、不负责任的设计行为所产生的社会

---

① N. C. Smith and J. A. Quelch, *Ethics in Marketing*, Homewood, IL: IRWIN, 1993, p. 283.

问题已经明确无误地摆在了人类的眼前。在人们为当代设计的进步与发展所取得成绩而自豪的同时，也不能不看到这些不应当出现的怪现象：一次性产品开发的设计，使得人类对于资源的消耗超出正常标准的地步。”①因此，在社会环保理念越来越被人们所重视的今天，生产环境友好型产品已成为不可逆转的趋势，在进行新产品开发时，企业要尽量使产品符合道德要求。

二、产品包装中的伦理问题

产品的包装是指采用适当的包装材料或包装容器，通过一定的技术，将产品包封，并加以适当的装潢和标志。包装可分为销售包装和运输包装两大类，一般提到的包装主要指销售包装。“包装是无声的推销员”，在当今社会，包装对促进产品销售的作用正在不断增强。它可以通过独特的外形，丰富的色彩和图案吸引消费者，激起消费者的购买欲望；精美的包装设计还能提高商品的价格和知名度，从而增加企业利润。在企业越来越重视产品包装创新的同时，很多商品包装方面的伦理问题也逐渐引起人们的关注。

（一）过度包装和欺骗性包装问题

过度包装和欺骗性包装是包装决策中经常出现的伦理问题，即企业不适当地运用包装策略，片面追求产品的包装效果，有些甚至忽视了产品的内在质量问题，从而损害消费者权益的行为。

1. 过度包装。过度包装是指产品包装超过其所需的程度，形成了不必要的包装保护，其主要表现为包装层次过多、空隙较大、耗用材料过多、分量过重、内部容积过大、体积过大、装潢过华、成本过高、不利于回收利用等，大大超过了保护和美化商品的需要，给消费者一种名不副实的感觉。部分企业为了促进商品销售，往往在销售时“过度包装”。有些产品本身体积较小，却通过层层包装使其体积不断扩大，使消费者产生“量多”的感觉。例如一盒标价 2000 元的茶叶，金属盒上镶嵌着彩色石头，里面是瓷盒，衬着绸缎，而茶叶只有 300 克，带上包装却有数斤。据统计，我国每年仅包装废弃物就要消耗 2800 亿元。过度包装不仅浪费资源能源、污染环境，还会加重消费者的购买负担。

2. 欺骗性包装。欺骗性包装就是企业用“绣花枕头”式的手段去欺骗顾客，产品只有精美的包装外表，而其内在质量却很低劣。这种“金玉其外败絮其中”的包

① 许平、刘青青：《设计的伦理——设计艺术教育中的一个重大问题》，《南京艺术学院学报（美术及设计版）》，1997 年第 3 期，第 44—49 页。

装手段严重误导了消费者，损害了消费者的正当权益，而且企业自身也不可能获得长远的发展，换句话说，企业这是“搬起石头砸自己的脚”。回溯三鹿毒奶粉事件，多年的品牌经营和企业形象因为产品质量问题而溃不成军，广告投入和产品包装反而成为企业的累赘和消费者的指责点。在市场竞争中，产品本身是第一位的，包装只是一种辅助手段。优质的产品加上适度的包装，才能赢得消费者的青睐。

(二) 包装信息失真问题

包装中还有一个值得关注的伦理问题是包装标签中产品信息失真，包装上的产品信息和产品实际不符，这些失真信息往往对消费者产生误导性影响。2005 年 5 月 25 日，浙江省工商局在一次例行检查中发现，雀巢金牌成长 3＋奶粉每 100 克中，碘含量达 191－198 微克，严重超过了国家标准的 30－150 微克含量，但雀巢奶粉的包装袋上却清晰地注明碘含量符合国家标准。

现在，超市、商场的众多产品包装上都著有“绿色产品”字样，但事实上这些产品很多并不是绿色产品。例如超市出售的许多“绿色蔬菜”通常只是在清洗后加上保鲜膜，在外包装上贴上绿色食品标志，就冠以“绿色蔬菜”的名称；水果批发市场中近 30％的产品包装上都印有“绿色食品”字样，其中近 70％的“绿色食品”水果是假冒产品。由于消费者对绿色食品认识模糊，商家就有了可乘之机，有的商家乱用绿色标志，有的商家仿造绿色产品包装，有的超年限使用绿色认证许可证，更有的借此随意抬高食品价格。

转基因产品的伦理问题主要是指有些商品的有关原料或者部分配料是转基因作物，却并没有在包装上明显地标示出来告知消费者。我国加入 WTO 后，国内市场逐步向国外开放，同时，国外的转基因作物也开始大量进入国内市场，转基因产品随处可见，也成为近年来颇受争议的热点问题。转基因虽然可以为人类社会带来可观的社会经济效益，但它的安全性至今还没有得到世界专业组织和人士的证实和保证。很多国家已开始实施严格的法律措施来监督转基因产品，比如对转基因产品加贴标签，即转基因产品应在其外包装上贴上“本产品是转基因食品”或者“本产品含有或可能含有转基因”的标志。

(三) 包装模仿和包装污染问题

一些不法企业通过对知名产品包装的模仿，大肆生产“山寨产品”，误导消费者购买。比如有商家曾推出“娃啥啥”产品来仿冒“娃哈哈”产品，而且其包装几乎和“娃哈哈”一模一样，使消费者将该产品误认为真的娃哈哈产品来购买，严重损害了消费者的利益。类似的案例不胜枚举，诸如大白免奶糖、瓢柔洗发水、唐师傅方便面、SQNY、ADIDOS、FUMA 等。

除了上述存在的包装问题外，包装的污染问题也是一大危害，特别是塑料包装，产生了大量的“白色污染”。塑料包装虽然给人们的生活带来了很大的方便，成为人们生活中不可缺少的一部分，但其对环境造成的污染反过来也会给人类带来危害。因此，消除“白色污染”、发展“绿色包装”是顺应时代前进方向的重要理念。

三、产品安全的伦理问题

(一) 产品质量安全问题

产品的安全是消费者在购买产品时首先考虑的问题，即消费者在产品的使用过程中，其生命和利益不受威胁，没有危险、危害或损失。企业应对其生产的产品负安全责任。近些年来食品的安全问题越来越突出，各种食品出现的安全问题频频出现在媒体上。“三聚氰胺”事件至今还让人触目惊心，很多无辜的婴幼儿患上肾结石，很多无辜的家庭经历了这一悲剧。

北京市工商局 2009 年 11 月 14 日公布的电子产品污染物监测结果显示，三洋微波炉(型号 EM－2010EB1)、诺亚舟新状元 NP800 学习机，没有按照国家有关电子信息产品污染控制要求执行环保标示标明，且产品中部分零部件的重金属超标，这些超标物质被认为对人体和环境有害。这也是我国《电子信息产品污染控制管理办法》于 2009 年 3 月正式施行以来，北京首次依据有关规定抽查并公示有关不合格产品。监测人员发现，三洋微波炉(型号 EM－2010EB1)的电源线外皮、按键板上变压器内的白色塑胶、线路板等多处含有超过标准限量 30 倍要求的铅，而这些材质在目前的技术和经济条件下是完全可以找到替代材料的。这些超标的电子电器产品废弃后仍会对环境和人体造成极大危害。此外，在三洋微波炉中还发现阻燃剂多溴联苯醚(PBDE)超标。

产品的质量安全直接关系到消费者的利益，关系到整个社会的稳定和发展，质量不安全、不合格的产品会给消费者带来巨大的损失，甚至夺取消费者的宝贵生命。

(二) 假冒伪劣产品问题

假冒伪劣产品也是经常提到的产品伦理问题。假冒产品是指使用不真实的厂名、厂址、商标、产品名称、产品标志等，从而使客户、消费者误以为该产品就是被假冒的产品。伪劣产品是指质量低劣或者失去使用性能的产品。国家质检总局规定，假冒伪劣产品主要有以下几种情况：

(1)伪造或者冒用认证标志、名牌产品标志、免检标志等质量标志和许可证标志的；

(2)伪造或者使用虚假的产地的；

(3)伪造或者冒用他人的厂名、厂址的；

(4)假冒他人注册商标的；

(5)掺杂、掺假，以假充真、以次充好的；

(6)失效、变质的；

(7)存在危及人体健康和人身、财产安全的不合理危险的；

(8)所标明的指标与实际不符的；

(9)国家有关法律、法规明令禁止生产、销售的。

国家质检总局还规定，经销下列产品经指出不予改正的，即视为经销伪劣商品：

(1)无检验合格证或无有关单位允许销售证明的；

(2)内销商品未用中文标明商品名称、生产者和产地(重要工业品未标明厂址)的；

(3)限时使用而未标明失效时间的；

(4)实施生产(制造)许可证管理而未标明许可证编号和有效期的；

(5)按有关规定应用中文标明规格、等级、主要技术指标或成分、含量等而未标明的；

(6)高档耐用消费品无中文使用说明的；

(7)属处理品(含次品、等外品)而未在商品或包装的显著部位标明“处理品”字样的；

(8)剧毒、易燃、易爆等危险品而未标明有关标志和使用说明的。

假冒产品通常会借着真产品的名气，使用“相同”的包装，以获得经济效益。大多数假冒产品都是仿冒名牌产品，比如 LV、Chanel 等。我国很多地区假冒产品甚是猖獗，各种仿冒产品层出不穷，严重危害着消费者的切身利益，使其蒙受经济损失和精神损失。生产及销售假冒伪劣产品是一种欺诈消费者的行为，大量的假冒伪劣产品不仅损害了消费者的合法权益，还严重扰乱了正常的社会经济秩序。

市场上产品以次充好的现象也很严重，使产品安全存在隐患。例如，在一次抽样调查中发现，市场上销售的金银珠宝饰品质量存在一定的问题，有少数企业存在以次充好、以假乱真的现象。其中不乏名店，如周大福珠宝金行(深圳)有限公司东莞莞城分公司的 18K 金红宝石戒指，其珠宝鉴定不合格。不少金银首饰的贵金属含量不足，黄金当铂金卖，如潮州市湘桥区荣泰丰珠宝金行销售的“荣泰丰 750 白镶玉戒指”含金量只有 580‰，比标准值低 170‰，是典型的虚标含金量。一些企业利用外观颜色相同的特点，把“白 K 金”标称为“铂金”，而实际上铂金的价值要比白 K 金高一倍，如揭阳市中银珠宝金行销售的“18K 铂金镶玉吊坠”铂金含量为零。还有商家把低值宝石标称为相对高值宝石，如把“玻璃”标称为“水晶”；把“染色石英岩玉、东陵石”标称为“翡翠”。这些以次充好的行为在危害消费者的同时，也使企业形象受到了极大的损害。

【案例4-2】 **液晶遭遇信任困局——谨防液晶屏以次充好**[①]

2009年，在3.15消费者权益保护日临近期间，消费者协会接到的投诉电话比平日多上好几倍，特别是对液晶电视质量的投诉大幅增多。“竖线”、“黑屏”等等现象，让液晶电视产品出现斑斑劣迹，遭到消费者的投诉当然在所难免。专业人士认为，液晶电视频出质量问题，主要与消费者在选购液晶电视时知情权缺失、厂家以次充好降低成本的行为有关。

（一）频繁降价埋隐患，液晶屏以次充好

记者从消协近期的液晶电视投诉案例中发现，大多数出故障的液晶电视都是在2008年奥运前买的，而这段时间正是液晶电视降价促销的高峰期。业内人士透露，2008年的价格战在给消费市场带来了空前繁荣的同时，也把液晶电视行业带进了一个微利时代。而一些厂家为了保证更多的利润，并没有采用如宣传所说的原装液晶屏，而是“偷梁换柱”，采用台湾低端劣质液晶屏代替自产屏，这就致使消费者在使用时质量问题凸显。液晶屏一旦出现问题，维修费用往往需要花费液晶电视总价的一半甚至更多。不仅如此，很多厂家并没有把液晶显示屏纳入“三包”范围，给消费者带来了很大的负担。

（二）清楚标志好鉴别，原装进口硬屏受青睐

对于消费者来说，产品质量是最基本的需求。但是长期以来，由于液晶电视的软屏产地难以鉴别，说明书中也没有对面板原产地做任何明确说明，消费者只能依靠导购和厂商的宣传来辨别好坏。信息的不对称令消费者在购买液晶电视时始终处于弱势地位，将采用台湾屏的电视误认为是原装进口产品，这严重损害了消费者的利益。同时，软屏液晶电视在播放动态画面常出现的“拖尾”和“残影”等现象也一直无法满足消费者对清晰动态画质的需求。

与软屏电视大量混杂劣质产品不同，IPS硬屏阵营却因其清楚标示面板供应商、鉴别简单受到消费者的广泛青睐，更得到业界专家的一致好评。据了解，在2008年9月份，LGD公司强势推出了IPS硬屏标志，引导消费者通过“看标志”来知晓面板产地及品质，这在液晶电视产业尚属首次，也推动液晶消费向理性化、透明化迈出了坚实的一步。与此同时，由于IPS硬屏的分子结构较软屏更加稳固，在用手触摸时没有“水纹”和“暗影”，敲击时也不会出现大面积闪烁，使消费者可

① 资料来源：电脑商网，2009年3月6日。

以通过简单的"摸一下"就能辨认优质硬屏产品。

此外，硬屏在画面显示方面较软屏也有明显优势，它彻底解决了软屏液晶电视在播放动态画面时的"拖尾"和"残影"等顽疾，保证了液晶电视在播放动、静态画面时都能达到全高清标准。如今，"看标志、摸一下"已经成为消费者鉴别液晶面板技术优劣的新方法，并在卖场迅速风靡。

液晶电视质量问题一波未平，一波又起，如果各厂家能以消费者的利益为主导，就能在产品上和消费者心中实现双赢。

第三节 产品伦理的策略

一、新产品开发中的伦理策略

企业进行新产品开发，主要是为了满足消费者日益增长的需求，从而获得新的利润增长点。新产品开发的背后是巨大的市场和利润，新产品也代表着企业旺盛的生命力。企业理应从公平贸易中获取合适的利润，但在获取利润的同时，其产品还应符合伦理道德的要求。要充分考虑到消费者的利益及整个社会的稳定和发展。新产品要想获得成功，被社会所认可，首先必须满足社会需求，同时还要符合伦理观念，否则该产品不会被社会所接受，即使认可了也只是暂时的认可，其生命周期必然会缩短。在新产品开发中，经常要考虑的两点是新产品的安全问题和环保问题。

(一) 加强对新产品开发中安全问题的重视

企业在新产品正式推出之前，必须要做好各种准备工作，准备越充分，成功的可能性就越大。准备工作主要包括：市场调查(发现需求)；产品概念的开发和测试；产品包装、概念、价格等的设计；市场定位和沟通策略；广告创意及执行；各种宣传品的制作等环节。营销伦理观念贯穿这一过程，即新产品开发是否符合伦理道德，特别是新产品的安全问题：产品是否存在缺陷；是否存在安全隐患；是否会对消费者构成安全威胁。所以，企业在研发产品的时候，不仅要考虑产品外形的美观，还要注意产品的安全性，注意产品潜在的隐患。如在开发儿童产品时，要特别注意产品各方面的安全问题，因为儿童在很多方面都缺乏自制力和判断力；在开发新的汽车车型时要考虑碰撞问题，尽量减少对人的伤害等。

企业在新产品开发时，不仅需要考虑消费者的需求，还要考虑消费者需求的合理性。在现实生活中，并不是所有消费者需要的产品就是符合社会伦理的，特别是一些具有社会争议性的产品，比如烟酒、军火武器、色情产品等。

(二) 注重无污染的绿色营销的开发和发展

随着市场经济的不断发展，环境污染、生态不平衡等问题也在严重威胁着人类的生存环境。保护环境迫在眉睫，治理环境污染势在必行。保护自然环境，实行绿色营销，已开始成为企业的新趋势。所以企业在进行新产品开发时，必须要考虑新产品可能对环境造成的污染，以及是否会导致资源浪费等问题。企业开展绿色营销，使产品实现从生产到消费全过程的无污染，不仅可以满足消费者的绿色需求，还有利于企业承担起社会责任，树立良好社会形象。这要求企业在开发新产品时树立绿色营销观念，研究和开发那些安全、优质、低耗能、少污染的绿色产品。在产品材料的选择、产品的制造过程、包装、运输方式、产品的使用、废弃物的处理等环节上都要考虑伦理道德。在产品开发时就要充分考虑用于制造的材料是否环保，产品使用寿命结束后如何回收再利用等问题。

二、产品包装中的伦理策略

产品的包装决策主要有复用包装策略、配套包装策略、附赠品包装策略、绿色包装策略、方便包装决策、系列包装决策等。产品采用不同包装决策来吸引消费者、扩大销量的意图无可厚非，但如果为了获利而不择手段，则违背了伦理道德。因此，企业在制定产品包装决策时，要树立诚信原则，不得侵害消费者的合法权益。

(一) 杜绝欺骗性包装

合乎伦理的包装决策始终把产品质量放在第一位。企业可以通过适度的包装来增加销量，但其核心还是产品，包装只是辅助手段。企业在制定包装决策时要以产品为中心，杜绝欺骗消费者的包装。优质的产品、合理的包装才能赢得消费者的信任，树立良好的信誉，真正做到企业的可持续发展。产品包装还要做到"表里如一"，产品本身要与包装所描述的标准相符，特别是"绿色产品"，要按规范来包装，只有符合法律规定和绿色标准的产品才能在其商标上贴上绿色标签。企业要杜绝包装精美，而内在产品劣质的欺骗性包装行为。包装上的标志要严格按照相关法律法规标明，主要包括对产品质量的合格证明、中文标明的产品名称、生产厂商及厂址、生产日期、有效日期、所含主要成分及含量等。特别要指出的是，对采用转基因食品生产的产品，应在其外包装上贴上"本产品是转基因食品"或者"本产品含有或可能含有转基因"的标志。

(二) 环境友好,避免浪费

就包装本身而言,其实质是一种浪费,产品包装所形成的社会价值、经济价值远远低于资源自身价值。所以,企业在制定包装决策时,要坚持适度原则,只有合理、适宜的包装才能做到物有所用,减少浪费。一般认为产品的包装成本不应超过商品总成本的15%—20%;当其占到总成本的30%以上时,属于过度包装。

市场上大多数包装都是一次性的,这无疑对资源、环境增加了很大的压力。如今,包装垃圾,尤其是塑料包装已成为最主要的垃圾来源之一。这些垃圾对人类生存环境的威胁越来越大。因此企业在选择包装材料时,要充分考虑包装可能对环境造成的影响。企业要采用“绿色包装”,实行对包装的三“R”管理,即减量(Reducing)、再利用(Reusing)、再生循环(Recycling)。具体来说,就是包装材料应尽量减少用量,最好可以回收再利用。

例如,麦当劳以前将出售的可口可乐汁放在塑料袋中再装在纸箱里,现在直接将运罐车上的饮料汁送入饭店的贮藏罐中。这一改变每年可节约数以百万磅的包装。麦当劳店里用的餐巾、袋子、托盘都是再生纸制成的。对于像麦当劳这样规模的大企业来讲,极小的改变也会带来巨大的差异。例如,仅将吸管减轻20%就会为公司每年减少100万磅的废料。除了“绿化”自己的产品外,麦当劳还花掉10亿美元购买原料建造、重新装修店堂,这一举动也迫使其供应商提供并使用再生产品。

(三) 明确标明产品安全的注意事项

产品包装上的标签信息除了要做到清晰、准确、易读之外,还要考虑到消费者使用产品时的安全问题。所以包装上应清楚地注明有关产品搬运、储藏、使用、维护等安全注意事项,在显眼的地方注明安全警示和使用说明。特别是儿童产品,一定要标明注意事项,以此来保护儿童的人身安全。关于产品的包装问题,在我们国家出台的《产品质量法》和《食品标签通用标准》上已有明确的规定,企业的包装决策除了要遵守这些法律法规外,还要符合伦理道德的要求。

三、产品安全中的伦理策略

产品的安全问题主要是消费者对产品的知情权问题。企业有责任告诉消费者使用该产品可能遭受到的危险,以及危险出现的情况,除此之外还应告知消费者减少或者避免风险的措施。比如某种酸奶的保质期是18天(2℃－6℃),企业有义务告知消费者在保质期内饮用,如果超过保质期,则可能对消费者产生危险;而作为消费者,则有权力知道产品的生产日期和保质期。再如对采用转基因大豆为原料生产的食用油，企业有义务告知消费者这一事实，让消费者在了解转基因问题的情况下，自主选择买或者不买。

产品安全与法律密切相关。企业在制定产品策略时，要充分考虑相关法律法规。比如我国在1993年颁布的《中华人民共和国产品质量法》，是一部对产品涉及面较广、立法较健全和完善的法规。该法旨在加强对产品质量的监督管理，明确产品质量责任，保护用户、消费者的合法权益，维护社会经济秩序，并将企业营销活动纳入法制轨道。[①] 因此，企业在制定产品策略时，要了解、掌握相关的法律法规，并依据相关立法和条例的规定和要求来经营企业的生产活动。当然，企业除了不违反法律规定外，还要符合道德的要求。企业在生产产品时，要从伦理观念出发，使其产品符合伦理道德，只有这样，企业才能真正地肩负起社会责任，才会有越来越多的消费者信任企业，扩大企业的知名度和美誉度。同时，这也会使企业获得更多的利益，真正实现良性循环。

一个企业如果只顾眼前利益而放弃了企业的社会责任，通过损人利己的行为来获取最大的利润，那么终将被市场所淘汰。只有那些履行社会责任，具有良好伦理道德观的企业，才能长久地立足于这个竞争激烈的市场。企业也只有通过履行社会责任才能赢得社会的信任与接受，从而使企业的产品占有稳定的市场空间。良好的企业信誉对于企业来说是一种无形资产，它可以帮助企业在市场竞争中获得更有利的竞争地位，增强企业持续的获利能力。

【案例4-3】 诺基亚:企业社会责任是我们的DNA[②]

随着中国社会经济的发展，许多企业在取得经济效益的同时，开始关注社会公益事业，企业社会责任(CSR)的话题也从来没有像现在这样成为整个社会讨论的焦点。那么，CSR对于企业核心竞争力的推动性又如何呢？诺基亚从客户和自身两个角度做出了诠释。

(一)企业要生存发展，就必须不断满足客户消费者的各种需求

随着社会经济的发展、物质条件的改善，消费者不但关注企业产品质量，要求物美价廉，更关注企业应该担负的环境、社会、道德责任。诺基亚公司广泛持续地投入CSR，也正是基于客户满意的要求。

(二)贯彻CSR理念能为企业节省运营成本

位于北京经济技术开发区的诺基亚中国园“绿色大楼”，因为使用大量环保材料，建筑费用增加了不少，但是节水37%、节能20%。

---

① 王方华、周祖城:《营销伦理》，上海交通大学出版社2005年版，第104－106页。

② 资料来源:《新智囊》，2009年2月10日。

从诺基亚最基本的产品——手机来看，一个小小的手机，其中却蕴涵着贯穿整个产品生命周期的环保理念。据诺基亚负责环境事务工作的高级经理陈敏介绍说："每一部诺基亚手机，从设计研发，到生产、使用，再到消亡、回收的过程，环保理念无处不在。"在设计阶段，诺基亚就将"为环境而设计"的要求体现在每一款手机上；在研发阶段，把环保放在重要位置，如选择无毒无害的原材料、减少材料的种类和使用量等；在采购手机元器件时，严格管理供应商，保证选用环保的材料制作产品；在包装运输阶段，他们使用紧凑型包装，在2006—2008年为公司节约了4亿欧元的包装运输费用；在手机使用阶段，他们还积极引导消费者的环保意识，首家推出内建警示信息的手机，提醒消费者充完电后拔掉充电器，节约能源；从2007年开始，诺基亚建立了手机学习平台"行学一族"，嵌入了很多环保知识让消费者了解；在手机废弃阶段，他们也采取了一系列行动进行手机回收和循环处理。

其实不只是产品，诺基亚还对生产场所进行了很多环保控制。

（一）星网绿色产业链

诺基亚公司将研发、生产制造、物流配送、市场、服务部门、中国区总部和供应商都集聚在北京经济技术开发区1公里的范围内，与合作伙伴之间可以随时进行面对面的沟通，各种原材料和零配件也可以通过电瓶车运载到物流中心。星网工业园区不仅是全球最具规模的手机产业基地，也是一条最环保的手机产业链。

（二）绿色大楼

诺基亚中国园新总部大楼占地面积70000多平方米，从设计阶段就严格遵循美国绿色建筑协会制订的"绿色建筑评估体系"标准。由于出色的环保理念和实践，诺基亚绿色大楼荣获美国绿色建筑协会颁发的新建商用建筑类"绿色大楼LEED"金奖。

可以看出，诺基亚对CSR的理解不但上升到了战略高度，在行动中也有战略轨迹可寻：根据公司全球CSR战略，了解中国社会的实际需求，根据中国社会的特点设置对应项目，同时结合诺基亚的行业特征和自身的核心优势，量力而行，提供及时的帮助，帮忙帮到点子上，真正做到融入中国，与中国社会共同成长。

本章小结

本章重点介绍了产品伦理的基本概念和基本原则。产品伦理就是指营销伦理具体运用在产品的质量、设计、定位、包装等方面，从而使产品、人、社会三者能够真正和谐健康地统一起来。这就要求产品设计者在设计产品时要从道德观念出发，开发出对消费者、对社会有益的产品，承担起一定的伦理责任。我们在制定产品策略时，要遵循产品伦理的基本原则：保证产品质量安全；保护自然环境，实现可持续发展；杜绝欺骗性包装。

产品伦理的问题主要包括新产品开发中的伦理问题、产品包装中的伦理问题和产品安全的伦理问题。企业在进行新产品开发时，要符合道德的要求，遵循市场营销伦理。包装决策中经常出现的伦理问题有过分包装和欺骗性包装，以及包装标签中的产品信息失真等。还有一些通过包装的模仿行为，误导消费者购买。产品的安全是消费者在购买产品时首先考虑的问题，即消费者在产品的使用过程中，其生命和利益不受威胁，没有危险、危害或损失。企业应对其生产的产品负安全责任。

产品伦理的策略也要从三方面来考虑：新产品开发中的伦理策略、产品包装中的伦理策略和产品安全中的伦理策略。在新产品开发时，要尽量使产品符合伦理道德观念，以避免受到社会舆论指责甚至法律诉讼，经常要考虑的两点是新产品的安全问题和环保问题。企业在制定产品包装决策时，要树立诚信原则，不得侵害消费者的合法权益，要做到：杜绝欺骗性包装，环境友好，避免浪费，标明安全注意事项。产品的安全问题主要是消费者对产品的知情权问题。企业在生产产品时，不仅要符合相应的法律法规，还要从伦理观念出发，使其产品符合伦理道德。

案例阅读与讨论

【案例】 进口品客三上致癌黑名单

一、2007年7月、8月品客被检出违禁物："品客洋芋片被检出含违禁物"

近期，国家质检总局进出口食品安全局先后公布了7月和8月进境不合格食品、化妆品信息。其中，三个批次的薯片被检验出含有国家已禁止在面包中使用的食品添加剂溴酸钾，而一个批次的薯片则被检验出细菌总数超标。

据公布的信息显示，美国宝洁公司一批重0.0952吨的品客洋芋片于今年7月10日进境时被珠海检验检疫局抽检出含溴酸钾。而日本百邦株式会社生产的Bourbon筒装原味薯片和Bourbon紫菜薯片两个批次的产品，在7月27日进境时同样被检验出溴酸钾超标。被检验出含有溴酸钾的三个批次的薯片进口商均为珠海市免税企业集团有限公司。

为此，记者联系了宝洁(中国)有限公司，其品客薯片公关经理胡馨如表示，此批被检验出不合格的产品生产商为美国宝洁。在美国和日本，溴酸钾仍被允许在一定范围内添加到产品当中，此批产品是针对当地的。但中国在2005年已经禁止在面包中使用溴酸钾，因此这批产品通过贸易关系进入中国市场时被检验出不合格。

同时她表示，宝洁在国内设有工厂生产薯片，现中国市场的品客薯片大部分在国内生产，完全按照中国的规定进行操作，宝洁在国内生产销售的薯片均是符合中国法律法规要求的。

同时胡馨如表示，进口商进口渠道的多元化使输入的产品未必完全适合中国标准的要求，希望消费者在购买时留意这一点。记者在加乐福、华润万家等大型超市走访时，并没有发现从美国宝洁或者日本百邦株式会社进口的薯片。

相关链接：溴酸钾已被多个国家禁用。据了解，溴酸钾曾被用作烘焙面包的添加剂，在面团发酵、醒发、烘焙过程中起着慢性氧化剂的作用，可以显著改善面粉的烘焙效果和口感。在烘焙后的面包中，溴酸钾大部分会转化成惰性、无害的溴化钾，但仍然有0.05—0.3mg/kg的残留。经研究表明，过量食用会损害人的中枢神经、血液及肾脏，国际癌症研究机构也已将该化合物列为致癌物质。实际上世界卫生组织几年前就已建议禁止使用溴酸钾，目前欧盟、澳大利亚、新西兰等国家已禁止使用，美国、日本等国也大幅度减少其使用量。我国也于2005年7月1日全面禁止在面粉中使用。[①]

二、2008年1月、2月，品客再上黑名单："品客薯片被查出使用违禁添加剂溴酸钾"

本报讯（记者　杨滨）　进口食品的安全性再次受到挑战。国家质检总局昨天通报今年1、2月份进境不合格食品黑名单，共有593批次的不合格洋货上榜。其中，美国宝洁公司的"品客"薯片再次被检出使用了国内禁用的添加剂溴酸钾。相关专家因此提醒消费者，不要过分迷信进口食品。

北京检验检疫局1、2月份共发现21个批次的问题食品。其中，爱芬食品（北京）有限公司从新西兰进口的50多吨脱脂奶粉，发现阪崎肠杆菌超标；来自意大利的爱乐士千层酥、爱乐士比萨迷你千层酥，检出过氧化值超标。专家说，过氧化值超标的食品吃起来会有酸败、哈喇等异味。另外，大溪地诺丽饮料（中国）有限公司进口的美国大溪地诺丽豆蛋白饮品（香草味），铜含量超标；北京仙奇异贸易有限公司进口的来自新西兰的"仙奇异牌"百花蜂蜜，细菌总数超标。

在不合格产品中，不乏大品牌。东莞雀巢有限公司从越南进口的15个批次的咖啡豆均检出咖啡果小蠹（死虫）；维他奶国际集团有限公司生产的"维他奶"原味豆奶饮料，蛋白质低于标签声称值；有8个批次的"普思"泡含片或泡腾片均发现糖精钠超范围使用。

不合格化妆品也有上榜。简诗美护肤品（深圳）有限公司进口的产自澳大利亚的"简诗美"玫瑰爽肤喷雾，香港耀阳研化公司生产的Naomi天麻首乌洗发露，均

---

① 资料来源：《信息时报》，2007年12月4日。

发现菌落总数超标。

来自美国的两个批次"品客"薯片检出溴酸钾超标，而这已经不是第一次。宝洁公司对此的解释是"中国标准与欧美市场标准存在差异"。但国际癌症研究机构已将溴酸钾的化合物列为致癌物质。我国在2005年已经禁止在面包中使用溴酸钾。①

三、2008年4月，品客又上黑名单："国家质监局通告：品客两种口味薯片不合格"

本报讯（记者　杨滨）　广州屈臣氏食品饮料有限公司进口的来自秘鲁的青柠浓缩汁，二氧化硫超标；台湾乖乖股份有限公司生产的两款"乖乖"玉米脆条（五香）菌落总数超标。在国家质检总局昨天通报的今年4月份进境不合格食品、化妆品"黑榜单"上，又有414种境外不合格产品在进境口岸"落网"。曾经几次上黑榜的美国宝洁公司的"品客"薯片，此次又有两款上榜。

北京检验检疫局共拦下9种不合格食品，其中，"爱乐氏"比萨迷你千层饼，过氧化值超标；来自美国的春田加州法式沙拉酱，已过保质期；来自德国的"希贝格"花色水果干，二氧化硫含量超标，迷你果仁混合装，霉菌计数超标；美国纽海尔斯公司生产的一款鲨鱼软骨软胶囊，大肠菌群超标。

记者注意到，曾经几次上黑榜的美国宝洁公司的"品客"薯片，这次又有酸奶油洋葱味和比萨味两种不合格，不合格原因依然是宝洁公司解释为"中国标准与欧美市场标准存在差异"的添加剂溴酸钾超标。

【讨论】

1. 该案例反映了哪些产品伦理问题？
2. 结合案例，讨论如何制定合乎伦理的产品策略。

思考题

1. 产品伦理的基本概念是什么？它的基本原则是什么？
2. 在新产品开发中有哪些主要的伦理问题？
3. 产品包装中的伦理问题有哪些？
4. 产品安全的伦理问题主要指哪些？
5. 新产品开发的伦理策略主要考虑哪些？
6. 怎样制定合乎伦理的包装决策？
7. 结合实例，谈谈产品质量安全策略。

---

① 资料来源：《北京晚报》，2008年5月6日。

第五章　定价伦理

价格体现价值永远是定价伦理的第一原则。

——编者语

本章学习目标

通过本章的学习，了解和掌握定价伦理的基本概念和基本原则，能够正确识别企业产品定价中的各种伦理问题，如：歧视性定价、串谋定价、掠夺性定价、价格欺诈与误导性定价、暴利定价等；掌握和灵活运用定价过程中的伦理策略，学会合理解决社会中的定价伦理问题。

本章学习重点

定价伦理的基本概念和基本原则，产品定价中的伦理问题，定价中的伦理策略。

在激烈的市场经济竞争中，企业的竞争手段多种多样，价格是企业参与市场竞争的重要手段之一，它与企业的生存和发展休戚相关，是市场经济中非常重要的变量。企业提高产品质量和服务水平的相关决策都是以价格为基础的，因此，研究市场营销中的定价伦理就显得尤为重要。价格竞争道德要求讲究公平、公正、诚实信用的基本原则，企业要以营销伦理为指导，制定正确的价格策略。价格策略作为企业营销组合的重要因素之一，直接决定着企业市场份额的大小和盈利率的高低。企业价格策略制定得是否合理，不仅关系到企业产品的销量及赢利目标，而且直接涉及消费者的切身利益及社会利益。合理的价格策略不仅要以成本为导向，还要以消费者和竞争者为导向，此外还必须符合法律和道德的要求。

第一节　定价伦理概述

在激烈的价格竞争中产生了许多营销中的定价伦理问题，直接或间接地影响着消费者的利益。企业和消费者是利益共同体，双方以价格为纽带，共同围绕着商品与服务形成“双赢”的利益关系。企业能否合理定价、公平定价，不但影响到企业的经济效益，同时也关系到消费者的利益，关系到企业能否获得持续发展。道德伦理实际上是企业进行商品定价决策时必须考虑的因素，当道德融入公司的组织结构之中，融入产品的定价策略之中时，企业就不再是滋生和孕育不道德和不公正行为的地方。企业的定价伦理，是21世纪不可忽视的一个营销伦理问题，牵涉到产品在市场上的整个生命周期的运行情况，关系到企业的社会知名度和美誉度，必须对其加以足够的重视。

一、定价伦理的基本概念

产品定价决策是企业最重要的经营决策之一，价格与其他的营销变量不同，是唯一一个能直接产生收益的变量，定价的决策过程合理与否，直接关系到企业的产品销量、盈利、再生产的良性循环等利益问题。然而企业利益与顾客利益及社会利益之间、企业短期利益与长期利益之间常常会产生冲突。这些利益关系、经济关系的冲突实际反映的正是伦理道德所研究的复杂的社会人际关系。也正因为每一个定价决策都会给利益相关者(供应商、中间商、顾客等)带来一定程度的利益或伤害，所以每一个决策都具有一定的伦理含义。巨大的竞争压力使企业面临更多道德和利润的两难选择，信息不对称为企业的不道德定价行为提供了机会，而与消费者关系最密切的定价行为更容易受到社会各方的关注和监督，这些情况使得定价伦理问题研究变得尤为突出和重要。

一般情况下，可以将定价伦理的概念定义为：既能满足对企业成本的补偿，又能满足消费者对价格的接受能力且符合定价策略的道德理念。它包含以下四个方面的内容。

(一) 满足企业成本的补偿

成本是企业进行营销活动时最先考虑的因素，是企业能否盈利、能否生存的关键。只有保证了企业最基本的成本基础，才能保证定价的前提要求。

(二) 满足消费者对价格的接受能力

产品的价值决定价格，但是市场经济中有许多产品的价格往往偏离了产品的价值，如一些奢侈品、消遣品等。在定价中，要符合消费者对价格的接受能力。

(三) 符合定价策略

企业定价应该遵循相关的策略，考虑产品的生命周期和阶段特征，灵活运用符合企业和产品特殊情况的策略。

(四) 道德问题

产品定价不能偏离企业的实际,也不能偏离消费者的接受能力,表 5-1 展现了相关的定价情境及对应的伦理争议。

表 5-1 常见的定价情境及其导致的伦理问题[①]

定价情境	伦理问题
1. 市场生产能力过剩	企业会以低于产品成本的价格倾销产品,达到挤垮竞争对手的目的。企业还可能鼓励消费者过度消费,特别是一些会污染环境的产品
2. 企业在市场上处于寡头垄断地位	企业之间的竞争就会侧重于非价格竞争,导致过高的价格和虚假的产品差异
3. 产品本身没有差异	企业定价不同,通过价格传递虚假的质量信息
4. 同样的产品差别定价	不同的顾客购买同样的产品被要求支付的价格不同
5. 利润成为企业经营业绩唯一的考核标准	企业可能会忽略类似污染这样的社会成本
6. 最高管理层被认为不关心定价行为中的伦理问题	企业的中层管理人员有进行欺骗性定价的压力
7. 公司职员有机会和竞争对手频繁接触	公司会受到诱惑进行非正式的价格串通
8. 企业没有伦理规范和合理的程序,或者虽然存在但非常模糊	企业和其雇员可能会欺骗顾客

二、定价伦理的社会特征

(一) 公正性

公正性在产品的定价过程中具有丰富的伦理内涵,它包括平等竞争、平等对待、社会公正与价格公平的感受性等因素。具体来说,定价中的公正性是一种交换公正,其基本要求是交易双方的等价交换。产品的销售价格必须符合其实际价值,否则,过高的价格会损害消费者利益,造成不公平;过低的价格又极易导致市场有序竞争的破坏,诸多不道德的问题由此引发。

---

① Gene R. Laczniak, Patrick E. Murphy: *Ethical Marketing Decisions : The Higher Road*, Needham Heights, MA : Allyn&Bacon, 1993, p. 126.

（二）责任性

企业不是独立的个体，而是存在于市场上与众多相关利益者相互联系相互制约的组织，它在发展运作的过程中不可避免地涉及一些道德决策和社会责任问题。因此，在定价决策中企业道德责任之限度的界定非常重要。它既意味着企业在社会领域中应该有所担当，同时也标明了企业责任的底线。公平地对待消费者，向他们提供充分的信息，在定价的具体过程中，对涉及的利益各方和社会影响都给予足够的重视。

三、定价伦理的基本原则

在激烈的市场竞争中，企业产品价格的制定并不是盲目、无根据的，而应该遵循一定的原则。这些原则既要考虑消费者的利益，也要考虑企业的自身利益以及长远利益，要具有一定的灵活性，符合社会的道德标准，更不能违反法律法规。归纳起来有四个原则：有德、有利、有法、有度。

（一）有德原则

企业在制定产品价格时，要符合社会的道德标准。讲道德是中华民族的传统美德，如果企业在制定价格时一味追求自身的利益而不遵守道德标准，将不可避免地受到社会舆论的谴责。随着社会的发展，人们的道德观念不断提高，更加关注产品的定价是否符合伦理道德标准。企业一方面需要注重提高产品质量来满足消费者的需求，另一方面更需要在指定产品价格时考虑消费者的可承受能力以及社会的道德要求，避免企业不道德的牟利行为，从而有效促进企业的长远发展。

（二）有利原则

获利是企业生存的前提和发展目标，价格水平的制定必须对企业有利，能实现企业的经营目标。最大利润目标是企业以获得最大限度的利润为定价目标。企业在制定价格时，要利于增加现有产品的销售量；要利于打开新产品的市场销路；要利于企业更快更深地融入新市场。企业定价，必须考虑如何提高产品的竞争力和市场占有率，保证企业获得更多的利润，这是每个企业共同追求的目标，也是企业生存的基础。

（三）有法原则

定价伦理要符合政策法律的规定，符合消费者的切身利益，同时也要符合各部门之间的利润水平。不合理的价格就不能正确反映企业的经营管理水平，扰乱正常的市场经济秩序,会使企业竞相生产利润大的产品,而放弃生产存在市场需求但利润率较低的产品,在市场规律失调的情况下就必须有强有力的法律法规来约束规范。因此,价格的制定要符合国家的法律法规,符合定价伦理的要求。企业不能随意定价,要本着有法必依的原则,在政策允许的范围内,制定合理合法的价格。

(四) 有度原则

合理的价格界限就是定价伦理的度。合理的产品价格既要被消费者接受,又必须高于企业单位产品的变动成本。合理的价格是为了使企业获得合理的利润,而不是以不道德的定价牟取最高利润。企业无论采取何种定价策略都不能超出定价伦理的度,只有这样,定价伦理才可能为创造和谐社会贡献一份力量。

【案例 5-1】 长虹——风风雨雨价格战[①]

2004 年,四川长虹电子集团品牌价值达 330.73 亿元,成为中国最有价值的知名品牌。在发展过程中,长虹通过多次的降价活动,成长为我国的“彩电大王”,同时也成为我国家电行业的一面旗帜,将家电行业带动成为我国最具市场经济特征的行业之一。

第一次降价,开启自主调价之路。1988 年彩电严重紧缺,抢购倒卖之风盛行,在请示省物价局后,长虹进行了自行降价活动,每台彩电降价 350 元,长虹的积压彩电一销而空,同时也提升了长虹在彩电行业的地位。1989 年 9 月,围绕 1988 年和 1989 年长虹两次价格调整,由《中国体改研究会通讯》发起,《中国电子报》积极响应的“长虹现象”大讨论在全国范围内轰轰烈烈地展开。1991 年 3 月,国家统计局公布:长虹 1990 年首次荣登彩电行业销量冠军。

第二次降价,也是一场具有决定意义的降价行动,国产彩电开始“当家作主”。1996 年 3 月 26 日长虹彩电凭借“同样的技术、同样的质量”,祭起降价大旗,首次向洋彩电宣战。长虹的市场占有率由 1995 年的 22%提高到 1996 年的 27%左右,彩电销量比上年同期增长 61.96%。长虹在 1996 年发起的价格战对于国产彩电的翻身功不可没。

第三次(1999—2001)降价,长虹针对传统彩电的洗牌行动,逐步向高端市场挺进。为了避免发生 1999 年惨烈的价格战,2000 年 6 月 9 日,9 大彩电企业在深圳召开的“中国彩电企业峰会”上,签下了彩电销售最低价协约,随即被国家计委宣布违法。在不到一个月的时间里,各地彩电掀起了规模空前的降价狂潮,此次彩电降价是 1996 年四川长虹挑起价格战以来,规模和降价幅度最大的一次。在

① 资料来源:百库文库,经编者整理。

这次降价中，29英寸纯平彩电售价不到2000元。长虹彩电2000年度再次成为销量第一名，在行业大滑坡的情况下，市场占有率重新回升到25%。

第四次(2001—2002)降价，率先在中国市场推出最先进的产品。长虹依靠越来越接近的价格和已有的品牌优势，将29英寸以上大屏幕彩电的市场份额从15%提升到30%，在市场占有率十强中占得三席。

第五次(2002年至今)降价，开创国产彩电主导高端之路。2001年1月1日，中国首台精密显像电视——长虹精显彩电诞生，从而一举打破了彩电高端核心技术一直由跨国彩电巨头垄断的局面。同年7月，领先世界水平的第三代60赫兹数字变频逐行扫描背投彩电在长虹诞生。至此，中国彩电业在高端核心技术上全面受制于人已经成为历史。2002年5月，长虹率先强力推出精显背投，打响了国内彩电业全面进军高端市场的第一枪。至此，国内彩电企业成功地完成了由低端市场向高端市场的转型。2001年10月，长虹背投市场占有率不足1.5%，而2002年同期市场占有率则高达18.5%。

2003年4月8日，中国彩电大王长虹在捧回2002年全国彩电销量冠军后不到半个月的时间内，又出重拳，推出“长虹背投普及风暴”活动，在高端市场全面反击跨国背投品牌。长虹精显王背投彩电价格全线下调，进一步巩固和增加自己背投的市场份额。

长虹风风雨雨的价格战，一直备受公众的关注，成长为“彩电大王”的路途是艰辛坎坷的，但长虹无疑是我国熟练运用价格战的企业表率，是中国家电企业的典型代表。

第二节 定价伦理的问题

定价中的伦理问题需要从动态标准和不同角度来判断，并不存在通用标准。价格竞争是市场经济条件下衍生出的一种必要的竞争方式，一旦超出了理性的界限，将会给企业正常的经营活动带来灾难性的后果。从伦理角度看，企业制定价格时应考虑企业承担的社会责任，使价格符合道德标准的要求。企业要为消费者的购买决策提供准确、真实的价格信息，并确保企业和消费者双方的正当权益。从消费者角度看，产品或服务的价格应当与它为消费者提供的利益相平衡，否则就有可能带来相应的道德伦理问题。为此，政府也制定了有关价格的相关法律，其主要目的是保护正当竞争和消费者权益。

一、定价伦理的表现形式

市场竞争中，有关定价策略的伦理问题众多，可以重点分析哪些定价方式最容易引起伦理问题,并从伦理角度进行解释。这对企业自身的经营管理以及进行合理定价具有积极的意义。一般情况下,企业定价伦理的表现形式主要有以下五个方面。

(一) 歧视性定价

歧视价格是指经营者并非依据销售成本,而是对同一商品的不同买主采取不同的价格。歧视价格主要存在于卖主是垄断者或寡头的市场上,从广义的垄断来看,歧视价格是垄断定价的一种延伸。企业对消费者实施价格歧视的前提可能是信息的不对称,或是对某些消费者抱有偏见。

根据国际的司法惯例,价格歧视可分为"第一线竞争"中的价格歧视和"第二线竞争"中的价格歧视。前者是指制造商或卖主在各个市场分别以不同价格销售其产品,并选择其中一个特定市场低价销售,以挤垮该市场的竞争对手。后者是指销售商或买主通过补贴形式以不同价格销售所购产品,从而影响了竞争。[①] 关于歧视价格的伦理问题,一般来说,"第一线竞争"中的歧视性削价,只是造成竞争者利润上的一定损失,并不构成对整体竞争水平的危害。但"第二线竞争"中,由于企业(如大零售商)采用了歧视价格,结果使竞争者(如小零售商)被迫退出竞争市场,从而导致整个竞争市场发展失衡。[②]

在中国,1998 年开始实施的《价格法》第 14 条规定了经营者不得有下列不正当价格行为:提供相同商品或服务,对具有同等交易条件的其他经营者实行价格歧视。但该条例过于笼统,为其实施增加了困难。在分析歧视性定价的伦理问题时重点围绕是否阻碍社会的公平竞争展开,日常生活中针对消费者个体的歧视性定价大量存在。歧视性定价对整个企业经营体系、公平竞争和对企业自身整体形象的损害是不可估量的,以牺牲绝大多数社会成员的利益为代价。歧视性定价违背了社会公德,应加大政府部门的市场监管力度,对歧视性价格进行规制,遏制商业领域不正之风的蔓延。

(二) 串谋定价

串谋定价(也称为串通定价或价格协定)是指生产、经营者之间互相串通,订立价格协议或达成价格默契,以共同占领销售市场,获取高额利润的行为。

串谋定价包括很多形式,如协议价格、平行定价、价格领导等。串谋定价通过价格联盟,获得垄断价格带来的高额利润,违背了公平竞争原则。从道德角度看,

① 孙南申:《美国反不正当竞争法律制度》,中国知识产权司法保护网(www.chinaiprlaw.com)。

② 王方华、周祖成:《营销伦理》,上海交通大学出版社 2005 年版,第 127-131 页。

串谋定价是一种不正当的市场行为，具有强迫需求和愚弄消费者的嫌疑；从企业角度看，企业间相互利用，通过不订立协议来逃避法律的指控，这种不公开的做法暴露了企业道德缺失的问题。我国法律规定，竞争者之间通过明确的协议进行串谋定价是违法行为。在没有协议的情况下，竞争者之间进行口头的价格协商，很难进行取证和判断。在寡头垄断市场中经常会见到价格基本相同的状况，该状况也会存在隐含的串谋定价，执法部门要进行严密的动机分析，以确保价格的公正公平。

价格协定是一种不道德的行为，但在中国市场上依然存在着行业自律价这个颇受争议的价格行为。擅自制定行业自律价违反了《价格法》的有关规定，《价格法》规定“只有少数商品和服务的价格实行政府指导价格或政府定价”，多数商品和服务的价格都需要市场竞争形成，行业自律价是不符合法律规定的。同时，这种现象的存在也违背了社会伦理道德标准。

(三) 掠夺性定价

掠夺性定价是指企业为将竞争对手挤出市场或吓退意欲进入该市场的潜在对手，而将价格降至成本以下，进而对竞争对手进行有效打压，待对手退出市场后再提价的行为。

有些企业为了在某一区域挤垮竞争对手而进行大幅度的降价，直至对手退出该市场。这些行为不仅违反了《反不正当竞争法》，同时也损害了企业自身和消费者的利益。在我国，《反不正当竞争法》第 11 条规定，经营者不得以排挤竞争对手为目的，以低于成本的价格销售商品。法律同时也列出了以下几种不属于不正当竞争行为的情况：(1)销售鲜活商品，(2)处理有效期限即将到期的商品或者其他积压的商品，(3)季节性降价，(4)因清偿债务、转产、歇业而降价销售的商品。有些时候掠夺性定价很容易和正常价格竞争相混淆，产生伦理争议。掠夺性定价虽然在短期内可以给消费者带来好处，但是从长远看，掠夺性定价行为不仅损害了竞争对手的利益，违背了公平原则，对消费者也是不利的。许多经济学研究表明掠夺性定价在抢占市场垄断地位方面并不是高明的方法，企业要弥补损失必须在长时间内保持高垄断价格，但在激烈的市场竞争状况下这种情况是很难实现的，企业往往会因此而自食恶果。

(四) 价格欺诈

价格欺诈是指经营者以不正当的价格手段，欺骗购买者并使其经济利益受损的行为。

降价销售商品是一种有效的促销手段，对季节性强和需求弹性大的商品来说，价格的变动尤其是降价对消费者是非常有吸引力的。打折可以使消费者得到实惠，企业也能减少库存,加快资金流动,但现在许多企业采用“高一低定价”,即先将价格提上去再进行打折,有时打折后的价格比原来的价格还要高,成为欺骗消费者的陷阱。

这种“高一低定价”行为是不道德的,它侵犯了消费者的知情权,主观上存在欺骗或误导消费者的嫌疑。如果消费者了解商品的真实价值,商家就不会采取多此一举的定价方式。商家这种主观上的故意就导致了该行为的不道德性。从长远来看,价格欺诈会让消费者对商品和价格播下不信任的种子,使正常的竞争秩序遭到破坏。随着社会经济的发展,对定价行为的道德要求必将逐步上升到法律高度,由法律来规范这些行为。但在法律规范没有完善前,有道德感的企业和经营者也应该拒绝采用这些不道德的定价方式。

(五) 暴利定价

人们经常将暴利误解为高利润,两者虽存在着一定的联系,但不能说高利润就是暴利。有些产品的高利润是由高风险引起的,但如果企业的高利润是通过垄断来实现的,那么企业的暴利存在不道德性。暴利定价的判断关键看相关行为是否侵犯了消费者的选择权和知情权。一般而言,暴利定价的产生有三种情况:(1)企业垄断价,(2)品牌高位价,(3)不正当涨价。暴利行为主要出现在服务业和一些品牌商品中。类似服务和品牌这种用价格难以衡量的无形商品,为商家提供了牟取暴利的机会。但从长远来看,因价格欺诈带来的暴利是有限的,随之而来的企业信誉损失却是无限的。

德国古典唯心主义学说康德哲学认为,“操纵和强制行为将别人视做达到自己目的的工具,忽略了对他人自由权利的尊重。”这种行为不仅伤害了他人的利益,也会使双方的交易变得不公平、不合理,毫无道德可言。暴利定价违反了定价伦理,不正常的涨价最容易被消费者抵触。如非典时,口罩、醋、板蓝根等一些预防用品的不合理涨价,是不讲社会公德的表现,结果受到了人们强烈的抨击和指责。由此看出,消费者对暴利价格的判断是基于对价格的正当性与公平性感受的基础上的,经济因素对人们的感受有一定的影响,但与消费者本身的经验与感情体验也是密切相关的。

二、不道德定价策略的伦理分析

(一) 歧视性定价违背社会公平

有关歧视性定价的伦理考量,主要考虑这类定价策略是否削弱了市场中的竞争关系。由于“第一线竞争”并未构成对市场竞争水平的侵害,只是竞争者在利润上有所损失,因此不需禁止;而“第二线竞争”则明显存在不公平因素,它主要表现为各种形式的回扣,如佣金津贴、推销津贴、目标回扣等。表面上这是企业的一种功利主义行为方式,即企业认为歧视性的定价能帮助保住老客户、获得更多稳定的订单而得以在行业立足。总体看来利大于弊,唯一的消极效果是会造成部分同行的不满。这种分析似乎合情合理,但稍加考虑就能发现该思路犯了以偏概全的错误,它所使用的是一种似是而非的行为功利主义方式。仅仅只从企业自身行为利弊分析的主观评价,不可能等同于从道德视角客观、全面地对事件的审视。

当深入分析企业潜意识中遵循的规则时,可以试想一下:实行回扣式的歧视性定价是否可以成为所有企业的通则;这种行为一旦成为被社会普遍接受的方式,将会造成怎样的后果。显然人们将无法进行等价交换,企业在获得短期内较高利润的同时损害了消费者的合法权益,从长远看不利于企业的健康持续发展,也阻碍了正常的市场经济秩序。

(二) 串谋定价引发不正当竞争

对串谋定价行为进行的道德评价不能仅从结果入手,应结合其动机、手段和效果的好坏进行综合判断。

首先,从动机加以考察,串谋定价无视公平竞争原则,故意制定垄断价格,意在通过价格联盟,安享高额垄断价格带来的利润。从道德角度即可判断这种价格垄断是不正当竞争的行为,它具有强迫需求和愚弄消费者的嫌疑。

其次,从手段上看,企业间为了共同的利益而相互勾结或联盟的行为极为隐秘,一般不订立协议以逃避法律的指控,但这也改变不了其不道德的本质。

最后,考察其效果,串谋定价行为造成价格信号失真,破坏价值规律的正常运行,阻碍了社会经济的发展。不仅如此,由于绝大部分串谋定价所制定的价格都比正常的市场价格要高,不可避免地影响到了社会公正,损害了消费者权益。

由以上道德评价的三个因素进行综合判断,串谋定价的动机、手段、效果皆不正当,这类以损害社会利益和他人利益来谋求个体利润的行为,应受到道德谴责。

(三) 掠夺性定价的正负面影响

企业根据功利主义观念进行自身发展,根据行为产生的效果来评价掠夺性定价行为,就必须将正负面影响效果加以权衡比较。企业采取掠夺性定价策略所期望获得的益处是在迫使竞争对手退出市场后,企业能以垄断市场价格获取高额利润。而掠夺性定价策略的负面效果却十分隐蔽,这是由于它会因大幅度降价而给消费者带来暂时的利益,但在企业达到了挤垮竞争对手或者独占市场的目的后,价格往往会大幅度上升,而此时消费者却没有选择的余地。

掠夺性定价行为不仅直接损害了竞争对手的利益,违背了公平竞争原则,而且从长远看，也必然损害到消费者的利益。许多经济学研究表明，掠夺性定价在抢占市场垄断地位方面并不是高明的方法。它使企业同样承担阻碍自身发展的重大风险：当价格博弈发展到极限，企业难以在定价、品质和品牌形象之间保持协调；由于前期降价幅度大，企业的销售量与损失成正比例发展，企业要弥补损失必然要在长时间内保持高垄断价格，这又消减了市场进入壁垒，之前的努力很可能前功尽弃。掠夺性定价是损人损己的价格策略，它妨害了市场的有序竞争，导致企业常常自食恶果。

(四) 价格欺诈导致信用危机

价格欺诈不具有内在一致性和可持续性，是一种不合乎道德法则的行为，从价格欺诈的定义中可以看出不道德的因素。以价格促销为例，它是价格欺诈过程中最易产生欺骗性效果而不易被消费者区分的行为，常被看成是健康的价格竞争，由于能直接或间接地为购买者省钱而大受欢迎。商家也正是利用了消费者价格信息不充分而又贪便宜的心理，在价格上误导或迷惑消费者。

日常生活中最常见的价格策略就是“高—低定价”，即给顾客一个虚高的原价做比照，再以低折扣的价格出售，使消费者认为获得了实惠而购买该商品。这种经营者主观上故意欺骗、愚弄消费者的做法是不道德的，它不仅增加了消费者的交易成本，更侵犯了消费者的知情权。从长远看，价格欺诈会对其商品和价格播下不信任的种子，使正常的竞争秩序遭到破坏。

(五) 暴利定价忽略了消费者的自由权利

从市场公平性角度出发进行考量，企业垄断价格显然是不正当的。操纵和强制行为将别人视做达到自己目的的工具，并忽略了对他人自由权利的尊重。这种行为不仅伤害了人的核心价值，还会使双方交易变得不公平和不合理，毫无道德可言。有些垄断品牌的索要价格大大超过了产品的真正价值，也属暴利定价，但这种行为却比较容易为消费者所接受，原因在于：大部分消费者在购买前就明白以制作成本来说绝不会有如此高价，他们具有知情权；他们有自主选择的权利决定买或不买。总体来说，交易过程中消费者应有的知情权和选择权并未受到伤害，因此这种暴利定价行为有其一定的伦理合理性。

不正常涨价是最为消费者所不能接受的，如非典时，口罩、板蓝根的“天价”，超出平时几十倍甚至更多。这种由于恐慌性灾难的来临，商家在非原料短缺和成本并未提高的情况下随意制定高价的做法，被认为是不讲社会公德的行为而饱受指责。由此可以看出，消费者对于暴利价格的判断基于价格手段的正当性与定价公平性的感受，除了经济因素的影响外，还与消费者的经验和感情体验有关。

【案例 5-2】 方便面涨价:成本上涨还是串谋定价?[①]

2007 年,“方便面集体涨价”的消息席卷全国,国内部分地区甚至出现消费者抢购方便面的怪现象,闹得人心惶惶,质疑声四起。

有关调查了解,被认为是此次“集体涨价”组织者——世界方便面协会中国分会事务局局长孟素荷日前矢口否认曾召开过所谓的“价格协调会”。她表示,不存在“价格联盟”,市场也不会出现集体涨价现象。

但相关媒体记者在连日的采访中却发现一连串疑点:如果不是统一行动,原材料的价格上涨非朝夕之事,此次方便面企业虽然涨价时间有先后,但为何都集中在 7、8 月份?同样是承受原材料价格上涨的压力,为何有些非主流方便面企业却能抗压而价格按兵不动?

有专家认为,必须高度警惕此次“方便面集体涨价”事件。在市场经济发达的国家和地区,行业协会一旦协调统一定价或者调价,就涉嫌违法。此前,有媒体报道称,自高价方便面 6 月份率先提价后,从 2007 年 7 月 26 日开始,以华龙、白象等为首,占据我国大部分市场份额的中低价方便面价格整体上调。

这次涨价是以一种“价格联盟”的形式出现,中国食品科学技术学会副理事长兼秘书长孟素荷女士在接受记者采访时透露,自 2006 年底开始,由行业协会参与,国内方便面巨头召开了三次内部价格协调会议,最近一次于 2007 年 7 月初召开,最终达成一致意见:康师傅、统一、今麦郎、日清、农心等 10 多家知名企业全部参与此次统一调价,其市场覆盖率达到 95%以上。据新华社报道,该消息也得到郑州天方集团研发中心一位负责人的证实。该人士还明确表示,此次方便面集体调价是“由协会统一组织的”。据悉,每种方便面涨幅在 20%—40%之间。

但对于“集体涨价”一说,孟素荷日前矢口否认是在召开三次“价格协调会”后,集体议定在 2007 年 7 月 26 日统一调价。据孟素荷介绍,今年以来,业内曾召开过三次工作会议,不可避免地涉及粮油价格大幅度上涨给行业造成的压力、产品“瘦身”引发争议等热点话题,但没有一次会议是专门谈论价格问题,却被误解为“价格协调会”。她表示,由于不存在“价格联盟”,市场也不会出现集体涨价。事实是,部分方便面产品已于 6 月份开始提价。从市场的情况看,各企业调价的幅度也各不相同。

方便面是否存在“集体涨价”?明摆着的事实是,尽管 2007 年 7 月 26 日没有出现大范围的品牌方便面集中涨价现象,但在近一段时间内,有几家主流大品牌却比较“集中”地采取了“提价”之举。

---

① 资料来源:新浪网,2007 年 7 月 31 日。

康师傅表示，该品牌方便面自2007年7月1日起，袋面价格上涨11%—13%，容器面价格则暂时不变。部分终端零售商在接受记者采访时表示，8月1日起，康师傅品牌方便面将执行新价目。统一方面则表示，其第一波调价已在6月份执行了，平均涨幅达20%，第二波中高端方便面调价在八九月份，平均涨幅为13%。此外，部分北京地区的超市、卖场也于7月21日左右接到今麦郎、白象等方便面厂家涨价的通知。

然而，同样是生产即食、方便类食品的四川白家粉丝以及生产非油炸方便面的五谷道场等却没有跟风涨价。白家粉丝表示，他们将依靠技术创新，加强成本控制来消化原材料的涨价因素。该企业还认为，方便面原材料棕榈油、面粉、辣椒等涨价幅度只有约10%，而有些企业的涨幅高达40%。方便面以“寡头碰头会”的形式形成“价格同盟”同步涨价，挟持逼迫其他方便食品也必须同时涨价。

第三节 定价伦理的策略

一般情况下，产品的定价策略很难用伦理观点来考察和研究，因为价格制定的实际过程具有高度的复杂性，并没有一个固定的程序来考察其动机和手段，以做出正确的道德伦理判断。价格的制定直接涉及企业和消费者双方的利益，企业追求利润的需求与消费者追求价廉物美的愿望相冲突，导致合理的定价得不到一个客观的标准。企业如何定价直接影响其利润乃至生存。当人们获知GE这样的大公司在其高端医疗器械上赚取百分之两百的利润时，不禁产生这样的质疑：企业是否借奇货可居就可堂而皇之地赚取消费者过多的利益？也有人认为，这就是商道，一切以金钱衡量。因此，进行定价伦理策略的分析也相当困难。

一、成本导向定价的伦理策略

（一）成本加成定价

产品的价格是根据成本、利润和税金三部分综合考虑来制定的。产品成本是产品定价的基础，一般情况下，定价大于成本，企业就能获利。产品定价必须考虑补偿成本，这是保证企业生存与稳定发展的最基本条件，也是更好地实施定价伦理策略的保证。

成本加成定价以成本为中心，首先按总成本计算出一个单位产品的平均成本，然后加上一定比率的预期利润。这样的定价既简便明确，又符合社会的定价道德。但是这样的定价有时在激烈的市场竞争中并不能给企业带来很高的利润，因此，企业也应该在保证成本且不违背道德的前提下随机应变，采取合理的定价为企业获得最高效益。

（二）盈亏平衡点定价

产品的销量虽然是不断变化的，但其固定成本是不变的。企业如果在一定时间内达不到一定的产品销售量就会亏本。对于需求弹性大的商品，价格一经调整，就很容易引起市场需求的变化。因此，企业要根据平时的产品销量快速、准确地找到盈亏平衡点，求出保本价格，再在保本价格的基础上制定合理的产品价格。

（三）可变成本定价

企业如果以变动成本作为定价的最低限，那么凭此价格实现的收入必定等于或超过变动成本，超过的部分就成为企业的贡献。我们可以按照变动成本加上贡献的方法制定产品的价格，这样的定价较为灵活，也更富有竞争性，它为企业在适当的范围内降低价格提供了基础和依据。

企业不管选择何种成本导向的定价策略，都必须首先使该定价策略符合社会道德的伦理标准，其次还要满足企业的生存成本，在此基础上进行的合理定价，必将为社会和企业带来更大的利益。

二、消费者导向定价的伦理策略

消费者导向定价是根据消费者的需求特征、消费者的价格心理来确定产品价格的定价策略。只有制定的价格在消费者的承受能力范围之内，符合消费者的价格心理，才能为消费者所接受。合理的价格会使消费者内心产生一定的公平感与满足感，也能激起消费者的重复购买欲望。

（一）理解价值定价

现在许多企业的定价都以消费者对商品价值的感受及理解程度作为定价的基础。消费者对产品价值的不同理解，会形成不同的价格限度。而企业会根据消费者的这种需求和生存成本制定出消费者价值理解范围内的价格，只要产品的价格在消费者可接受的限度内，就会促使消费者产生购买的欲望并采取购买行动。这样的定价，既可以避免很多关于定价伦理的争议，也可以满足消费者的需求，为企业带来合理的利益。

（二）需求差异定价

对于企业而言，消费者在不同的时间、地点都会产生不同的需求，因此企业必须制定相应的、具有差异性的定价策略：对不同的消费者进行不同的定价；对团购和个人购买采取不同的价格标准；对新老客户采取不同的优惠政策等。产品在不同的季节、不同的时间段都可能有不同的价格，比如电影院的票价往往是周末高于工作日，酒店的住宿费也会在周末或者旺季上调，移动电话计费忙时高于闲时。产品也可以根据不同的地点进行不同的定价，比如：商品房的楼层不同价位是不同的，飞机的座位号不同价格也是有差异的，旅游景点的商品往往比其他地方贵等。

企业可以根据消费者的不同需求，制定不同的价格，当然是要求在符合社会道德伦理的前提下。下面分析的案例非常清晰地反映了消费者导向的伦理策略。

美国匹兹堡市有一家名叫朱利奥的家庭餐馆，店主在经营上出了一个新招：让顾客自己定价，顾客可以根据饭菜的质量好坏自行决定付款数量。顾客无论出价多少，老板都无异议。如果顾客觉得很不满意，也可以分文不给。在餐馆的菜单上写着这样几句话："到朱利奥餐馆来的顾客，相信会给我们带来好运。因此菜单上没有开列定价，请您自己决定您享用的饭菜价值几何。"顾客克雷斯夫人和她女儿在这里吃了一顿别致的晚餐，自愿付了 15 美元。而在别的餐馆菜单上，同类饭菜的标价大约只有 5.7 美元。相比之下，无价菜单餐馆的获利，有时竟能比有价菜单餐馆高出许多，同时也满足了消费者内心合理价格的需求，真可谓是双赢策略。

这种新型的定价策略——消费者自主定价策略，因为其经营方式的奇特，吸引消费者在好奇心的驱使下自然而然地迈进这个酒店。此外，顾客自己定价的实质就是对内提高技术、服务质量和经济素质的动员令，同时也满足了餐馆需要赢利和消费者需要心理满足的愿望。

消费者自主定价的策略可以带来以下优势：首先，这种定价策略可以很好地表现出对消费者的高度信任感和尊重，这使得消费者在心理上获得极大的满足；其次，这一策略激起了消费者的好奇心与探求欲望；最后，从长远看，企业的经营会因为顾客的信任而大幅度地增加收益。这一定价策略表明，当顾客的自尊感得到满足之后，他们就会以实际行动来表现自己的价值，表明自己是值得受尊重的人。事实证明，只有符合消费者需求的定价伦理策略，才能为企业和社会带来更大的利益。

三、竞争导向定价的伦理策略

竞争导向定价是根据竞争者的价格来制定价格，或与主要竞争者的价格相同，或高于、低于竞争者的价格，这要视产品和需求的情况而定。一种是通行价格定价，它是指本企业只与同行业竞争产品的平均价格，即现行市场价格水平保持一致。这种定价策略最容易被消费者接受，也能与同行企业和平共处，还能在薄利多销的基础上带来合理、适度的利润，同时也符合社会道德标准。另一种是密封投标定价，这种定价策略最常使用在工程建设项目或某些商品的采购上。有关部门将工程项目或商品进行公告，有意向的企业可以在规定的时间、规定的要求下填写标书，招标人根据最低价格，取有利的投标者成交。这样的策略是在合理的价格基础上进行的，既不会因企业间的胡乱竞争而导致价格的盲目哄抬，也不会因此而产生超高的利润。

不道德的定价策略常常违背以下两个原则：一是损害正当竞争，二是侵害消费者利益。企业在制定价格的过程中都以追求高利润为主要目标，而经常忽视了自身的道德责任。想要提高企业定价策略的道德水平，必须将自律与他律有机地结合起来，内外兼控、双管齐下。

(一) 完善道德约束制度

在企业内部兴起奖励道德行为、惩罚不道德行为的热潮，不光是产品定价部门，其他部门也要积极响应。要开展社会免费服务热线，让企业的活动接受社会舆论及全体大众的监督。职员要根据顾客的需求，在合理的情况下，加强自身的建设和发展。

(二) 提高法律法规约束力

我国制定的《价格法》就是为了约束企业的胡乱定价行为，保护消费者的利益而制定的。但该法还存在许多的不足之处，需要更多成熟的法规来补充和完善。因此，执法部门要加大执法力度，对不道德定价的企业进行严惩，这也是企业提高伦理定价水平的有力保证。

(三) 注重个人道德的培养

光靠法律法规来约束企业的定价行为显然是不够的，还要注重提高企业内部人员的个人道德水平，尤其是定价决策者及相关参与人员道德水平的培养，这是企业观念培养的一个重要组成部分，关系着企业的生存和发展。

(四) 厘清企业的利益责任观

企业要想获得预期的利益，必须理性地分析自身的利益和社会责任的关系。首先要最大限度地达到企业的价值创造水平，其次企业必须自觉承担起应有的社会责任。企业要树立“求德利他”的理念，公平地对待竞争对手，先义后利、以义制利，确保消费者的知情权与选择权，维护企业自身的正当权益。

21世纪的商战证明，道德伦理是企业定价决策中不可忽视的部分，企业遵纪守法、规范定价决策，有利于树立良好的社会形象，在维护社会利益的同时，也必将为自己赢得长期的利润回报。

【案例 5-3】 北京移动遭遇"准掠夺性定价"①

"掠夺性定价"是指在位厂商将价格削减至对手平均成本之下，以便将对手驱逐出市场或者遏制进入。一旦对手离开市场，在位厂商就会提高价格以补偿掠夺期损失。

2006 年，在外地低价电话卡冲击之下，北京移动欲年内下调移动资费价格，以遏制外地卡在北京迅速蔓延之势。中国移动部分省公司为了吸引用户，推出不含长途和漫游费的"商旅卡"等业务，其定价甚至低于北京移动本地通话费。笔者认为，从市场行为角度来看，虽然其定价没有像"掠夺性定价"那样，不惜低于成本定价驱逐竞争对手(其实实施此定价的公司主要都是中国移动各省兄弟公司，并非竞争对手)，但此定价在一定程度上"掠夺"了北京移动的用户，对其构成"准掠夺性定价"。

北京地区手机用户集中度高，网络成本相对较低，但为什么移动资费却相对较高呢？除了市场竞争不够激烈以及政府对定价管制比较严格之外，中国移动集团公司利用北京地区通信收入对外地网络成本的补贴也是一个重要原因。移动通信网络具有典型的全程全网特点，从中国移动集团公司的整体成本控制的战略角度来看，运营成本是从整个网络的角度来计算的，而各省公司的经营却是独立核算，这就造成了各省公司为了完成集团公司分配的任务而出现彼此争抢客户的可能性。

但究竟该如何解决中国移动内部兄弟公司之间通过"准掠夺性定价"争抢客户这一棘手问题呢？

一方面北京地区移动资费下降实现实质性突破才是解决问题的根本。从具体操作层面考虑，中国移动应该从集团公司的角度，对各省公司资费制定实行一定的价格下限管制。从长远来看，即使北京地区的资费继续下降，如果不对各省公司定价严格管制，其资费下降的可能依然存在。对于各省公司来说，如果要通过降低资费而推出新业务以提高已有用户黏性，与本地区竞争对手争抢潜在客户，不应该将定价低于其他省公司本地通话费，更不该全额取消长途和漫游费。因为我国移动通信市场各地区运营成本、消费者弹性都不同，实行区域经营是符合实际的经营模式，各省公司通过商务卡等业务突破区域经营，利用他省网络资源将收入揽入自家怀中的做法是不合理的。

另一方面中国移动集团公司责令各省公司对手机卡严格控制也是解决问题的一个重要方面。中国移动今年以来加强了对 SP 的监管力度，但是一直没有在手机卡渠道上加强管理，造成了今天外地低价手机卡泛滥京城的尴尬局面。加强

① 资料来源：《通信世界》，2006 年第 34 期。

手机卡渠道管理，不仅能避免类似问题的再次发生，而且对中国移动提升品牌价值也具有一定的积极意义。

本章小结

本章重点介绍了定价伦理的基本概念，定价伦理是指既满足企业成本的补偿，又满足消费者对价格的接受能力的符合定价策略的道德理念。它包含以下几个方面的内容：(1)满足企业成本的补偿，(2)满足消费者对价格的接受能力，(3)符合定价策略，(4)社会道德问题。在激烈的市场竞争中，企业价格的制定不是盲目的，而应遵循一定的原则，归纳起来有以下四点：有德、有利、有法、有度。

定价中的伦理问题，要以动态标准和不同角度来判断，不存在一成不变的适用所有情况的标准。社会上，关于定价策略的伦理问题颇多，主要有反竞争定价、歧视性定价、串谋定价、掠夺性定价、价格欺诈、暴利价格。由此所带来的道德问题主要有：歧视性定价违背社会公平，串谋定价引发不正当竞争，掠夺性定价的正负面影响，价格欺诈导致信用危机，暴利定价忽略了消费者的自由权利。

定价策略很难用伦理观点考察和研究，因为价格制定的实际过程具有高度的复杂性，并没有一个固定的程序来考察其动机和手段，从而做出道德伦理判断。本章进行了定价的伦理策略分析，主要有三种定价伦理策略，即成本导向定价的伦理策略、消费者导向定价的伦理策略、竞争者导向定价的伦理策略。

定价伦理的综合策略有：完善道德约束制度，增强法律法规的约束力，注重个人道德的培养，厘清企业的利益责任观。道德伦理是企业定价决策中不可忽视的一部分，企业遵纪守法、规范定价决策，有利于树立良好的社会形象，在维护社会利益的同时，必将为企业自身赢得长期的利润回报。

案例阅读与讨论

【案例】 两厢 POLO：神奇“高价”上市[①]

POLO 作为德国大众旗下最负盛誉的品牌之一，于 1975 年面世，被称为德国大众的“神奇小子”。2001 年 9 月，德国大众推出第四代 POLO 轿车，首次在有“车坛奥运会”之称的法兰克福车展上亮相，其造型完美、技术领先、装备齐全、性能可靠，成为车展上的明星，同年 11 月在欧洲上市。在 2001 年 12 月开幕的“2001 年中国上海国际汽车展览会”上，第四代 POLO 轿车首次向中国消费者揭开神秘面纱。2002 年初第四代 POLO 被上海大众引入中国市场，是德国大众投资中国 10 多年

① 资料来源：中国管理网。

来首次投放的第一款与世界同步推出的紧凑型轿车，此前它在全球已经创造了700万辆的销售佳绩。2002年3月25日，上海大众汽车销售有限公司正式接受用户预订POLO，随后4月8日POLO正式投放市场。

在POLO上市前，国内市场已经拥有众多经济型轿车，与POLO目标顾客类同的车型有赛欧、派力奥、夏利2000。在POLO上市前，业内人士就将它们称为“四大名旦”。赛欧最早提出10万元紧凑型轿车概念，并成为家用经济型轿车的一匹黑马，上市以来一直是经济型轿车的销售冠军。2002年1月29日，派力奥下线的前一天，上海通用大幅调整了赛欧的市场价格，最低为9.28万元，赛欧再次成为媒体的焦点。与赛欧一直相持不下的夏利2000，也在之前的1月11日将其价格调到了9.7万元，此后出现了天津汽车历史上绝无仅有的局面——全国各大城市，夏利销售断档。在POLO接受正式预订前的3月22日，南京菲亚特在北京长城居庸关为派力奥举办了隆重的上市仪式，将售价9.59万元标准配置型和售价10.99万元豪华款的车先投放到了市场上。三款车中派力奥最低销售价格是8万多元，赛欧、夏利2000都在10万左右，POLO与这三款车在车型、排量上非常接近，加上先前风行的“10万元紧凑型轿车概念”，于是，人们对于POLO的价位就有了更多的期盼。

基于赛欧、派力奥和夏利2000的价格，上海大众不希望消费者将POLO和它们作比较。上海大众汽车公司总经理南阳表示，“POLO是一款缩小的帕萨特，它的功能、配置、驾乘感觉都与帕萨特一脉相承，是国内其他紧凑型轿车无可比拟的。我们的目标竞争对手是加入WTO后大量进入中国的标致206、丰田Yaris、欧宝可赛这样的车型。”上海大众极力宣传POLO是中国第一款真正与世界同步推出的轿车，是一款融合高新技术与潮流魅力的产品，并不是人们所说的经济型轿车，而是紧凑型轿车。与菲亚特派力奥、上海通用赛欧等比较，大众POLO的技术含量比它们高得多，并且有双安全气囊、ABS等中高档轿车才有的装备。同时为了使POLO能适应中国路况，上海大众拿出82辆样车，经过了200万公里的试验。

1月29日，上海上汽大众汽车销售有限公司推行新的经销商商务政策，并重新核定上海大众各产品的市场最低限价。此项举措出台后，上海大众各品种的实际市场价格均有不同程度的降低，其中普桑在6000元左右，桑塔纳2000型为10000元左右，帕萨特部分产品在16000元左右。调价后，桑塔纳最低价已接近10万元，价格区间在10.73万—12.24万元。POLO上市前，上海大众为此进行了大量的宣传活动。2001年12月9日，POLO轿车在“2001年中国上海国际汽车展览会”上，首次向中国消费者揭开神秘面纱，引起媒体关注。“POLO”这句时尚的广告语，拉开POLO广告宣传的序幕。一时间，“是你吗？POLO”这句广告语比比皆是，铺天盖地的广告冲击和媒体宣传，让人们不得不对这款“与全球同步”、“科技与时尚的完美结合”的轿车反复关注。3月20日至25日，“天涯海角任我行——

POLO首次全国记者试车”活动开始,POLO获得好评如潮。9月,上汽大众以POLO冠名赞助了当年的上海国际女子网球公开赛。广泛的宣传活动让消费者对POLO充满了期待。

3月25日,POLO轿车总经销商——上汽大众汽车销售有限公司正式宣布,即日起POLO轿车正式接受预订,4月8日正式投放市场。一时间,向各经销商咨询的电话此起彼伏,订购的人络绎不绝,到3月28日,上汽大众172家特许经销商4天的时间里累计接受订单超过5000辆,创造了中国轿车销售史上的新纪录。4月8日1.4升POLO上市,价位分别为12.75万元至14.8万元之间,主要有手动挡舒适型12.75万元、12.81万元及豪华型14万元;自动挡舒适型13.55万元、13.41万元及豪华型14.8万元。此前,先期上市的德国产1.4升手动POLO轿车在德国售价约为1.3万至1.4万欧元,折合人民币10万元左右(不含消费税,中国的车价已含消费税),与4月8日上市的价格相比,欧洲车价比中国便宜约25%,差不多是2006年后中国最低汽车进口关税。尽管如此,公布的价格明显超出了人们先前的估计。但POLO面市当月销量达到3041辆。2002年9月12日,1.6升POLO上市,售价13.55万—14.8万元,此时POLO销量突破15000辆,平均达到每天销售100辆。截至2003年9月底,POLO的总销量为59800辆。2003年9月12日,POLO开始降价,价格降幅为8100元—11100元,高价撇脂结束。

POLO的面世,填补了上海大众的整条价格链中13万—15万元的空缺。从普桑到POLO,再到桑塔纳2000,最后还有帕萨特,上海大众拥有了中国汽车企业最完整的一条价格链。从POLO车13万—15万元的定价中,其战略意义已可见端倪。2003年2月28日,上海大众两门Gol轿车正式上市,上市的Gol是两门导入型、两门基本型和两门舒适型三款,定价从7.5万元到9.83万元。如此将上海大众的产品线价格链延伸至10万元以下。

【讨论】

1. 两厢POLO上市时采取了何种定价伦理策略?
2. 两厢POLO上市时的价格为什么会“大大超出消费者的预期”?

思考题

1. 定价伦理的基本概念是什么?
2. 简述定价伦理的基本原则。
3. 定价中存在哪些伦理问题?请做简要说明。
4. 定价中的伦理策略有哪些?
5. 关于定价的综合伦理策略是什么?

第六章　渠道建设伦理

建设符合道德标准的营销渠道是企业生存与发展的根本。

——编者语

本章学习目标

通过本章学习，了解和掌握渠道建设伦理的含义、特点，渠道伦理建设的意义以及渠道建设伦理的基本原则；能够正确识别渠道建设中的伦理问题：传销、灰色市场、串货、囤货；正确运用渠道建设中的伦理策略：渠道长度伦理策略、渠道宽度伦理策略、渠道管理中的伦理策略、营销渠道发展的伦理策略，并且能将这些策略灵活地运用到实践活动中去。

本章学习重点

渠道建设伦理的含义与基本原则，渠道建设中的伦理问题：传销、灰色市场、串货、囤货，渠道建设中的伦理策略。

在市场经济条件下，营销渠道是市场营销组合的一个重要内容。渠道通常是指产品从生产商到最终消费者的路径。如何在营销渠道建设中有效地发挥伦理的作用将直接关系到企业的生存与发展。渠道中各成员之间的目的不是完全相同的，因此会出现很多伦理冲突的问题。企业在渠道建设中，要特别注意遵循相关的伦理规范，各个渠道成员间应保持良好的合作关系，借此推进渠道建设的健康发展。

第一节　渠道建设伦理概述

一、渠道建设伦理的基本概念

(一) 渠道建设伦理的含义

营销渠道亦称分销渠道，是指产品(或服务)的所有权和实体从生产领域流转到消费领域所经过的通道。产品价值的实现要求产品抵达消费者或者用户手中。在商品经济条件下,从生产者到最终消费者或用户,任何一组相关的、推动产品进入消费领域的市场组织机构,就是一条商品销售渠道。它的渠道成员主要包括生产者、批发商、零售商、代理商和储运企业等,甚至还包括消费者。

在商品经济不发达时期,由于生产规模较小,产品一般都是由生产商直接卖给消费者。而在经济发达的今天,生产规模不断扩大,如果生产商只靠把产品卖给消费者来获利,那企业远远达不到自身所追求的利润。这样,企业就会将产品同时卖给批发商、零售商、代理商等中间商,以提高企业的利润。这些中间商也可以为企业分担更多的营销难题,缓解企业的压力,不仅可以让企业集中精力生产和开发产品,还可以为企业树立良好的服务形象,为社会带来更大的经济效益。

美国市场营销学权威菲利普·科特勒认为:"营销渠道是指某种货物或劳务从生产者向消费者移动时,取得这种货物或劳务所有权或帮助转移其所有权的所有企业或个人。"简单地说,营销渠道就是商品和服务从生产者向消费者转移过程的具体通道或路径。为了满足消费者的需要,渠道中不同成员之间的最终目标必须保持一致。由于分销渠道中的各个不同成员之间会有不同的利益目标,因此各成员之间也会出现众多伦理问题。

综上所述,营销渠道建设伦理是指营销渠道的各个环节(如供应商、生产商、批发商、代理商等)都需要围绕道德与责任,全面地考虑产品销售中的各个问题以促进社会的健康发展。

(二)渠道建设伦理的特点

在市场运行过程中,产品从生产领域进入消费领域有多种途径。产品形式的改变,会引起销售渠道的改变,同时也会产生相应的伦理问题。渠道建设伦理具有以下四个特点。

1. 销售渠道由各类渠道成员组成(如生产者、批发商、代理商、零售及其他买主或卖主)。各成员之间的联系主要依靠产品的流通,但各个成员可能会因为考虑到自身的利益而产生更多的伦理问题,如果成员之间能兼顾各方的利益,渠道伦理建设就容易展开并获得良好的效果。

2. 起点是生产者,终点是消费者(生活消费)和用户(生产消费),生产者起到了带头作用。在进行渠道伦理建设时,首先要规范好生产者行为,正所谓"良好的开端是成功的一半",如果能把典范树立好,后面的渠道伦理建设工作就比较容易展开。

3. 渠道建设中的中间商是产品流通的最主要参与者。在渠道建设的过程中,商品的所有权至少要转卖一次,而中间商发挥了间接转移商品所有权的作用。

4. 每条销售渠道都和其他独立的社会分工机构相联系。处理好这些渠道的伦理问题对于渠道伦理建设也是相当重要的，起到便利交换、提高营销效率的重要作用。

(三) 渠道伦理建设的意义

渠道伦理建设在商品从生产领域转移到消费领域的过程中发挥着重要作用，主要表现在以下几个方面。

1. 渠道伦理建设是实现商品合理销售的主要条件。在经济高度发达的今天，企业不可能把所有产品都直接卖给消费者，必须通过一定的渠道实现商品的价值，而渠道的规范也是企业成功销售产品的关键。

2. 渠道伦理建设是企业获得良好口碑的关键。生产者和消费者处于渠道的两端，企业很难直接了解到消费者的需求，而中间商比生产商更容易了解到消费者的需求。因此，生产商要通过合理的渠道伦理建设，建立比较稳定的销售渠道，充分调动中间商的积极性和主动性，发挥出他们的最佳状态，构建人性化渠道。

3. 渠道伦理建设对于加速商品流通和资金周转，提高企业经济效益具有重要的作用。企业建立良好的销售渠道，保证渠道的畅通，不仅能加速商品的流转，减少商品的积压，还能降低销售成本。

4. 渠道伦理建设有利于解决生产和消费的矛盾。在市场经济环境中，一直存在着生产和消费的矛盾。调和这些矛盾最主要的办法是从商品营销的各个环节入手，而建立在伦理基础上的解决方法一般都能化解各个矛盾。

二、渠道建设伦理的基本原则

企业进行渠道伦理建设就是以顾客需求为核心，以提高渠道效率为基本目标，对渠道中的渠道组织、渠道制度、渠道技术等因素进行建设，以实现营销渠道的多元化，建立起一套完整的渠道体系和信息传递系统，使企业真正做到决策迅速、行动到位、灵活营销。渠道建设受营销建设的制约和影响，它是营销建设的重要组成部分，同时又对营销建设产生重要影响。理想化的营销渠道应该是以信息技术为支撑的组织结构的扁平化，在实现渠道成本最低、效益最优的基础上，能够有效地满足用户个性化、多元化的需求。

(一) 经销商选择把关原则

首先应该明确企业是渠道建设的主导力量，经销商依托于企业，延伸并完善了企业的流通职能。其次是要用现代营销学观点来审视产品的流通渠道，以提高渠道中商流、物流、信息流、资金流的流动速度，降低流动成本，提升渠道整体效益，将经销商的职能定位在信息集散中心、实物集散中心、支付交易集散中心的层次上，对经销商群体中的优秀成员进行以信息转移、实物转移、资金转移为内容的专业化分工，实现渠道组织的改造与更新。

(二) 畅通高效原则

这是渠道选择的前提原则。正确的渠道决策应符合物畅其流、经济高效的要求。商品的流通时间、流通速度、流通费用是衡量分销效率的重要标志。畅通的分销渠道应以消费者需求为导向，将产品尽快、尽好、尽早地通过最短的路线，以尽可能优惠的价格送达消费者方便购买的地点。畅通高效的分销渠道模式，不仅要让消费者在适当的地点、时间以合理的价格买到满意的商品，而且应该努力提高企业的分销效率，争取降低分销费用，以尽可能低的分销成本，获得最大的经济效益，赢得竞争的时间和价格优势。

(三) 减少冲突原则

企业在选择、管理分销渠道时，不能只追求自身效益的最大化而忽略其他渠道成员的局部利益，应合理分配各个成员间的利益。渠道成员之间的合作、冲突、竞争关系，要求渠道的领导者对此有一定的控制能力——统一、协调、有效地引导渠道成员充分合作，鼓励渠道成员之间有益的竞争，减少冲突发生的可能性，解决矛盾，确保总体目标的实现。因此，企业需要与经销商订立经营协议，在协议中明确双方对各方与共同市场所承担的责任，尤其是功能性责任；其次要表明各自的利益及对利益进行保护的合理措施。双方应该根据本区域市场特点，就可以预见到的问题进行探讨，寻求解决的方式，并签订协议条款，以此维护渠道中双方共同利益，构建能实现双赢的关系型流通渠道。

(四) 稳定可控原则

企业的分销渠道模式一经确定，便需要花费大量的人力、物力、财力去建设和巩固，整个过程往往是复杂而缓慢的。所以，企业一般不会轻易更换渠道成员，更不会随意转换渠道模式。只有保持渠道的相对稳定，才能进一步提高渠道的效益。畅通有序、覆盖适度是分销渠道稳固的基础。影响分销渠道的各个因素总是处在动态变化中，原有的分销渠道会因此出现某些不合理的问题，这就需要分销渠道具有一定的调节功能，以适应市场的新情况、新变化，保持渠道的适应力和生命力。调节时应综合考虑各个因素的协调性，使渠道始终都在可控的范围内保持基本的稳定状态。

（五）可持续发展原则

渠道的建设要符合企业的可持续发展。可持续发展是渠道伦理建设中需要重点考虑的因素，对于事物的发展应从长远利益出发，若只考虑眼前利益，企业将难以在社会上长期立足。渠道建设也是如此，渠道中的各个环节都要树立可持续发展的观念，企业也要以可持续发展的眼光对待自己的产品，生产出符合消费者需求的高质量产品。

【案例 6-1】 "天才"农夫山泉的系统之痛①

2000 年是农夫山泉"嘴"最硬的时候，"天然水和纯净水"的争论，哪怕是娃哈哈的宗庆后也讨不着半点便宜。然而，这种胜利却更像是阿 Q 般的胜利，2000 年正是农夫山泉业绩倒退的一年，如果没有 2001 年的降价和刘颗的出现，宗庆后"'农夫'的渠道要崩溃"之说恐怕真的要被言中了。

在刘颗任总经理的这 3 年时间里，他最大的成就在于让农夫山泉的销售队伍显示出了空前的战斗力和系统观念。但是，刘颗出现之后的农夫山泉，系统观念又被逐渐淡化，销售队伍中普遍存在的问题是以销售指标为导向而不是以绩效为导向。在饮料行业里，渠道压货是很常见的事情，但问题在于压货只能以合理的库存和挤压竞争对手为目的，而不是为了完成那些瞎定一气的销售指标。在一个区域内无原则地开发经销商，这种杀鸡取卵的方式是一种"销售掠夺"，它不是为了渠道的完善，更不是为了打击竞争对手，而仅仅是各级人员为了完成销售指标，让上级满意，从而保住自己的位置。问题出在从战略到战术的枢纽层，农夫山泉缺乏一个懂得系统和长久规划的总经理，更缺乏一个有责任心、懂得管理是什么的销售总监。

一位好的销售和市场营销总监，他需要为全公司的业绩增长负责，但是他更要懂得业绩增长来自何处。这个角色的能力匮乏，是农夫山泉真正的软肋，销售总监不应该是一个分了指标便到处强施压力要下属完成的人，管理大师彼得·德鲁克说过，压力管理是反映无秩序的可靠征兆，是对无能的容忍。公司不知道如何领导自己的管理人员，而只是在对他们进行误导。这样的误导导致了销售队伍压货、冲货、再压货的恶性循环，一切都以销售指标为唯一标杆的观点，本身就存在着错误，事实上销售指标并不能代表整体绩效，也无法显示企业的最终销售成果。

"天才"的农夫山泉需要的是一套严谨踏实的以绩效（注意不是销售指标）为

① 资料来源：管理文库，2004 年 11 月 6 日。

导向的销售系统，就如同刘颗当年所做的一样，追求那种建立在良性发展和健全系统之上的业绩。他们需要加以注意的是：

1. 重新评估现有渠道和娃哈哈渠道之间的冲突。娃哈哈迄今为止掌握着当今中国食品行业最为健全也最为稳固的经销商渠道。农夫山泉应该清醒地认识到他们与娃哈哈最大的差距就在于此。农夫山泉要么花上几年的精力来打造这条渠道链，要么在合适的时机在个别城市试验直营的可能性。饮料是一个最为典型的传统渠道为主导的行业，渠道不稳定，再强的品牌也是死路一条。

2. 重新评估现有的考核体系。销售队伍短视行为的根本症结在于疏于管理，在于缺乏有效的绩效考核系统。这项工作是销售总监不能推卸的职责，一个总监对公司的贡献不在于短期能完成几个销售指标，而在于有没有建设起一套推动销售队伍去完成绩效的系统。

3. 建立通路营销的观念。农夫山泉的空中优势无法转化成地面的绝对优势，这其中还有另外一个原因是缺乏一个通路营销的部门对各地的促销进行控制。如何在整个市场营销和销售链中塑造品牌的价值和形象，农夫山泉需要把这一点纳入他们对销售系统的规划中。

第二节　渠道建设伦理的问题

整个渠道的伦理问题是权力与控制问题。权力代表了渠道中的一个成员具有能够让渠道中的另一个成员做他平时不会去做的事情的能力。① 有了权力就有了领导力，进而就会产生潜在的伦理上的问题。

渠道建设中的伦理问题主要涉及两个方面：一是生产商与中间商之间的伦理问题。有的生产商与中间商不能完全履行经营合同，供货不及时或供货不足；有的生产商对渠道成员的选择极度苛刻，出现过分压榨现象；也有实力雄厚的中间商依仗自己在某一地区渠道网络的特殊优势，不认真履行协议，存在返款不及时的现象；在一些制造商和中间商之间存在较为严重的商业贿赂问题，存在收送回扣的问题。另一方面是经销商与消费者之间的伦理问题。例如过多的空头承诺、误导信息、以次充好、商品调包、串货、“价格同盟”以及生产商与经销商相互推诿售后服务责任等现象，严重影响着消费者对商家的信任。

---

① L. W. Stern, A. I. El-Ansary: *Marketing Channels*, Englewood Cliffs, NJ: Prentice Hall, 1988, p. 302.

一、传　销

传销，就是传销组织通过多层次(MLM: Multi-Level Marketing)、独立传销商来销售或提供劳务，每个传销员除了将货物销售以赚取利润外，还可以介绍、训练他人为新的传销人，并建立新的销售网络来销售公司货物，在公司获取更多利润的同时，每个传销员也在自己的销售网络中获取相应的差额。[①] 国家颁发的《禁止传销条例》对传销的定义是：传销是指组织者或者经营者发展人员，通过对被发展人员以其直接或者间接发展的人员数量或者销售业绩为依据计算和给付报酬，或者要求被发展人员以交纳一定费用为条件取得加入资格等方式牟取非法利益，扰乱经济秩序，影响社会稳定的行为。传销的巨大商业利润，驱使有些不法商人利用传销的方式开展非法传销，将正当传销演变为"网络连锁"等非法形式，变相聚敛财富、欺诈群众，从而连锁引发了以非法传销为核心的各种犯罪行为。

《禁止传销条例》规定，下列行为属于传销行为：

1. 组织者或者经营者通过发展人员，要求被发展人员发展其他人员加入，对发展的人员以其直接或者间接滚动发展的人员数量为依据计算和给付报酬(包括物质奖励和其他经济利益，下同)，牟取非法利益的；

2. 组织者或者经营者通过发展人员，要求被发展人员交纳费用或者以认购商品等方式变相交纳费用，取得加入或者发展其他人员加入的资格，牟取非法利益的；

3. 组织者或者经营者通过发展人员，要求被发展人员发展其他人员加入，形成上下线关系，并以下线的销售业绩为依据计算和给付上线报酬，牟取非法利益的。

二、灰色市场

所谓灰色市场，是指未经商标所有者授权，而在已获得授权的销售区域内销售正宗商品的行为。[②] 它包含以下几方面内容：(1)销售渠道的授权者是品牌拥有者，而非制造商；(2)授权的渠道层级并未加以限定，所以灰色市场可能发生在国与国之间的贸易层级，如真品平行输入，也可能发生在国内渠道成员之间，如越区销售；(3)灰色市场所贩卖的商品必须是附有正确商标的真品，且经过品牌拥有者的授权与认可，否则便是仿冒品，属于黑色市场的范畴；(4)只要所销售的渠道管理未

① 参见中国直销网(www.cndsa.com/news/news_list.asp? id=24042)。

② 陈敏文、肖东升：《论灰色市场及其对经济的影响》，《当代经济》，2001年第6期。

经品牌拥有者授权或同意，不论其知情与否，皆属于灰色市场。在某些情况下，品牌拥有者会容忍灰色市场的存在而不加以遏止。

从国际营销角度看，灰色市场的形成有平行进口、反进口和迂回进口三种形式。平行进口是指未经授权的贸易商从原产地取得商品，并将商品直接销售至该商品进口国的贸易活动；反进口是指原产地的市场价格明显高于商品进口国的市场价格，并且价格差异大于商品在两国间运费和其他相关费用时，灰色贸易商将商品回销至原产地的贸易活动；迂回进口是指商品销售到授权商的市场后，在其价格远低于第三国销售价格，且差价大于中间的运费和其他相关费用时，灰色贸易商将商品销往第三国的贸易活动。①

不同市场间价格的落差所带来的套利机会是形成灰色市场的主要原因，而价格的落差则源于对渠道商的不同授权条件、供货商的歧视性价格策略、国际间汇率的波动、配销商配销成本的差异、相同产品在不同市场面临不同的产品生命周期等。

一项由毕马威会计师事务所与反灰色市场联盟合作完成的最新调查研究显示，灰色市场向信息技术制造商及其分销商提出了严峻的挑战。灰色市场同样还在影响许多其他的行业，包括汽车、消费品、医药等。此项研究证实了计算机及其相关产品是受到灰色市场负面影响最为严重的行业之一，而每年通过灰色市场实现的 IT 产品销售收入高达 400 亿美元。

由此看来，要从渠道的角度减少灰色行为，关键仍在于改进分销渠道中各方的利益关系并采取措施减少冲击，保证合法渠道的完整性。整个行业制造商和分销商要改进条款限制灰色市场行为。

二、串　货

(一) 串货的含义

串货可分为两种情况，一种是良性的自然串货，一种是恶性的人为串货。良性串货是对市场空白点的自然覆盖，是对渠道的一种有效补充；而恶性串货对市场危害就很大，通常意义上所说的串货是指恶性串货。经销商跨过自身覆盖的销售区域而进行的有意识销售就是串货，也称为冲货。串货诱发价格危机，导致通路利润降低，经销商的积极性受到影响，产品在通路上形象受挫，一旦危及渠道畅通，这个产品的生命周期也将走到尽头。

---

① 王方华、周祖成：《营销伦理》，上海交通大学出版社 2005 年版，第 176 页。

在市场上，串货现象经常发生，如分公司为完成销售指标，取得业绩，往往把商品销售给需求量大的兄弟分公司，造成分公司之间的串货；经销商低价倾销过期或即将过期的产品；甲乙两地供求关系不平衡，中间商可能将货物在两地低价抛售走量流转，造成中间商之间的串货；经销商将假冒伪劣商品与正品混同销售，掠夺份额。企业一旦出现大量的串货现象将给企业造成很大的损失。供应商对假货和串货现象监控不力，地区差价悬殊，最终使消费者产生怕假货、怕上当受骗的心理而不敢问津；损害企业的品牌形象，使预期的投入得不到应有的回报；造成价格混乱，中间商利益受损，会降低对企业的信任；也可能导致竞争品牌的取代。

（二）减少串货现象产生的措施

1. 选择好经销商。企业在生产运营的过程中要制定好招商政策，以减少串货现象的产生。企业要考察好经销商的资信和职业操守，除了从经销的规模、销售体系、发展历史考察外，还要考察经销商的品德和财务状况。不能对新经销商赊销产品，防止某些职业道德差的经销商挟持货款进行串货。

2. 制定合理的奖惩措施。在招商制度中明确声明对串货行为的奖惩。企业可以以交纳保证金的方式对经销商进行管理，一旦发现经销商有串货行为，就扣除其保证金作为惩罚。对于职业道德好的经销商进行奖励，可以是物质奖励也可以是精神奖励。

3. 建立监督管理体系。在企业内部成立专门的监督管理部门，对各地的经销商进行明察暗访，以规范他们的行为。企业各部门配合以防止冲货的发生，有关部门要清楚每个经销商经销的产品与价格。比如利用售后服务记录防止串货，售后记录记载产品编号和经销商，反馈到企业后，企业可以把产品编号和经销商进行对照，如果不对应就判断为串货；也可以利用社会资源防止串货。

4. 创造良好的销售环境。企业应制订科学的销售计划。对市场的变化要作出准确的反应，使各个经销商能更好地适应市场，创造更大的价值。合理划分产品的销售区域，妥善安排好各个经销商的密度，以防止串货现象的产生。

5. 培养和提高经销商忠诚度。随着行业内技术的发展与成熟，服务之争成为营销竞争的一个新亮点。完善周到的售后服务可以增进企业、经销商与顾客之间的感情，培养经销商对企业的责任感与忠诚度。有条件或无条件的允许经销商退货，尽量防止经销商产品出现积压而串货。

四、囤　货

囤货就是把手上的商品囤积起来或者预测产品将在未来有回暖的趋势而将产

品进行囤积的方式。对于一些热销商品，或是官方推出的特价商品，网站进行活动的特殊商品等，企业可以将该类商品暂时囤积到库存中，择机再重新开放销售。但是囤货是有风险的，经销商需要支付货物的费用，如果囤货的数量过多最终卖不出去，对企业而言则意味着巨大的损失。

在作出囤货的决策前需要企业对市场进行充分的预测。对生产商而言，如果对原材料进行囤积，一定要进行深入的市场调研，企业根据调研材料和自身的发展情况进行决策，这样可以降低囤货的风险；对经销商而言，要充分了解消费者的需求，根据市场动态和企业的销售策略进行合理的囤货；对消费者而言，主要是对生活用品的囤货，首先要摆正心态，不能因为社会上的炒作而对某些产品进行囤积，应该理智地分析自身的需要，进行囤货时也要充分了解产品的生产日期和保质期，以免造成对身体健康的伤害。

【案例 6-2】 囤货居奇，炒股不如炒茅台？[①]

高端白酒的价格涨势往年都出现在秋冬消费旺季，2010 年却提前到了 7 月。自 2009 年 12 月 7 日发布上调出厂价的公告以后，贵州茅台酒股份有限公司一直未再有涨价举措，但茅台酒的市场零售价却一路飙升。一边是经销商大叫没货，一边是茅台价格暴涨，茅台货源紧缺似乎成为此轮涨价的“合理”原因。而从 2005 年的 300 多元一瓶暴涨到如今的千元高价后，茅台的价格奇迹让市面上出现了“炒茅台股票不如炒茅台酒”的说法。

（一）沪上茅台价格突破千元

在南京东路上的一家专卖店里，茅台酒的价格为 998 元/瓶，距离 1000 元大关仅为一步之遥，而这一步突破也仅是时间问题。在大型超市里，已经很难找到茅台酒的踪影。在家乐福龙之梦店内，促销员告诉记者，茅台和五粮液都已经断货很久了。茅台的价格上涨已经带动了其他高端白酒的跟风，在家乐福店内，52 度水井坊的价格则从 658 元涨至 688 元，52 度五粮液断货，55 度五粮液则卖到了 739 元。

（二）有价无货，经销商都叫缺货

目前贵州茅台的上海经销网点普遍处于缺货状态。在记者询问的多家经销网点中，大部分网点“有价无货”，而有货的网点存货也不多，有的只有两三瓶，至于何时能够到货，不少经销商均表示难以答复。二级经销商的日子似乎要好过一点。一家二级经销的相关人士告诉记者，供货不是问题。和一级经销商普遍低于 900 元的报价相比，二级经销的价格上涨到了 938 元一瓶，早已超过了今年两三

① 资料来源：《新闻晚报》，2010 年 8 月 16 日。

月时的零售价。这名负责人表示，由于茅台等高端酒很“吃”资金，所以他们有货就卖，而一级经销商却是在囤货。

（三）价格“飞天”谁是推手？

2005年，52度新飞天茅台的价格还只有368元1瓶，随后每年上涨百元，至2010年已经突破千元大关，而此次上涨的时间点出现在传统消费淡季，一旦进入中秋、国庆后，业内人士分析，其价格仍有一波涨势。那么究竟是什么推动着茅台酒价格“步步高升”呢？

首先，国内盛会不断也是茅台价格上涨的一大原因。“北京奥运会、上海世博会和广州亚运会，茅台有国酒的美誉，招待和商务用酒量大增，市场常规供应空间就小了。”

其次，连续的自然灾害也在很大程度上限制了茅台酒的产量。无论是2010年上半年南方的旱情，还是夏季以来长江流域的暴雨灾情都对茅台的出厂价造成了影响。

（四）控货提价成行业潜规则

不过，此次涨价的始作俑者显然不是只有经销商们。事实上，淡季涨价跟茅台酒厂方面刻意控制出货量有着密不可分的联系。控制货源早已是茅台酒厂调控价格的惯用手法。2009年年初，国际金融危机背景下茅台销量下滑，出现多个经销商降价抛售的行为，当时茅台酒厂就是采取“限量供应”缩减经销商配额，最高限量达50%，“控货令”一出，茅台价格危机立刻得以扭转。

一瓶1000多元的茅台酒，相当于一个普通应届大学生半个月的收入，相比其成本，可以说是奢侈品的代名词。部分品牌把持的高端酒业正赚取着垄断利润，在销量增长的情况下，其持续提价从未遇到“天花板”瓶颈，从经济规律上来说，这是不正常的。此外，频频涨价也不利于行业健康发展。业内人士表示，虽然高端市场消费人群对价格的敏感度较低，但近几年来随着人们健康意识的逐年增强，葡萄酒、啤酒等舶来品成了白酒强劲的对手，它们的快速发展对白酒行业造成极大的冲击，频繁的涨价有可能导致丧失部分消费者。高端白酒的频频提价，不会每次都灵验。

第三节 渠道建设伦理的策略

企业在产品从生产领域流转到消费领域的过程中，需要一系列的营销渠道伦理策略，这些策略将贯穿整个产品的流通过程，直至产品流入消费者手中。

一、渠道建设伦理策略的内容及影响因素

(一) 渠道建设伦理策略的内容

1. 设定渠道建设伦理目标。企业的伦理目标强调企业的行为不仅应具有经济价值,还必须具有伦理价值。企业要想获得持久的发展,其追求的经济目标必须包含伦理道德的要求,应该是经济目标与伦理目标的统一。

2. 制定并执行企业伦理守则。伦理守则所规定的主要内容是企业与其利益相关者(包括员工、顾客、股东、政府、社区、社会大众等)的责任关系,它同时包含公司的经营理念与道德理想,可以反映公司的文化与行为、生存的基本意义和行为的基本方向。企业信奉的伦理守则应贯彻到经营决策的制定以及重要的企业行为中去。在建立伦理法则的同时,通过一系列的奖励、审核以及控制系统加以强化,并对破坏伦理规范的行为予以惩罚,公司必须让员工意识到组织里决不容许存在违反伦理的行为。管理人员对违规者的默许,会严重破坏组织走向更具伦理气候的环境。伦理法规要想更具效力,必须把组织成员的思想和政策信仰予以具体化。

3. 建立健全企业领导选拔和监管机制。要建立健全企业领导者选拔和监管机制,把伦理纳入全体员工考核体系,将市场机制引入到企业经营活动中。对公司高层管理人员要实行招聘制,德才兼备者择优聘用;建立健全对干部的考核和监督机制,要把伦理指标纳入高管人员考核体系之中,促使领导者树立起正确的经营哲学。同时,增强公司员工竞争意识,实行合同制、竞争上岗、定期培训,不断提高职工的综合素质,为不断提高企业营销伦理水平创造优化的内部因素。

(二) 渠道建设伦理策略的影响因素

1. 产品性质。产品性质包括诸多方面,如产品的生命周期、易腐性、季节性、流行性、体积、重量、价格、附加服务、购买频率等。

2. 消费者特点。渠道设计在很大程度上受消费者特点的影响。消费者的特点多种多样,例如消费者的数量、分布状况、购买心理、文化特征、态度倾向等。

3. 企业状况。企业本身的规模、能力与信誉直接影响渠道的选择,因为这涉及企业能否控制销售渠道,中间商是否愿意与企业合作等问题。

4. 市场环境。从微观环境看,新产品的分销渠道最好与其替代用品采取不同的渠道,零售商规模的大小也与渠道选择密切相关。从宏观环境分析,经济形势对企业营销渠道的决策也有较大影响。

二、渠道长度伦理策略

(一) 短渠道伦理策略

短渠道一般是指生产者把产品直接出售给消费者或者出售过程中只有一个中间商参与的销售形式。

这是一种最简单的销售渠道,这种方式没有中间环节,生产者和用户联系比较密切,商品所有权只发生了一次转移,一般通过送货上门、邮购销售和设立门市部把产品直接卖给最终用户。单价比较昂贵或者体大物重的产品通常采用短渠道策略,但伦理问题还是会不同程度地产生。在现实生活中经常会碰到这样的情况,有些家电商将送货与安装交由专门的人员来完成,这些人员可能会更多考虑自身的利益,向用户额外收取搬运与安装费,这就产生了伦理问题,给消费者和企业都带来了一定的损失。对这样的行为,企业应加强管理,对不道德的行为进行严惩;制定各项规章制度,让企业人员按照制度办事;加强教育培训,努力提高员工的职业与道德素质。

短渠道还有生产者→零售商(经销商)→消费者(用户)这样的模式。企业应该以同样的方式对待伦理问题。

(二) 长渠道伦理策略

长渠道是指产品从生产者向消费者流转过程中,中间有两层次或两层次以上渠道的形式。生产者→批发商→零售商→消费者模式,这种渠道适应范围广,利于解决中小企业和零售企业之间的供求矛盾。在我国,一般耐用消费品和日用消费品都采用这种营销模式;生产者→代理商→批发商→零售商→消费者模式,这是渠道中流通环节最多、渠道最长、支付的流通费用最高的一种销售渠道。企业通过代理商对产品地详细推介,可以吸引更多的批发商经营本产品,广泛占有市场。在这种模式里,代理商的作用比较大,如何管理好代理商的道德行为将是各个企业的重点,应尽量将各个伦理问题带来的负面影响降到最低。

三、渠道宽度伦理策略

销售渠道宽度是指渠道的每个环节上使用同类型中间商数目的多少。

(一) 广泛分销中的伦理策略

广泛分销是指生产者尽可能多地通过批发商和零售商推销自己的产品。消费品中的便利品最适用这种策略,消费者主要追求购买便利、服务迅速,这就要求产品有众多的商业网点，非常适用于消费者经常购买的日用消费品和工业品中的标准化、流通化程度比较高的小件用品。

(二) 独家分销中的伦理策略

独家分销是指在一定市场范围内（如某一个城市），生产者只选择一家中间商（批发商或零售商）经销自己的产品。生产者和中间商签有书面合同，规定中间商不得再销售其他竞争性的同类产品。这种策略一般适用于高档耐用消费品、注重品牌、购买者较少、技术性较为复杂的产品。

(三) 选择性分销中的伦理策略

选择性分销是指生产者在某一地区仅通过少数几个中间商来推销产品。这种策略适用于选购品、特殊品和工业品中的零部件销售。这种策略介于广泛经销和独家经销之间，既能避免企业采用广泛经销时精力过于分散的现象，又能避免企业采用独家经销时渠道太窄的弊端。

四、渠道管理中的伦理策略

每条产品营销渠道中都存在着渠道成员间不同程度的合作和矛盾。生产商、批发商和零售商为了相互的利益组成一条营销渠道，他们通过一系列的业务活动相互满足对方的需要，同时也要处理好随之产生的各种矛盾。

(一) 选择渠道成员

为了使渠道成员能协力合作、减少矛盾，各企业都需要招募合格的中间商来从事营销活动，为渠道的管理打下良好的基础。一些企业因为享有盛誉或其产品获利性高，可以很容易地找到特定商店加入其渠道系统。有时企业选择中间商也要看中间商从事商业活动的历史长短、增长记录、偿还能力、合作意愿及其声望等。如果中间商是销售代理商，生产者还要考虑代理商代理的其他产品种类。如果中间商是零售商店，生产者还要评价该商店的地理位置和顾客类型等。

(二) 确定渠道成员的权利和义务

确定渠道成员的权利和义务是保证渠道成员合作，减少矛盾的重要环节。中间商必须享有产品价格折扣的权利，以保证中间商的忠诚度。生产者规定中间商付款的期限，保证中间商产品的价格波动，给予中间商产品颠价的保证，以增加中间商销售的信心。生产商也要规定中间商的销售区域，给予某一地区的经营特权。生产者可以为中间商提供必要的服务，中间商也应定期通报产品的销售状况、顾客的反应以及产品销售趋势的分析。

(三) 考核渠道成员

考核渠道成员,也是对渠道成员的一种鼓励。生产商不仅要选择中间商,还要经常激励中间商使之尽职。鼓励渠道成员使其有良好的销售表现,必须要求生产商了解各个中间商的需要和愿望。生产商首先需要明确中间商的销售特点:中间商不是制造商的雇佣机构,而是一个独立的市场营销机构;中间商执行的是顾客购买代理商的职能;中间商关心的是产品的销路,并不会销售单一的产品。生产商一定要在了解了中间商的这些特点之后,才可以采取有效的鼓励措施,如高利润、奖励、津贴、合作广告、销售比赛等,鼓励的目的不过是设法取得与独立中间商、不忠诚中间商或懈怠、懒惰的中间商的合作。

(四) 争取处理与渠道成员间的关系

生产者不仅要选择和鼓励渠道成员,还必须定期评估他们的绩效。如产品采购情况、绩效覆盖率、存货水平、向顾客及时交货的情况、次品与遗失品的处理办法、同生产者的促销和业务培训项目的合作情况、中间商对顾客提供的服务等。生产者必须定期发布销售配数,以确定目前的预期绩效。可以采用每一个中间商的销售配额绩效与上期绩效进行比较的方法,作出必要的评估与激励。也可以采用将各中间商的绩效与该地区销售潜量分析所设立的配额相比较的方法,以分析该中间商同本企业关系的密切程度。对高于评价指标的中间商进行鼓励,以调动其积极性;对低于评价指标的中间商进行分析、诊断,发现问题和原因,视不同情况采取调整措施。

五、营销渠道发展的伦理策略

(一) 以扁平化为方向的营销渠道策略

1. 电子商务营销。结合电子商务的应用,针对目标客户采取网上直销和“一对一”的营销策略。采用电子商务营销,需完成三大核心任务:一是平台,建立以顾客为中心的电子商务和网络卖场规划是开展电子商务的前提和保障;二是推广广告,建立一个属于自己的推广体系是电子商务营销的巨大推动力和促进力;三是销售管理,建立一个有效的、可持续发展的销售管理,对老顾客、发散性顾客的营销,是电子商务成功的基础和保障。利用电子商务使营销渠道扁平化,可以最大限度地减少中间环节并降低成本,提升企业利润,同时也能够给终端的消费者带来更多利益。

2. 采用直接面对用户的零阶渠道策略。

(1)拥有极高品质的产品或需要特殊信息和建议的产品通过企业向终端用户直销,可以使用户掌握更多的产品信息,更有利于企业发展初期调整产品组合和营销组合。

(2)如果企业要求在产品促销和用户终端方面拥有高度的控制,那么与终端客户面对面直销被认为是一个可行的渠道结构。

(3)中间商的可用性和成本因素的相关性十分明显,如果无法找到适宜的中间商,且使用他们的服务成本太高,那么实力有限的小企业就很有可能选择自己直接面对终端用户销售。

3. 实行"逆向渠道"策略,重视终端经营。由于终端市场是整个销售通路的出口,产品只有占据终端市场,在销售点上与顾客见面,才有可能被顾客购买。所谓逆向模式,是根据消费需求、消费行为和产品特性,从营销渠道的末端开始,向上考虑整条渠道的选择:弱化一级经销商,加强二级经销商,决胜终端零售商;通过加强各环节的协作,实现企业的战略目标。与正向模式相比,逆向模式有利于实施名牌战略,有利于发挥渠道成员的协同作用,真正体现了使"顾客满意"的营销目标。

(二) 发挥传统渠道优势,再造供应链

1. 中间商的选择。充分发挥传统渠道的稳定优势,最重要的是选择好合适的中间商。中间商的质量决定渠道整体的质量,影响渠道效率。企业选择适合自己的中间商、选择渠道成员有一定的标准(经营实力、信誉、合作精神等)。但很多中小企业在选择经销商时都会在小经销商与大经销商的选择上徘徊不定,因为大中间商实力雄厚,势必讨价还价引发中小企业渠道控制权方面的威胁;小中间商则实力太弱难以担当开拓市场的重任。因此,中小企业最好选择与自己实力相当且全力以赴的中间商。这些经销商应同企业一样处于不断发展的阶段,双方都有保持稳定关系并取得迅速成长的需要。对发展有共同的动力,可以形成良性互动。

2. 激励中间商的措施。在经销商选择完毕后,企业还应建立一系列的渠道管控机制,其中包括经销商奖惩措施和对他们的评估与调整。

(1)理解中间商。对于中间商来说,首先是顾客的采购代理人,然后才是厂家的销售代理人。中间商也选择厂家,中间商根据期望利润的大小来决定是否经营一种产品;厂家只有给中间商优惠的条件开拓市场,并把风险降到最低,中间商才有可能接受。厂家应该站在中间商的立场上了解他们的需求和愿望,才能取得中间商的合作。

(2)正确使用渠道权力。在处理与中间商的关系时,厂家可以采取不同类型的权力形式:强制权力、报酬权力、法律权力等。在中间商紧密依靠制造商的情况下,

使用强制权力是相当有效的,但实施压力会使中间商产生不满;使用报酬权力通常比压力效果更好,但开支过高,会加重中小企业负担且易出现效力递减问题。

(3)激励方式。中小企业在和中间商的合作中,大多采取正面奖励,例如特殊优惠、各种奖励、合作广告、陈列津贴以及销量竞赛等,但有时也会采取降低毛利,减缓交货或者终止关系等制裁措施,这种方法的不足之处在于厂家不容易真正了解经销商的需要和亟须解决的潜在问题。

(4)赊销的控制。中小企业在销售时,总是面临经销商的"赊销"要求。如果采取赊销,企业很可能出现资金回笼不及时、应收账款居高不下等问题;但如果采用现款销售,企业又有得罪经销商致使产品卖不出去的顾虑。因此,加强对赊销的控制,解决问题的最根本办法是使自己的产品成为畅销品,建立自己的品牌。另外,厂家在将产品卖给经销商后,还应帮助他们卖产品,并给予足够的指导。

3. 再造供应链。再造供应链是企业经营的一个重要环节。一方面企业要精心挑选供应商,通过收购、战略联盟、合资等方式与供应商形成紧密的联系,使供应链变得合理;另一方面企业可以只控制核心能力,将非核心能力的业务虚拟化,外包给专门的供应商,即对业务流程和服务进行区域和全球的整合。21 世纪已经进入了快速反应的供应链阶段,通过电子商务手段与合伙者形成物流、信息流的无缝链接,通过对供应商的培训来整合其能力,以达到对消费者的需求准确、快速地反应。

(三) 建立有效的客户关系管理系统

客户关系管理(CRM)源于"以顾客为中心"的商业模式,是一种旨在改善企业与客户之间关系的管理机制,实施于企业的市场、销售、技术支持等与客户相关的工作部门。CRM 作为一种专门管理企业前台的管理思想和管理技术,提供了一个利用多种方式收集和分析客户资源的平台,也提供了一种全新的商业战略模式。它可以帮助企业充分利用以客户为主的外部商业关系资源,扩展新的市场和业务渠道,提高客户的满意度和企业的赢利能力。

(四) 以经济性标准选择合适的渠道模式

从理论上分析,渠道的最基本类型可分为直接渠道和间接渠道。直接渠道是由企业自己建立的,对于企业而言属于"实体"部分。企业之所以愿意花费人力、物力、财力来建立自己的销售渠道,是因为自建渠道更加便于进行市场调研,收集反馈信息,向顾客提供更优质的服务,还可以加强对产品线和产品价格的控制,利于维护企业声誉和形象,实现企业的营销目标。但自建渠道也有其不足之处:建立渠道成本高,耗费大量人力、财力,管理复杂。与之相对,间接渠道是鉴于中小企业财力、人力和物力有限的情况而采用的。基于间接渠道的营销策略主要有两种：渠道联盟策略和渠道借用策略。另外还存在关联渠道、与大企业共享渠道、复合渠道等方式。

1. 营销渠道联盟策略。渠道联盟是指在区域内各行业中，将各中小企业上下游组织一体化，实现资源共享。例如，在联盟成员间相互给予一系列的协议支持，有资金支持、货源支持、运输支持、品牌支持、管理支持、终端支持，费用支持、策划支持、宣传支持等形式，形成紧密的战略伙伴、利益共同体关系。各中小企业成员遵守游戏规则，将各种优势发挥到最大化，形成风险共担、效益共享、物流畅通的良性效应。

2. 营销渠道借用策略。营销渠道借用是指生产者和消费者并不直接接触，而是通过中间销售环节联系在一起。在该种渠道策略下，中小企业不必再投入资本另建销售渠道。销售渠道的归属权不属于企业本身，但却可以为己所用，为己创造利润。借用渠道的风险在于，同质产品进入同一个销售渠道时，必须进行差异化操作，例如同一渠道内的产品价格定位要保持差异化，而且销售队伍也应分开操作。否则，很难达到预期的合作效果。

3. 关联渠道、与大企业共享渠道、复合渠道。关联渠道可以通俗地称为“借鸡生蛋”，借用他人的渠道来实现自己的产品销售；与大企业共享渠道，是关联渠道的一个典型应用。如果中小企业有机会利用大企业的营销渠道来销售自己的产品，可以有效地克服企业自建渠道的困难。复合渠道是指企业不只局限于一种渠道模式，渠道构成多元化。复合渠道的优势是企业可以根据不同渠道互相弥补不足，使产品快速到达消费者的手中。

企业在进行渠道模式的选择时，渠道的投入产出比是一个重要的因素。一个新的渠道模式如果投资成本低，但不易达成必要的销售目标，那它就是不经济的；反之，一个传统经销渠道如果投资成本非常高，但可以达成数倍的销售目标，那它就是经济的。换言之，渠道模式的选择不能仅用时间成本和资金成本来衡量，还应考虑销售目标能否实现，能否达成良好的经济效果等因素。

本章小结

本章重点介绍了渠道建设伦理的含义与基本原则；渠道建设中的伦理问题：传销、灰色市场、串货、囤货；渠道建设中的伦理策略。

营销渠道建设伦理是指营销渠道的各个环节（如供应商、生产商、批发商、代理商等）都应围绕道德与责任，全面地考虑产品销售中的各个问题，使其符合人类的生存与发展。渠道建设伦理的特点：(1)销售渠道由各类渠道成员组成（如生产者、批发商、代理商、零售及其他买主或卖主）；(2)起点是生产者，终点是消费者（生活消费)和用户(生产消费),生产者起到了带头作用;(3)渠道建设中的中间商是产品流通的最主要参与者;(4)每条销售渠道又和其他独立的社会分工机构相联系。渠道伦理建设的意义:(1)渠道伦理建设是实现商品合理销售的主要条件;(2)渠道伦理建设是企业获得良好口碑的关键;(3)渠道伦理建设对于加速商品流通和资金周转,提高企业经济效益具有重要的作用;(4)渠道伦理建设有利于解决生产和消费的矛盾。渠道建设伦理的基本原则:(1)经销商选择把关原则;(2)畅通高效原则;(3)减少冲突原则;(4)稳定可控原则;(5)可持续发展原则。

渠道建设中的伦理问题:(1)传销。传销,就是传销组织通过多层次(MLM:Multi-Level Marketing)、独立传销商来销售或提供劳务,每个传销员除了将货物销售以赚取利润外,还可以介绍、训练他人为新的传销人,并建立新的销售网络来销售公司货物,在公司获取更多利润的同时,每个传销员也在自己的销售网络中获取相应的差额。(2)灰色市场。所谓灰色市场是指未经商标所有者授权,而在已获得授权的销售区域内销售正宗商品的行为。(3)串货。串货有两种,一种是良性的自然串货,一种是恶性的人为串货。良性串货是对市场空白点的自然覆盖,是对渠道的一种有效补充;但是恶性串货对市场危害很大,我们通常意义上所说的串货是指恶性串货。(4)囤货。囤货就是把手上的商品囤积起来或者预测产品将在未来有回暖的趋势而将产品进行囤积。

渠道建设中的伦理策略可以从四方面来考虑:(1)渠道长度伦理策略;(2)渠道宽度伦理策略;(3)渠道管理中的伦理策略;(4)营销渠道发展的伦理策略。

案例阅读与讨论

【案例】 诺基亚的渠道“内伤”[①]

2009 年 5 月 21 日,长沙通程国际大酒店 15 层,诺基亚(中国)投资有限公司长沙办事处大门紧闭,从玻璃门望进去,没有一个工作人员。就在楼下的 5 层,来自全国各地的经销商正在声讨诺基亚打击串货的巨额罚款行为。

操着不同的口音,原本是竞争对手的诺基亚经销商们聚集在一起,原因只有一个——不堪忍受诺基亚的重罚。

在诺基亚的渠道规范中,严格控制跨区域、跨渠道销售手机,一经发现,将处以重罚。据诺基亚华东一家经销商透露,2008 年,诺基亚重新制定的罚款政策为:经销商串货被发现,将按零售价的 3 倍予以罚款,1 万元封顶;而被诺基亚授权的第三方一经发现将统一予以 1 万元罚款。据称,这已经是经历过 2008 年诺基亚全国

① 资料来源:《经济观察报》,2009 年 5 月 25 日。

经销商“起义”的结果，此前的罚款额度更为夸张。

品牌手机销售渠道中，诺基亚的渠道最为庞杂。在中国，诺基亚的渠道主要分为四大类：全国直供分销平台、代理商、直供、零售。这些模式一经诺基亚发货，就由渠道根据市场需求自行控制价格体系。而最臃肿的是省级直控分销平台(FD)，FD下面设有众多覆盖更深的经销商。

为了维护FD在当地的权益不受侵害，诺基亚就要求各经销商之间不能跨区域销售，更不能跨省销售，否则就被处以重罚。经销商会与当地诺基亚办事处签订串货管理协议，同时当地FD也会参加，因为经销商将货款和返点同时打到FD账户，一旦串货被转，罚款将直接从返点中扣除，但是串货管理协议中没有标明罚金，而只是一层层口头传达。

多位经销商反映，罚款通知单落款上只注明诺基亚串货管理中心或者是代理商的公司名称。返款直接从返点中扣除，经销商只能得到串货机器串号，看不到机器，没有发票，而诺基亚串货管理中心到底是什么部门？罚款到哪里去了？这些更是无从得知。

上海中汇律师事务所知识产权律师游云庭表示，诺基亚虽有销售许可权，经销商跨区销售涉及违约，但诺基亚收取违约金却不合理，有法律意识的经销商可以向工商局举报。若限定区域以达到限定最低销售价格为目的，经销商与诺基亚签订的条款将被认定是无效的。游云庭进一步指出，诺基亚不允许串货的原因在于各个地区需求情况不同，价格也不同。但是供求关系是市场行为，诺基亚强行限制，实际上是保护垄断定价权，但是具体还需要看诺基亚与经销商签订的合同。

尽管经销商表示深受诺基亚罚款迫害，但是始终没有采取任何法律手段加以制止，2008年4月，诺基亚全国经销商曾经“起义”反对诺基亚霸权，诺基亚曾免除了一个季度的罚款。但是大多数情况下，他们都是采取吵闹、静坐甚至极端的方式要回罚款，从未从根本上解决问题。

胡才波回忆，2008年第二季度，自己共得到返利18万元，但是罚款就高达38万，账户上一下子还欠了FD 20万元。在那次全国性的“起义”中，胡才波申请退还了18万元，账户上还欠2万元，接下来的季度又有罚款，而在下一次打货款和返利时，被直接冲抵罚款。

这些经销商也曾经拒卖诺基亚，但因为已经打造了一条利益链条，拒卖无疑是断了自己的财路。长期以来，诺基亚零售量还是最大的，经销商也没办法拒绝市场需求。

关于串货，大多数终端手机厂商都曾有过这样的困惑。三星手机目前一直采用全国总代理渠道模式，据经销商反映，以前三星的总代理也抓串货，并处以罚款，但没有诺基亚下手狠。自从去年8月1日反垄断法开始实施后，就鲜有人去抓了。

索尼爱立信目前也采用全国总代理的渠道模式，相对诺基亚监管串货的力度要稍轻一些。经销商们反映，由于摩托罗拉目前销量较小，厂商已经不管串货问题了，但是诺基亚则不同，经销商们承认目前山寨的销量很大，但也只能局限在县级城市以下。事实上，在县级以上城市，尤其是一、二级城市和年轻人消费群体中，诺基亚仍然是不二的选择，这也就造成了诺基亚的串货问题最为突出。

明明知道罚款严重，诺基亚经销商为何还如此钟情于串货？

诺基亚实行的是返点销售（对不同的经销商会有4%至9%的销售款返还），每个月会对不同的经销商下达不同的销售任务，如果当月不能够完成销售任务则拿不到返点；而且经销商在FD提货还会有3周的保价期，也就是说经销商在提货后21天内，遇到诺基亚公司调价，FD会将调价款返还给经销商。这样，销售实力较弱的经销商到月底为了完成任务而拿到返点会向市场亏本出货（他们称出大单）；而实力较强的经销商则常常会看准调价时机先亏本向市场出货（他们称赌价保）。

值得注意的是，这样一来，经销商不是从市场赚钱，而是转向诺基亚赚返利或者价保。这也就造成了串货盛行现象，而抓串货也易如瓮中捉鳖。

根据诺基亚2008年财报，中国销售额约为59亿欧元，以2008年12月31日汇率计算，约折合人民币571亿元。而诺基亚2008年在中国的串货罚款据说高达2亿—4亿元人民币。

【讨论】

1. 简述案例中产生的伦理问题。
2. 结合案例，谈谈如何制定合乎伦理的渠道策略。

思考题

1. 渠道建设伦理的基本含义是什么？它的基本原则是什么？
2. 渠道伦理建设的特点是什么？
3. 渠道伦理建设的意义是什么？
4. 渠道建设中有哪些伦理问题？结合案例进行分析。
5. 渠道长度伦理策略和宽度伦理策略分别包括哪些内容？
6. 简述渠道管理中的伦理策略。

第七章　广告伦理

广告伦理甚至比广告效果更重要。

——编者语

本章学习目标

通过本章的学习，掌握广告伦理的基本概念和基本原则，正确把握广告中的伦理问题，了解虚假广告、情色广告、暴力广告的内涵，掌握虚假广告、情色广告及暴力广告相应的伦理策略，了解其他伦理缺失的广告及其伦理策略。

本章学习重点

广告伦理的基本概念，广告中存在的伦理问题，广告伦理策略。

传统伦理道德与现代广告看似“风马牛不相及”，其实两者有着不容忽视的密切关系。现代广告不但传播企业商品的信息，还时刻传播和反映着日常生活中的伦理问题。广告伦理对广告的内容和形式以及人们的正常生活有着非常重大的影响，若忽视了广告伦理的作用，必将造成长远及严重的后果。我国目前正处于社会转型时期，广告伦理失范现象层出不穷，形势不容乐观，而目前我国对于广告伦理的研究尚处于起步阶段，需要在各方面加强重视，并加快对广告伦理学的研究和探讨。

第一节　广告伦理概述

一、广告伦理的基本概念

（一）广告的概念

当今市场上的促销方式多种多样，主要有广告、营业推广、公共关系、人员推销等，随着当代大众传媒的迅速发展，广告越来越成为一种重要的促销手段，广告策略也越来越被企业所认可和采用。

广告，是指广告主(企业)用一定的费用，通过特定媒介将企业及企业产品的优点和特色传递给目标消费者，唤起消费者的注意，向消费者促销产品的一种方式。广告活动的开展必须具备广告主，通常指企业；广告对象，即广告受众，通常指消费者；广告信息，即广告的内容；广告中介，通常指各类广告公司；广告媒体，指电视、报纸、广播等媒介物；广告费，即广告主支付的费用。

广告可以通过宣传企业自身和企业产品，从而引起消费者的注意，唤起消费者的购买欲望。所以，对企业来说，广告是一个很好的促销方式，但同时，还要看企业如何运用广告策略。只有那些合乎伦理的广告策略才能最终为企业带来利益。伦理在一定程度上制约着广告活动，也有助于广告行业朝着正确的方向前进。因此，广告伦理有着至关重要的作用，它是建设社会主义和谐社会必不可少的条件。本章着重讨论现行广告业中存在的伦理问题及应对策略。

(二) 广告伦理的内涵

随着广告业的迅速发展，广告的伦理道德问题也开始凸现出来。简单地说，广告伦理是营销伦理应用在广告活动中的具体道德问题，包括广告活动中所涉及的各方面人员之间关系的准则和规范。当然，最重要的是广告主与消费者之间的关系，只有正确处理了两者之间的道德关系，才能使广告更加健康地发展，赢得消费者的信任。

广告伦理是营销伦理的具体表现形式，也是社会伦理的一种具体表现形式，它具有调节广告活动使其按照道德准则进行的作用。广告伦理是除法律之外，约束广告行动最有效的方法。广告伦理的范畴十分广泛，既包括广告主的社会责任意识、公益广告责任意识，也包括广告媒体的监管责任意识、绿色媒体责任意识，更包括广告公司从业者的职业理想、职业态度、职业责任、职业技能、职业纪律、职业良心和职业荣誉等。[①]

广告伦理的基础是诚信，它是关系到消费者切身利益的因素。欺骗性的广告注定是走不远的，因为没有人会相信不诚信的企业。虽然广告的本质是为了吸引消费者从而获取经济利益，但它不能建立在欺骗消费者、损害消费者的利益之上。事实证明，那些追求自身利益最大化而不顾消费者的利益和感情的广告，是不可能长久的，也不可能获得丰厚的利益，真正成功的是那些将消费者的利益与自身的利益结合起来的企业，只有这样才能共同发展进步，互惠互利，实现共赢。

---

① 陈正辉:《广告伦理学》，复旦大学出版社 2008 年版，第 38 页。

除了广告的诚信问题之外，还有一个关乎广告伦理的重要问题——广告的内容或质量。广告应该是健康的、积极向上的、给人以美的享受的，而那些庸俗污秽、色情暴力的广告只会引起消费者的反感，进而污染人们的精神生活环境，不利于塑造健康、和谐的社会文化氛围。

综上所述，广告伦理是广告从业者在从事广告活动中应遵守的道德规范准则，可以用于广告活动的评价和调节，它的核心是诚信原则。广告伦理可以帮助广告从业者树立良好的广告道德观，促进广告行业，甚至整个社会健康、稳定发展。

二、广告伦理的基本原则

广告伦理对广告活动起着重要的指导作用，可以帮助广告进行正确的策划、运行及评估。特别是当前环境下，广告市场鱼目混珠，各类丧失广告伦理的现象层出不穷，像虚假广告、情色广告、暴力广告等，因此加强广告伦理规范刻不容缓。企业在制定广告策略时，必须要遵守广告伦理的基本原则，主要包括以下几点：

（一）诚实信用原则

诚实信用是指广告从业者在广告活动中要言行一致，恪守信用，不能以欺骗为手段，侵害消费者的利益。诚实信用是广告伦理最基本的内容，也是最重要的内容，是企业发展的立足之本和长远之计。它要求广告内容真实，包括语言、画面、文字等，不能弄虚作假，故意夸大；它要求广告宣传的产品符合其真实全貌。广告商通过广告宣传必须向消费者准确迅速地传达某一商品的性能、质量、规格、品种以及其特殊的优点，方便消费者购买，最终实现商品和劳务的销售。[①] 企业应该杜绝那些欺骗性质的广告，对消费者实事求是。

（二）文明健康原则

广告从某一方面来看，也是一种文化现象，它可以影响并改变人们的价值观和审美观。这就要求企业在制定广告策略时，充分考虑消费者的利益，充分考虑广告可能对社会造成的影响。在激烈的商品竞争过程中，作为促销手段的商业广告，在传播商品信息的同时，向公众传播高雅、健康的精神，使用特殊的、富有感染力的艺术表现手法，加深广告商品给人的印象，有助于加强其对消费者的影响和感染，刺激消费者对广告商品产生购买欲望，同时得到健康的精神享受。[②] 只有那些文明

---

① 韩德昌、窦家瑜：《广告理论与实务》，天津大学出版社 1996 年版，第 30 页。

② 同上，第 33 页。

向上、积极健康的广告才是合乎道德的广告。

(三) 公平竞争原则

企业之间要公平竞争，特别是同类企业的广告之间。企业不能以贬低和诽谤他人或竞争对手的产品来抬高自己的产品。竞争活动必须遵循等价交换、公平交易的原则，反对歧视性的不公平竞争。对广告主来说，其广告不能有诋毁或贬低其他同类产品的情节、语言或图片等；对广告制作机构来说应该平等地对待客户，不管新老客户都要平等对待；对媒介来说，不能到处宣传广告，更不能用广告回扣来吸引客户；等等。公平的竞争环境是经济良性运作的必要条件，如果所有企业都企图通过攻击他人的产品来达到销售自己产品的目的，那么将导致整个市场的混乱。

(四) 维系原则

维系原则，即塑造原则，是指广告伦理对企业形象和品牌形象的维系、塑造，这是广告伦理的潜在原则之一。积极健康的广告有利于维系、塑造企业品牌形象，这已经被众多的广告活动所证实。良好的企业、品牌形象是“形”和“神”的统一。企业、品牌形象都是一种整体形象，由很多部分组成，任何一个部分的损害都会对整体形象产生不良的影响。如果是因为一些个别的产品质量或服务问题而造成了企业形象和品牌形象受损，还可以通过积极的广告形式来弥补，变被动为主动；但如果是因为广告伦理的原因而导致企业形象和品牌形象受挫的话，则很难通过其他方式来弥补，这种损失的后果也是无法估量的。

除此之外，广告伦理的基本原则还包括保持廉洁，不收受贿赂；维护民族尊严，爱国爱民；遵纪守法等内容。

【案例 7-1】 利益驱使虚假广告屡禁不止，社会呼吁重塑“广告道德”[①]

长期以来，虚假的医药广告一直无法得到彻底根治。2009 年，国家广电总局、国家工商总局、卫生部、国家食品药品监管局、国家中医药局联合下发《关于进一步加强广播电视医疗和药品广告监管工作的通知》(以下简称《通知》)，再次对虚假医药广告进行整治。

1. 违规广告和医疗健康节目将被清理。自 2005 年以来，一批形式创新的虚假医药广告陆续浮出水面。将广告包装成医疗健康节目，邀请名人担任主持或嘉宾，由演职人员冒充专家、学者做虚假疗效证明，从而麻痹观众，误导消费。针对这种现象，《通知》规定，禁止聘请不具备执业资质的人士担当医疗、健康类节目的

① 资料来源：《光明日报》，2009 年 2 月 23 日。

嘉宾，严禁演员和社会名人主持医疗、健康类节目。

2. 社会呼吁名人重塑“广告道德”。名人和演员作为此次整治的重点对象，再次被推到了舆论的风口浪尖。人们纷纷指出，杜绝演员和名人接拍虚假广告需要道德层面上的自我约束。勇于承担社会责任，理性选择广告成为摆在他们面前的一大课题。除了倡导重塑“广告道德”，切实有效的监督惩罚措施也为割断媒体、名人与医药广告之间的不当联系提供了保障。

3. 利益驱动使虚假广告屡禁不止。《通知》一出台，很多人在为政府治理虚假广告的决心叫好的同时，又开始担心政策能否得到落实的问题。中央电视台《今日说法》栏目评论员张鸿为我们揭示了虚假医药广告的利益链条。个别医药企业靠广告炒作牟利，许多演员、名人靠扮演患者或专家赚钱，影视公司靠策划、拍摄广告分一杯羹，电视台靠播放广告创收，埋单的却是广大上当受骗的患者、消费者。

4. 整治虚假广告治标更需治本。《通知》在要求各级广播电视播出机构对违规广告和医疗健康节目立即进行清理的同时，提高了对违规广告主、广告经营者和广告发布者的追究等级。这既坚定了公众对打击违规医疗、药品广告的信心，也让公众看到整治医疗、药品广告市场的前景。

虚假医药广告在发展过程中不断变换形式和内容，钻政策和法律的漏洞。因此治理医药广告不良之风不能只是权宜之计，应建立长效机制。政府应建立各相关部门联动的执法机制，做到及时上报，及时处理，将虚假广告的各种变异形态都扼杀在萌芽状态。

医疗市场现在存在的问题，始作俑者绝非广告，因此治理虚假医药广告应标本兼治。医疗系统的混乱和监管不力使一些质量不过关的医药产品和不具备专业资质的医疗机构进入市场，为虚假医药广告的滋生提供了丰沃土壤。因此，相关主管部门应该下大力气健全医药市场管理体制，推动医疗市场的规范发展，这才是解决问题的根本。

第二节　广告的伦理问题

一、虚假广告

广告的真实性是广告的生命，也是广告从业者首先应该遵守的原则。广告的真实性关系到消费者的切身利益，具有十分重要的意义。然而，在现实生活中，虚假广告大行其道，严重侵害了消费者和其他经营者的合法权益，危害了整个社会的和谐环境。在竞争日益激烈的形势下，某些企业为了自身的利益，常常置社会道德和法律于不顾，制作刊播一些虚假广告，向消费者传播不实的信息和虚假的承诺，或利用消费者常识判断、逻辑推理等心理活动规律，用不完全、不充分的事实误导消费者，以达到推销他们产品的目的。如通过电视广告宣传喝某种啤酒，会有度假的感觉；用了某种牙膏，就能治疗各种口腔疾病；或服用某种药可根除某种病等。这种虚假夸大的诉求，常常使消费者在使用中一无所获而感到失望和愤怒，从而影响了消费者对该品牌的信心。

（一）虚假广告的定义

对于虚假广告的定义有很多，在国内，比较权威的是国家工商行政管理局在《关于认定处理虚假广告问题的批复》中指出的，应从两个方面对虚假广告进行认定。

1. 广告所宣传的产品和服务本身是否客观、真实。

2. 广告所宣传的产品和服务的主要内容（包括产品和服务所能达到的标准、效用，所使用的注册商标、获奖情况以及产品生产企业和服务提供单位等）是否真实。[①]

在国外，比较典型的有美国联邦贸易委员会（FTC）对"虚假广告"所做的界定："虚假广告这个词意味着广告在实质性方面是令人误解的；而且在认定某一广告是否令人误解之时，要考虑的不仅有陈述、词句、外观设计、图案、音响及这些东西的混合体合成的或蕴含的声明，还有广告没有揭示的事实范围，这些事实从声明来看是实质性的，或者从可能导致对广告商品利用的结果来看是实质性的"。[②]

综上所述，我们认为虚假广告就是对广告中所宣传的产品和服务的内容有不真实的成分，对其信息表述不完整、不准确或者模糊不清，从而欺骗消费者使其产生误解，继而采取购买行动。虚假广告利用信息不对称，严重侵害了消费者的知情权。

（二）虚假广告的表现形式

虚假广告的表现形式多种多样，主要可以分为欺骗性虚假广告和误导性虚假广告两大类。

1. 欺骗性虚假广告。简单地说，欺骗性虚假广告就是广告中所宣传的内容不

---

① 陈正辉：《广告伦理学》，复旦大学出版社 2008 年版，第 116 页。

② 汪涛：《广告学通论》，北京大学出版社 2004 年版，第 66 页。

符合客观事实。最典型的就是利用不完整的广告信息刻意隐瞒产品的缺陷。2005年7月1日，无锡市一家美容院，为了扩大知名度，招徕生意，打出一段时间内免费美容的广告。消费者汤某、高某信以为真，便一同到该美容院接受美容服务。不料，美容结束后，该美容院列出清单要分别收取汤某、高某198元和582元的化妆品费。该美容院在其广告中称是“免费美容”，按照通常理解，就是消费者无须交任何费用，便可得到该美容院的美容服务，使消费者认为这是该美容院促销活动中的一种优惠。而实际情况是，要照实收取美容过程中所使用的化妆品费，而且在美容之前，又未给消费者介绍清楚，未征得消费者同意，就使用了昂贵的化妆品。所以该广告属于刻意隐瞒行为，对消费者利益造成了严重的损害。近年来，市场上还出现了不少“平价商场”和“平价超市”。经查证，一些商场和超市并不“平价”，部分商品价格实际上高出市场平均价格。还有些商场打出“天天平价”、“惊爆价”、“震撼价”、“大甩卖”、“大放血”等广告语，甚至还有超市打出“低价无假货”等广告语，诱导消费者。

另一种常见的欺骗性广告就是通过故意夸大产品的优点和功能来吸引消费者的注意，使他们信服其产品并购买。常见的有很多美容保养品、减肥产品等，其广告词片面夸大产品的美容或者减肥效果，欺骗和误导了消费者。例如，“一个月减肥20斤，两个月40斤”，“45天就能减30斤”，并承诺少减一斤可全额退款，而这些说辞毫无相关证明，有很多虚假成分在里面。再如，前段时间在公交车上、电视上经常播出的“碧生源常润茶”广告，宣称其能“快速解决口臭、青春痘、色斑、皱纹增多、面色晦暗、皮肤粗糙、肥胖等问题”；同时，还出现“碧生源常润茶革命性实现了滋润、修复、通畅三大功效，滋润人体内环境、修复肠道内黏膜受损组织、恢复肠道正常功能”等宣传其功效的字眼。该广告严重误导了消费者，属于欺骗性广告。

还有一种常见的欺骗性广告就是企业在广告中明确表达购买产品将会给消费者带来种种利益，但当消费者购买后，却不履行广告中所做的承诺。这类问题常见的有“无效退款”、“一年内出现质量问题包修包换”、“七天无条件退货”等无法兑现的承诺，商家总能找到各种理由来拒绝消费者。某数码器材商店开业，在海报中称该店所销售的数码器材为全市最低价，消费者在5天内如在其他商店发现比该店价格低的同型号商品，将无条件退还差价。消费者陈某在该商店买得一台数码摄像机，4天后在其他商店发现同型号数码摄像机的价格比该店低1181元，陈某到该店要求退差价时，却遭到拒绝。这是一则具有明确承诺性的广告，该商店理应履行自己的诺言，退还给消费者差价。但实际情况是该商店并没有对所作出的广告承诺进行兑现，是一种典型的失信行为，不符合伦理道德。

2. 误导性虚假广告。误导性虚假广告，顾名思义，就是广告中所宣传的内容对消费者具有误导性，使消费者对其产品产生误解并发生购买行为。这类广告的内容往往具有一定的隐蔽性，信息模糊，容易使人产生误解。

商家经常使用的“伎俩”就是文字游戏。比如，各类“买就送”活动，使消费者产生“买什么送什么的”概念，而实际情况是“买的”和“送的”是完全不一样的东西，送的只是那些小礼品。再如，很多商场的促销活动，都打着“满几百减几百”或者“满几百送几百”的噱头，来吸引消费者，而实际情况是很多柜台都注明了“本柜台不参与活动”的字样，很少有商品是像广告里所说的那样。

还有一种情况是广告内容虽然是真实的，但是其在意义上容易误导顾客。比如，有些广告把很关键的一些信息放在消费者不易看到的地方，以误导消费者。2004年9月10日起，按照北京市工商局的要求，“金龙鱼1∶1∶1”的广告被暂停播出。金龙鱼频繁地在其食用油广告中打出1∶1∶1的均衡营养概念，使消费者很容易错误理解成1∶1∶1是油内含酸量的比例。可是该油产品外包装上却写着该食用油里三种酸的比例是0.27∶1∶1，而其标志字体小得可怜，与广告中的1∶1∶1的大字形成天壤之别，其行为颇有些鱼目混珠。尽管0.27∶1∶1一样有益于居民健康，但和1∶1∶1相比，难免有误导之嫌。

除此之外，还有一种观念误导性。通过强调某个全新的消费理念，来促进销售。在商品促销过程中，尤其是在推出一种新产品时，为吸引消费者对该产品的关注和兴趣，一些广告从业人员便利用各种途径大肆宣扬对消费者有利的特定思想观念，并使之成为社会普遍认同的“时尚潮流”。在这种蓄意打造的“全新消费理念”引导下，人们纷纷开始购买该商品或服务，从而使产品销量大幅度上升，增加了企业的利润。

二、情色广告

广告的实质就是一种促销手段，是为了引起顾客的注意并采取购买行动；但同时，广告也是一种艺术形式，具有一定的审美价值。当今的广告行业正在迅速发展，不断进步，表现形式也越来越丰富，各种创新层出不穷。然而广告业无论怎么发展，也不能游走在色情的边缘，因为广告是面向大众的，对社会风气有着间接的引导作用。对于那类庸俗低级、粗糙不堪的情色广告，我们应当坚决抵制。不同的国家对情色广告的界定是不同的，在我们国家，通常意义上的情色广告是指那些隐含性暗示、庸俗低级、亵渎社会、给大部分受众带来不愉快体验的广告。这类广告“性”的意味浓重，容易使受众引起不健康的联想，严重违反了一个民族的文化和伦理道德标准，往往受到社会的广泛争议而在各大媒体遭到禁播。[①] 情色广告主要

① 陈正辉：《广告伦理学》，复旦大学出版社2008年版，第120－136页。

是为了最大限度地吸引消费者的眼球，但同时也会令人产生反感和厌恶，因此，其效果往往适得其反。情色广告的表现形式主要有以下三个方面。

（一）不适当地利用女性形象进行广告宣传

这类广告往往以暴露女性的身体来吸引消费者的眼球，无论是电视广告还是户外广告，我们不难发现这类广告的存在。“再低，就不可能了。”这是2008年5月深圳轰动一时的地产广告词。巨型的户外广告牌上，7个醒目的大字旁，是一位身着红色低胸艳裙的年轻女子。无独有偶，在此之前，还有南京的一则楼盘广告。画面中，也是一位年轻女子，用手轻轻撩起红色短裙，隐约露出大腿，让人浮想联翩，而它的广告词是：“要提，还要往上提”。其要说明的是楼市价格还将继续上涨，让消费者抓紧时间，赶快购买。这两则广告，虽然确实达到了吸引消费者的目的，但是却严重污染了社会环境，也容易引起人们的反感，因为它严重偏离了正确的价值观，缺失了道德伦理。

（二）广告画面赤裸

这类广告更加过分，它一般通过一定的图片制作技术，直接或间接地描述生殖细胞，甚至性行为，含有很强烈的性暗示，让受众难以接受。随着网络游戏的兴起，很多游戏运营商正是采取这一手段来吸引玩家的眼球，很多带有色情或者挑逗内容的广告画面在互联网上泛滥蔓延。

（三）广告词暧昧、不健康

这类广告通过双关、比喻等表现手法，来吸引消费者的注意，起到强烈轰动的效果，但容易使人引发不良的联想，严重影响着人们的心理健康和审美观念。像这种例子不胜枚举：

“想知道亲嘴的味道吗？”（清嘴含片）

“你泡了吗？泡了。你漂了吗？漂了。”（雕牌天然皂粉）

“泡的就是你。”（福满多方便面）

“房价不会跳水，只是在做俯卧撑。”（某楼盘广告）

“想上先登记。”（某网站广告）

三、暴力广告

对于“暴力”一词，主要有以下四种解释：(1)政治学名词，不同政治利益的团体，当不能用和平方法协调彼此的利益时，常会用强制手段以达到自己的目的，称为暴力；(2)泛指侵害他人人身、财产的强暴行为；(3)强制的力量，武力；(4)特指国家的强制力量。因此,在理解暴力广告的含义时,也可以从两种角度来研究:一种是内容涉及暴力的暴力广告,还有一种是带有强制性的暴力广告。

(一) 内容涉及暴力的暴力广告

即那些为了更好地吸引人的眼球,在广告内容里增添血腥、厮杀等暴力情节的广告,而且这些内容可能会给广告受众带来不良的影响。因此,这里所说的暴力广告实质上是媒体暴力的一种。所谓媒体暴力,一般被认为是包括电影、电视、电子游戏、报刊等在内的媒体含有或刊登暴力内容,并对人们的正常生活带来不良影响的暴力现象。这类暴力广告主要是通过厮杀、搏斗等场景,宣传一种"英雄感"或者"胜利感"来博得消费者的好感,继而影响他们的购买决策。这类广告容易误导他人实施暴力行为,特别是对青少年,会产生严重的影响。例如,几年前,香港一家中式快餐企业请章子怡拍了一部在快餐厅内与别人大打功夫、刀光剑影的广告片,而且在香港两家主要商业电视台的黄金时段播放。可是不到两周时间,电视台及香港电视管理主管机构就收到了200多份电话、传真等投诉,指该广告片涉嫌"暴力广告",引起观众心理不安。

(二) 带有强制性的暴力广告

这类暴力广告的含义和上一种有所不同,它是一种新型的、奇特的、非主流的广告模式,通过"病毒式营销"、"厌恶式推广"、"疲劳性轰炸"等强制性手段来占领人们的潜意识,从而达到广告效应。这类广告主要有以下几种表现形式。

1. 电视购物广告。近年来,电视购物不断发展,很多电视台都开始做电视购物广告。通常一播就要持续很长一段时间,主持人激情洋溢地宣传产品的经济实惠,给消费者造成一种"机不可失"的错觉,然后煽动消费者采取购买行动。电视购物广告唯一的卖点无非就是"便宜得不能再便宜","好得不能再好",至于其质量问题,售后服务等都一概忽略不提,或者一笔带过。电视购物广告毫无伦理道德可言,它只关心产品的销售,并且不顾一切手段达到销售的目的,其"暴力"非同一般。

2. 垃圾邮件,垃圾短信。随着信息技术的不断进步发展,传播速度的加快,互联网及手机已经越来越成为人们的生活必需品,很多广告从业者正是看到了这一点,发现了一个潜在的巨大广告市场。垃圾邮件、垃圾短信已成为一个越来越普遍的问题。这类广告通过各种手段"窃取"个人的邮箱及手机号码,使你下意识地接受他们的广告。

除此之外,还有各类"炒作"新闻,通过作秀、谩骂、抨击、诽谤、线上线下高出镜率,甚至丑闻来达到出名的地步。"芙蓉姐姐"正是这类暴力广告很"成功"的试验者。

四、其他伦理缺失的广告

其他的伦理缺失的广告主要包括不正当比较广告、恶俗广告，及针对儿童的广告问题等。我们在这里将作一个简单的介绍。

(一) 不正当比较广告

这类广告主要指通过直接或间接贬低、诽谤竞争对手及其产品，来突显自身企业及其产品的优点和特色。这类广告严重违背了道德，不符合正当竞争的原则。2003 年下半年，“宝洁被判赔高露洁 40 万”，原因是宝洁公司在比较广告中贬低了竞争对手高露洁的产品，损害了高露洁的商业信誉和商品声誉。佳洁士面向市场推出了一款“佳洁士深层洁白牙贴”，在其广告单上写道：“佳洁士深层洁白牙贴，比较一般涂抹式的美白牙齿液有什么优胜的地方？答：佳洁士深层牙贴的独特粘贴设计，能有效保护在牙齿上的洁白，避免流失于唾液中，让洁白元素在使用的 30 分钟里充分发挥作用。相反，美白牙齿液往往于涂上后数分钟便被唾液冲掉而大量流失，洁白成效相对偏低。”当时高露洁的“高露洁洁齿美白液”是市场上唯一的涂抹式牙齿美白液产品，宝洁此举将矛头直指高露洁，贬低了高露洁的美白液产品，无形中抬高了自身的洁白牙贴。[①]

(二) 恶俗广告

恶俗广告是指那些让人恶心、感觉俗气的广告。这些劣质庸俗的广告为了吸引消费者的眼球，无所不用其极，连俗也要俗到极致。但是消费者的接受程度是有限度的，过于低级、庸俗的广告虽然能使消费者记忆深刻，但也只是反面的印象。比如，消费者对“脑白金”的“今年过节不收礼，收礼只收脑白金”和“黄金搭档”的“送老师、送亲友、送领导”广告都很反感。最典型的案例莫过于曾“轰动一时”的恒源祥“十二生肖广告”，这些简单粗陋的广告着实令人反感，也暴露了商家浮躁和急功近利的心态，以及低下的文化、道德素质。

(三) 伦理缺失的儿童广告

针对儿童的广告问题，它包括各类以儿童为目标受众的广告，还包括请儿童来代言的广告。儿童往往是一个家庭的中心，能很大程度上影响其父母的购买行为，又因儿童天真、幼稚，对事物缺少判断力，属于冲动型购买者。很多商家正是看到

---

① 陈正辉：《广告伦理学》，复旦大学出版社 2008 年版，第 132 页。

了儿童这样的特点，才肆无忌惮地通过儿童广告来增加收益。相关数据表明，目前中国近三分之一的电视广告中用到了儿童形象。伦理缺失的儿童广告会给儿童带来很大的危害，诸如引导过度消费、误导不良的生活方式等问题，不利于儿童身心健康发展。

（四）传播陈腐观念的广告

这类广告是指广告一方面积极宣传新文化、新的道德标准和价值观念，另一方面又宣扬了一些陈腐的旧观念。比如，妇女社会地位问题、种族问题、宗教问题。最近一名日本女权主义的记者写了一篇很有影响的文章，责问社会，为什么女性总是在广告中充当被人看的角色。这种情况在欧美国家更为严重。“美女＋商品＝广告”曾是20世纪30年代在欧美流行一时的广告表现形式。美国在1970年通过对729则广告的调查发现，没有一则广告显示出妇女的职业化身份，这暗示了妇女社会地位的不平等。在中国的一些广告中，也常常出现家庭成员的固定分工，即丈夫外出上班，妇女在做家务。有一则洗衣机广告，其主题是“献给妻子的爱”，似乎洗衣服、做家务就是妇女的天职。这些广告都力图营造一种温馨和谐的家庭气氛，却不知在无意识中维护了某种陈腐的旧观念。

【案例7-2】 虚假宣传横行猖獗，市场整顿迫在眉睫[①]

“快给你的肠子洗洗澡吧”，如今无论是在电视还是在公交车上，都能听到、看到碧生源常润茶的广告语。根据规定，保健食品的广告中不得出现患者或消费者的形象，而在碧生源常润茶的广告中却多次出现消费者的形象，这明显违反了《广告法》的相关条款。而且食品广告不得出现与药品相混淆的用语，不得直接或者间接地宣传治疗作用，也不得借助宣传某些成分的作用明示或者暗示该食品的治疗作用。而碧生源常润茶属于保健食品，却打出了“修复肠道内黏膜受损组织”等属于药品疗效的广告语，这些都应该被禁止使用。

目前，很多保健品都打广告、树品牌，但是有一部分厂家却吹嘘自己的产品是全能产品。究竟谁该为这些“登峰造极”的虚假广告负责？为什么有些虚假广告消费者都能识破真伪，监管部门却视而不见？

病因一：处罚力度太小

《广告法》规定，对虚假广告处以广告费5倍以下的罚款。如果广告费是1万元，那广告主早就把4万元的处罚金准备好了，播出广告得到的赢利何止4万元？

① 资料来源：《市场报》，2009年5月30日。

因此很多违法广告虽然被执行多次处罚，但仍没能遏止住其铺天盖地的广告宣传。

病因二：监管力度不够

保健食品监管存在“重审批，轻监管”的倾向。每一种保健食品上市前都经过严格的审批程序，但是保健食品生产经营企业为追求经济利益的最大化，在缺乏后期定期监管的情况下，利用保健食品违法广告欺骗坑害消费者自然难以避免。

病因三：法律规定不明确

现行的《广告法》提出了广告必须真实、合法、清楚、明白的要求，但由于对真实性的界定不明确，也没有判定广告真实性的具体标准，所以执法人员凭自己的理解来执法，难以正确执法。

病因四：监管衔接存在障碍

《保健食品广告审查暂行规定》对保健食品广告监管的职能分工以及协调合作做出了明确规定，食品药品监督管理部门一旦发现违法广告即移送工商行政管理部门。但是工商行政管理部门是否及时查处，查处结果怎样，不得而知。

病因五：媒体见利忘义

部分自律能力较差的传媒机构为了自身利益，“睁一只眼闭一只眼”，只要给钱，一切照登，使得大量违法广告得以蒙混过关。广告公司更是“上有政策，下有对策”，先用一个合法版本套用一个广审号，然后准备多个广告方案，随时准备偷梁换柱，刊登或者播出另外几个版本的虚假广告。

北京市双全律师事务所的律师邓江华说，如果某广告确实是虚假宣传，不管是否有行政机关履行了监管职责，消费者都可以起诉产品的生产商，也可以同时把电视台当成第二被告要求电视台承担连带责任。

那些个别最早发现虚假广告宣传的消费者可以要求监管部门及时查处虚假广告，处罚有关产品的生产商和广告发布人。如果监管部门不作为，则个别举报的消费者可以就监管部门不作为起诉监管部门，提起行政诉讼来解决。但是监管部门也可能的确正在调查取证中，需要时间来了解和核实消费者投诉的事实是否存在。因此，在监管部门已经处罚了虚假广告的广告主和发布者之后，消费者一般就没有事实依据以“行政机关不作为”为理由再去起诉监管部门。

第三节　广告的伦理策略

一、针对虚假广告的伦理策略

虚假广告严重侵犯了消费者的知情权，损害了消费者的利益，不仅给消费者造成了经济损失,有些甚至危害了消费者的生命健康。除了对消费者造成危害以外,虚假广告还严重扰乱了社会秩序,不利于社会和谐、健康地发展。因此,企业应杜绝制作这类虚假广告,制定合乎伦理的广告策略。

(一)完善法律法规,严格执法,健全广告监管体系

完善广告立法,健全虚假广告法律责任体系。法律应明确界定虚假广告的性质、行为表现以及法律责任,并做出具体的违反制裁,为执法机关提供法律依据,使广告从业者能意识到制作虚假广告所应承担的后果。执法机关要加强对广告活动的监督、检查,及时发现虚假广告,并对其进行依法处理,情节严重的,应当移交司法机关依法追究其刑事责任。健全广告监管体系,切实加强广告监管与新闻出版、广电、药监、卫生等部门的协调与合作,继续加大对广告的事前审查与事后监管力度,避免利益群体对审查活动的干扰。健全广告审查制度,提高审查员的职业素质,增强其法律意识。进一步完善广告监测网络,健全广告监测体系。全方位整顿广告市场秩序,综合治理广告市场。

(二)加强自律,用道德观来指导广告的制作与运行

广告的行业自律系统是广告经营业者和广告主依据有关立法、社会公德、职业道德规范,制订广告公约规章对自身广告行为进行约定管理的组织系统。它包括广告团体的自律、广告主的自律、广告公司的自律和媒介物的自律。广告从业人员要树立良好的道德观,加强自律,杜绝虚假广告,还要认真学习有关法律法规,不做违法的事情,依法从事广告活动,使广告业健康、积极地向前发展。充分发挥广告协会的作用,对广告内容、广告质量进行有效的监督,防范虚假广告的产生。

(三)增强自我保护意识,注重提高对虚假广告的认识和鉴别能力

消费者作为受害人群,要不断提高对虚假广告的鉴别能力,加强对虚假广告的认识,不断增强自我保护意识。消费者是企业广告行为的直接接受者,广告行为规范与否,直接关系到他们的切身利益。依靠广大消费者及用户对企业广告行为进行监督,是实行国家宏观管理、行业自律保障秩序的又一有效的监督系统。消费者还可以起到舆论监督的作用,发现有虚假广告行为或自身合法权益受到侵害时,要及时向工商、卫生、广电、新闻出版等部门举报,最大程度地遏制虚假广告的滋生蔓延。如美国已建立起禁止虚假和欺骗性广告的消费者组织——“经营改善协会”,这一组织会对消费者的诉讼和质询提供详细的解答。

二、针对情色广告的伦理策略

情色广告的大量出现，会带来一系列严重的后果，继而严重威胁社会秩序，阻碍社会稳定地向前发展。情色广告是对女性的歧视，不利于社会所提倡的男女平等。它还严重影响了人们的审美观，导致大众审美情趣低俗化，不利于形成高尚的社会文化氛围。因此，必须合理把握广告尺度，杜绝不堪入目的情色广告。

（一）完善法律，严格执法

法律应明确界定情色广告的范围，并作出具体的违反制裁措施。对广告行业进行监督和控制，使其健康、积极地发展，及时遏制情色广告的传播和蔓延。对情色广告的相关责任人依法处理，清洁广告市场。

（二）把握尺度，加强自律

广告从业人员要把握好不同文化背景下对“性”的开放尺度。一方面对我们国家来说，借鉴西方发达国家的经验和教训是必需的，但同时，还要考虑我国的具体国情，适应我国的民族文化，不能照搬全抄；另一方面我们应当认识到，国外的有些艳情广告之所以能成功，除了与广告发布环境有关之外，还在于能将其处理得非常得当，画面上表现的是一种美感，而不是一种恶俗，同时还能将广告中的人物形象与品牌的个性进行结合，真正体现了品牌的魅力。广告从业人员还要加强自律，制定合乎伦理的广告，合理运用 3B 原则（beauty——美女、beast——动物、baby——婴儿），特别是正确地运用女性形象，使广告符合社会伦理道德。

（三）消费者要提高自身素质，对情色广告发挥舆论监督的作用

消费者应及时向法律部门报告真实情况，及时防范处理那些低俗、不堪入目的，有伤风俗的广告在大众中传播蔓延。

三、针对暴力广告的伦理策略

暴力广告不仅威胁着人们的正常生活，也影响着青少年的健康成长，其负面影响引起了社会各界的忧虑，必须通过一定的措施来制止这种不良之风。

（一）加强监管，完善立法

政府应加强制度建设，法律部门应完善相应法律法规，严格执法。国家及地方各级行政机关依法对广告活动进行具体监督和管理，对不法广告行为进行惩处。

广告行政监督的主体是国家工商行政管理局及地方各级工商行政管理机构，其他有关政府部门如计量、物价、税务、城建、新闻出版等部门要配合工商行政管理部门从不同方面加强对广告的管理工作。明确界定暴力广告的定义、性质及法律责任，使广告从业者能意识到制作虚假广告所应承担的后果，做到有法可依，执法严格，不断完善暴力广告的监测制度，健全暴力广告的监测体系，及时发现暴力广告，并依法制裁。

（二）广告从业者要加强自律，自觉树立正确的道德观和社会责任感

不能为了达到广告效果就不择手段，应充分考虑广告受众的接受程度，以及考虑广告可能对受众造成的不良影响。行业协会应制定有关暴力广告的行业制度，加强对暴力广告的监督和管理。

（三）消费者要加强自身的道德教育，坚决抵制暴力广告

特别是家长的责任尤其重大，因此，家长要意识到暴力广告对青少年成长的危害，应当尽量避免让青少年接触暴力广告，培养孩子正确的价值观和道德观。此外，社会团体应行动起来，监督、举报暴力广告，坚持社会调查、组织公众讨论、建立相关网页，积极动员媒体进行探讨和呼吁。

四、其他伦理缺失广告的伦理策略

（一）不正当比较广告

除了法律部门要加强立法、严格执法之外，广告从业者应当遵守广告伦理的原则，即公平、真实及不妨碍竞争；不得贬低其他生产经营者的商品或者服务；不得使用最高级、国家级、最佳等广告用语。整个广告行业也要提高自律加强监管，引导广告行业朝着正确的道路前进。

（二）恶俗广告

对于恶俗广告，最重要的是广告从业者要提高自身的文化素养，提高品位，树立高尚的道德观，避免广告流于恶俗之名，应致力于开发创新又优质的广告。

（三）针对儿童的广告

首先要加强儿童广告的法律法规监管力度，制定相应的标准。国外很多国家在这方面已经相当完善，但对于我们国家来说，还需要不断加强，不断细化儿童广告的相关法规，特别是关于暴力、情色等内容，因为这对儿童的健康成长很不利。

家长要认识到广告内容可能对孩子造成的影响，要避免孩子接触那类不健康的广告。对于广告人员，除了要加强自律之外，还要合理地运用 3B 原则中的“Baby”，切实保护儿童的身心健康。

(四) 针对传播陈腐观念的广告

对于这种观念，首先社会人员应注意对此予以纠正，在社会上进行男女平等的宣传，正视妇女的地位。在市场竞争激烈的今天，女性在社会中的地位越来越高，在经济浪潮中发挥着越来越重要的作用。监督部门应该合理把关，努力对宣传陈腐观念的广告进行杜绝。广告人员也要注意扩大自身的知识面，对于自己设计的广告进行严格的分析，广告的内容要符合社会的习俗，尊重社会的各类人群。

本章小结

本章围绕广告伦理，首先重点介绍了广告伦理的基本概念。广告伦理是广告从业者在从事广告活动中应遵守的道德规范准则，可以对广告活动进行评价和调节，它的核心是诚信原则。广告伦理可以帮助广告从业者树立良好的广告道德观，促进广告行业，甚至整个社会健康、稳定发展。其次，提出了广告伦理的基本原则，即诚信、文明、公平。

然后指出了虚假广告、情色广告、暴力广告这三类常见的伦理缺失广告，具体列举了其表现形式。

虚假广告是对广告中所宣传的产品和服务的内容有不真实的成分，对其信息表述不完整、不准确或者模糊不清，从而欺骗消费者使其产生误解，继而采取购买行动。虚假广告的表现形式多种多样，主要可以分为欺骗性虚假广告和误导性虚假广告两大类。

情色广告是指那些隐含性暗示、庸俗低级、亵渎社会、给大部分受众带来不愉快体验的广告。情色广告的表现形式主要有以下几方面：不适当地利用女性形象进行广告宣传，广告画面赤裸，广告词暧昧、不健康。

在理解暴力广告的含义时，可以从两种角度来研究：一种是内容涉及暴力的暴力广告，还有一种是带有强制性的暴力广告。

除此之外，还简单介绍了不正当比较广告、恶俗广告及针对儿童的广告问题。

最后，提出了各个伦理问题相应措施。总的来说，都可以从三方面来考虑：法律部门完善立法、严格执法；广告人员加强自律；消费者提高素养，坚决抵制。

案例阅读与讨论

【案例】 康师傅"选取优质水源"的广告风波①

2008年8月22日，浙江省消保委在其官方网站上就康师傅"水源门事件"公开表态称，该委员会已于当日致函杭州顶津食品有限公司，要求该公司停止播出其饮用矿物质水当前含有"选取优质水源"广告词的广告。康师傅控股有限公司昨日回应《每日经济新闻》时表示，这则电视广告日前已在全国范围内全面停播。

一、九成消费者认为广告有误导作用

浙江省消保委称，该委员会在2008年8月陆续接到众多消费者的来电反映，消费者普遍认为康师傅使用"选取优质水源"的广告词误导消费者做出正确的选择，已经对消费者构成欺诈。

为了进一步了解广大消费者对该广告词的理解，浙江省消保委拟订调查问卷，于2008年8月14日至8月18日在"杭州都快网(19楼论坛)"网站做了调查。调查结果显示：共有971人参与投票，其中85%的消费者认为"优质水源"是天然的无污染水源，而绝不应是普通的自来水；有40.7%的消费者表示会因为看到"选取优质水源"的广告词而产生购买该产品的欲望；有93.2%的消费者认为该公司的广告对消费者有误导作用。

二、消保委叫停"优质水源"广告

浙江省消保委(消费者权益委员会)表示，杭州顶津食品有限公司生产的康师傅饮用矿物质水在电视广告词中声称"选取优质水源"，"选取"二字含有经过甄别、区分之后做出的选择、舍劣取优的意思。而康师傅饮用矿物质水使用的水源是下沙自来水公司提供的自来水，根本不存在选取。其次，自来水是城乡居民最基本的生活饮用水源，必须符合国家生活饮用水卫生安全标准。而就此认为符合国家质量安全标准的自来水就是"优质水源"，显然得不到消费者认同，是对消费者的误导。

2008年8月22日，浙江省消保委致函杭州顶津食品有限公司，要求该公司停止播出当前含有"选取优质水源"广告词的广告，自觉承担相应的社会责任，在今后的信息发布和广告宣传中遵循相关法律法规，依法发布广告信息，诚信经营，把维护消费者的合法权益放在首位。

记者随后致电康师傅控股有限公司，公关部相关人士回应，康师傅矿物质水的这则电视广告日前已在全国范围全面停播。经过对多个电视频道的监控，记者注

---

① 资料来源：《每日经济新闻》，2008年8月6日。

意到，康师傅这则“优质水源”广告的确已经销声匿迹。不难发现，对于整件水源门事件，康师傅已经用实际行动向广大消费者表明了自己的态度，这或许也是最能令消费者接受的一种回应。

三、康师傅标签厂址标注再受质疑

然而，康师傅的麻烦似乎并没有因为停播广告而告终。苏州市技监局证实，在2008年8月12日曾接到群众投诉，投诉康师傅矿物质水标签未注明其在苏州生产厂的地址。次日下午，稽查大队吴中分队来到位于苏州吴中经济开发区兴吴路86—1号的康师傅苏州水厂，对杭州顶津食品有限公司苏州生产分公司进行了查处，随后将调查情况反馈给投诉人。

据投诉者描述，当天稽查人员对该厂的营业执照、卫生许可证、食品生产许可证等进行了核查，并与康师傅矿物质水瓶标进行核对，发现瓶标上面只标有杭州顶津食品有限公司的食品生产许可证编码和地址，没有标该苏州分公司的食品生产许可证编码以及生产厂址。

由于杭州顶津食品有限公司苏州分公司是受杭州顶津食品有限公司的委托生产的，按照国家产品标志标注法第九条第二点规定：“依法不能独立承担法律责任的集团公司的分公司或者集团公司的生产基地，对其生产的产品，可以标注集团公司和分公司或者生产基地的名称、地址，也可以仅标注集团公司的名称、地址。”

由此稽查大队认为，从目前所掌握的证据来看，康师傅并没有违反国家法律法规，但是其商标可能使消费者受到误导，故只能责令其整改。而就在同一天，上海松江区工商执法部门也根据群众举报，对位于松江工业园区的康师傅工厂进行了突查，发现该厂生产的康师傅矿物质水瓶标上没有实际“产地”一栏，而只有“地址”一栏。根据相关工商法规，虽然产品“产地”并非一定要标明，但这是否构成误导消费者，工商执法人员表示需进一步调查。接下来还会有多少家工厂被相关部门查处？刚刚摆脱“水源门”风波的康师傅是否会再次陷入“标签门”？

四、康师傅试图借促销重聚人气

2008年8月5日，上海一家乐福卖场出现了这样一幕：康师傅矿物质水正在大搞促销活动，15瓶装的600ml康师傅矿物质水从12元降至9.9元，平均仅0.66元/瓶，而旁边另一个品牌的600ml饮用水，12瓶装的要卖到11元。为何康师傅矿物质水现在会卖得这么便宜？超市一促销人员回答：“现在人人都知道它们的水源是自来水。”

那么，这么低的价格难道不会亏本吗？

“不可能亏本。”一业内人士表示，由于康师傅矿物质水基本都是在当地生产，所以运输成本相对较低，每瓶600ml矿物质水0.66元的价格，仍远远高于其成本。

记者在新浪网上看到，该网站近日正在对康师傅“水源门”事件展开网上投票调查，截至昨晚6点30分，共有34036人参加了此次投票，其中：表示不再信任康师傅品牌的投票比例已达80.86％，共27532票；表示不会再购买康师傅矿物质水的比例达82.72％，共28155票；赞同康师傅矿物质水下架的比例达80.07％，共27251票。

【讨论】

1. 该案例反映了哪些广告伦理缺失的问题？
2. 该案例除了反映广告伦理问题外，还揭示了哪些营销伦理问题？
3. 如果你是这个事件的负责人，你将采取哪些伦理策略？

思考题

1. 什么是广告伦理？它的基本原则有哪些？
2. 什么是虚假广告？请举例说明。
3. 什么是情色广告？请举例说明。
4. 什么是暴力广告？请举例说明。
5. 你认为虚假广告、情色广告、暴力广告对消费者、对社会有哪些危害？
6. 请结合实例，概述虚假广告、情色广告、暴力广告的伦理策略。

第八章　公共关系伦理

当原始意义上的那种简单、被动、偶然发生的公关被社会文明赋予了一种主动热情、普遍存在的崭新意义时，人们愈来愈离不了它了。

——编者语

本章学习目标

通过本章学习，掌握公共关系伦理的基本概念，公共关系伦理的构成要素，公共关系伦理特征；了解公共关系伦理的基本原则；正确掌握公共关系中的伦理问题，合理利用公共关系中的伦理策略解决伦理问题。

本章学习重点

公共关系伦理的基本概念，公共关系伦理的基本原则，公共关系中的伦理问题，公共关系中的伦理策略。

公关与伦理的结合过程是客观的且必然的，公共关系中的伦理问题是公共关系学的一个新发展。值得注意的是，公关是可操作的，而伦理是需要思考的，且人们的众多行为往往会倾向于借助传统的思维与习惯，特别是借助于社会的惯例做出判断。公关伦理中的伦理思考是表面的还是内在的，即每个公关行为的产生是否都曾经有过伦理的思考，这是公关伦理研究中一个尚待解决的难题。目前，整个世界都处在一个道德哲学向应用伦理学转变的过渡阶段。而这种伦理的应用主要集中在对每个职业的两个理解，即职业道德和部门伦理，各行各业的职业道德和各个领域部门伦理的总和就是应用伦理学，公关伦理也是其中的一部分，必须对此加以重视。

第一节　公共关系伦理概述

在美国，伦理一直以来是公共关系领域内颇受关注的问题（Elwood，1995）。1950 年美国公共关系协会制定了伦理标准，后来发展成为职业规范守则

(Curtin&Boynton,2001)。近年来,尽管研究者们正在努力使公共关系的伦理准则规范化,但在伦理规范化中仍然存在着不少问题。比如,在对公共关系领域伦理的定义、伦理行为的构成、共同的伦理准则以及伦理规范的模糊与失效等方面仍存在不少困难(Boynton,2002)。尽管各类应用伦理学的分支可以进行单独的研究,但却不能缺失对社会的逐个个体的反思,因为无论是科技伦理、商业伦理还是公关伦理,毕竟都应"以人为本",任何职业的分化及存在都只是人类生存的一种工具,一种人类追求快乐、谋求幸福的工具。

一、公共关系伦理的基本概念

(一)公共关系伦理的含义

关于公共关系的定义有很多。综合各种定义,可以为公共关系总结为如下定义:公共关系(Public Relation)是指某一组织为改善与社会公众的关系,促进公众对组织的认识、理解及支持,达到树立良好组织形象、促进商品销售的目的而进行的一系列活动。公共关系作为一门新兴科学,尚处在发展的"幼年"时期,公共关系伦理是这门学科的道德责任部分,尚处于萌芽的发展阶段,还需要众多企业和相关学者对其进行更加深入的研究和运用。从公共关系定义的不同界定中,我们可以进一步定义公共关系伦理。

1. 从公共关系角度来看。

(1)公共关系是指一个组织与其公众之间的关系。组织的公共关系活动是一个组织长期进行社会交往、沟通信息、树立自身良好形象的过程,这种关系是一个组织在与公众的相互作用和相互影响中形成的。

(2)公共关系是一种特殊的思想和活动。任何组织都处在一定的公共关系状态之中,这是一种客观存在的形态。公共关系的职业任务是协调社会组织与公众的关系,塑造组织良好的社会形象,进而促进组织的不断发展和完善。

(3)公共关系是现代企业管理的一种职能。公共关系观念影响和指导着个人或组织决策与行为的价值取向。公共关系的主要任务就是,协调组织与公众的相互关系,使组织适应于公众的要求,使公众有利于组织的成长与发展。

(4)双向信息沟通与传播是公共关系的特殊手段。一方面企业要把为公众、为社会服务的信息传递给整个社会和公众;另一方面又要把公众与社会对企业的评价、意见等信息反馈到企业,以便企业采取有效的措施,挽回或提高企业的声誉。

2. 从伦理角度来看。公共关系处理的是组织与公众间的传播、沟通的关系,组织所面对的是公众掌握的不同的道德观念,遵守的不同的道德准则,这样必然会使公关活动带有相应伦理的选择与判断的要求。公共关系伦理的理论依据就是如何解决与处理组织与公众的传播沟通行为中的真实、责任、信任、诚实等问题，如何约束公关人员的职业道德和行为规范等。

结合以上内容，可以给公共关系伦理下一个定义：即一个组织运用道德的传播手段，使自身适应公众的需要，并使公众也适应组织发展需要的一种道德方面的行为规范。

现今，社会对公共关系伦理含义的理解和定义表述是多层次的。人们普遍认为它既可以是一种道德状态，又可以是一种道德活动，还可以是一种道德学说，更可以是一种道德观念和职业。

（二）公共关系伦理的构成要素

公共关系伦理的构成要素与公共关系的构成要素基本相同，在各个要素之间都围绕着道德来展开。

1. 社会组织。在公共关系活动中存在着各种组织，如赢利性组织、服务性组织、公共性组织、互利性组织等，他们的生存和发展与很多因素有关，自身的实力、社会的环境、良好的管理是组织成功的基础。公共关系则是从如何建立和维护组织与公众之间的互利互惠关系、树立组织良好形象的角度来促进组织的发展。

2. 公众。公众是公共关系的对象，也是公共关系伦理的对象。公共关系中，相互作用、相互影响的双方是组织与公众。任何组织都有其特定的公众，组织努力维护与各类公众的关系，而公众也可以随时表达自己的意志和要求。在维护组织与公众的关系中，道德层面的方法将发挥着至关重要的作用。

3. 传播。传播是组织和公众之间观念、知识或信息的一个共享过程，通过双方的交流与沟通，促进组织与公众之间的了解、共识、好感与合作。传播是组织与公众之间建立关系的一种手段，只有双方有机结合、共同作用，才能使组织得以在公众面前建立和维持良好的公共关系形象。三者的关系可用图 8-1 表示。

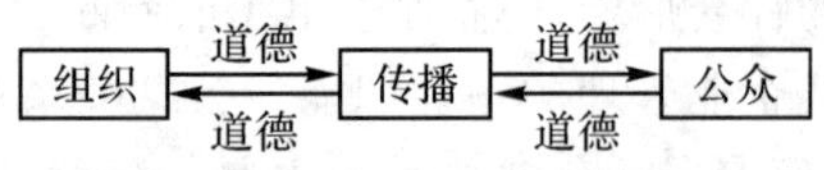

图 8-1 公共关系伦理三要素关系图

（三）公共关系伦理的特征

1. 形象性。良好的形象是组织最大的财富，是组织生存和发展的出发点和归宿，企业的一切工作都是为了顾客而展开，失去了社会公众的支持和理解，组织也就没有了存在的必要。

2. 道德性。公共关系是一种创造美好形象的艺术，它强调的是成功的人和环境、和谐的人事气氛、最佳的社会舆论，以赢得社会各界的了解、信任、好感与合作。公共关系的目的是追求“人和”的境界，为组织的生存、发展或个人的活动创造最佳的软环境。

3. 双向沟通性。公共关系是通过信息双向的相互交流和沟通来实现的，而不是单向的公众传达或对公众舆论进行调查、监控，它是主体与公众之间的双向信息系统。在这里，组织和公众之间可以进行平等自愿的、充分的信息交流和反馈，没有任何强制力量，双方都可畅所欲言，因而能最大程度地减少副作用。

4. 真实性。追求真实是现代公共关系工作的基本原则。正如美国前总统林肯所说，你可以在某一时刻欺骗所有人，也可以在所有时刻欺骗某些人，但你绝对不能在所有时刻欺骗所有人，因为真相总会被人知道。因此，公共关系强调真实原则，要求公关人员实事求是地向公众提供真实的信息，借此取得公众的普遍信任和理解。

5. 整体性。利益从来都是相互的，社会不可能出现一厢情愿的利益。人际交往中人们常说：与人方便就是与己方便；而对社会组织而言，只有在互惠互利的基础上，才能真正达到自身利益的最大化。它侧重于强调一个组织机构或个人在社会中的竞争地位和整体形象，以使人们对自己产生整体性的认识。它并不是要单纯地传递信息，宣传自己的地位和社会威望，而是要使人们对自己各方面都有所了解。

6. 长远性。公共关系的实践告诉我们，不能把公共关系人员当做“救火队”，而应把他们当做“常备军”。在公共关系工作中，公共关系组织和公关人员不应锱铢必较地去计算一城一池之得失，而要用战略的眼光着眼于长远利益，只要持续不断地努力，付出总有回报。

二、公共关系伦理的基本原则

公共关系伦理的工作复杂而繁琐，只有牢牢掌握一些搞好公共关系的基本原则，才能在具体工作中取得事半功倍的效果。同时，在我们的社会生活中还存在着许多假公共关系和庸俗公共关系活动，这些基本原则可以为区分这些活动提供一定的依据。

（一）求真务实原则

现代社会，信息及传媒手段空前发达，这使得任何组织都无法长期封锁消息、控制消息，以隐瞒真相、欺骗公众。做好公共关系伦理工作要做好两点：(1)向公众说真话。这是减少公共关系工作中伦理问题首先要遵守的原则，公众的眼睛是雪亮的，在信息发达的今天，想长久隐瞒事件的真相是不可能的。(2)用行动来证明。公共关系的好坏，主要通过事实而不是单纯依赖宣传来证明。企业向公众提供的信息必须是真实、客观的，切忌编造假材料来欺骗公众、获取公众的一时好感。

(二) 互惠互利原则

利益从来都是相互的,从来没有一厢情愿的利益。只有在互惠互利的情况下,才能真正达到自身利益的最大化。坚持互惠互利原则要做到生产优质产品,谋求与消费者的共同利益;积极参与社会服务,对公众和社会负责;有效调节组织和公众的利益平衡。通过公共关系,可以实现双方利益的最大化,这也是具备公共关系意识的组织和不具备公共关系意识的组织的最大区别。

(三) 公众利益第一原则

公众利益第一原则,并不是组织完全牺牲自我,而是要始终把公众利益放在首位。公共关系的实质是通过获得公众的好评提高企业的声誉。要得到公众的好评需要做到以下几点:(1)认真听取公众意见;(2)提供优质服务;(3)维护消费者权益;(4)以公众需求为导向。企业只有把维护和增进公众利益作为处理公共关系的出发点,才能赢得公众的信赖和好评,进而提高企业的信誉。

(四) 不断创新原则

公共关系人员不仅要坚持求真务实的原则,也要创造性地发挥自己的主观能动性。只有不断创新才能保证公共关系工作的持续成功。可以从以下几个方向思考:(1)大胆设计,敢于求新;(2)移植再造相结合;(3)逆向思维,寻求突破;(4)排列组合,以旧翻新。

(五) 长远发展原则

公共关系人员必须注意保持与公众的日常联络,在平时与当地的政府机关、新闻媒体、消费者、社区等公众坚持进行一些联络感情的工作,以防突发事件的产生。普遍建立关系,不要厚此薄彼;建立关系要自然、顺理;关系对等,互惠互利。企业的公共关系必须要有计划性,要能预见企业某些营销活动可能会造成的不良影响。

三、公共关系伦理的功能

(一) 繁荣社会经济,塑造企业形象

建立良好的信誉是企业经营成功的诀窍,“酒香不怕巷子深”的陈旧经营观念已不能适应激烈的市场竞争环境。一个组织一旦在公众心目中树立了良好形象,就意味着它具有很好的社会信誉,可以取得广大公众的信任和支持,这也就是我们通常所说的“无形资产”。建立公共关系的根本目的是通过深入细致、持之以恒的

具体工作树立组织的良好形象和信誉，以取得公众理解、支持和信任。争取舆论的支持和公众的信任，成为企业生存发展的重要条件之一。商品信誉是较低层次的，只是部分公众或消费者在多次的商品交换过程中形成的对生产者和经营者的信赖程度，它只是企业技术经营素质的综合反映。企业良好形象和声誉是无形的宝贵财富。而树企业信誉，创名牌企业，不仅是企业自身发展的需要，也是现代社会对企业日益强烈的要求。

（二）优化社会环境，调控社会行为

组织开展公共关系活动，对组织生存、发展的大环境和小环境都有积极的建设意义。以追求交流、协作、互惠互利为特色的公共关系意识和以运用公平、公正、公开的手段为特征的公共关系活动，在20世纪逐渐得到了社会的认同，进而成为了现代占主导地位的社会观念和价值标准的一个非常重要的方面。公共关系可以提供给社会一种良好的关系氛围，它可以用真诚广泛的社会交往和双向交流的沟通，帮助人们摆脱孤独、恐惧、忧虑和隔阂，帮助人们提高心理适应能力和心理承受能力，从而营造一种良好的社会心理环境。

（三）提高素质，协调纠纷

首先，通过公共关系管理，组织可以在四个方面提高员工的素质，即公众至上意识、交往合作意识、个人形象意识、与时俱进意识。随着生产社会化程度的不断提高，任何组织都处于复杂的关系网络之中，而且这种关系处于一种动态的发展之中。其次，有利于协调纠纷，倡导社会文明。当社会成员看到自己的意见得到重视、自己的权利得到尊重时，又会唤起他们对社会事务、国家事务的主动参与意识，这样就会在社会形成一种积极健康的政治环境，这将大大有利于民主政治的发展和健全。企业在生产经营运行过程中，也难免会有因自身的过失、错误而与消费者发生冲撞的时候。一旦发生，必然导致消费者对企业的不满，从而使企业陷入一个充满敌意和冷漠的舆论环境之中。如果对这种状况缺乏正确的认识，对问题处理不当，就极易产生公共关系纠纷，甚至导致严重的公共信任危机。对企业、对公众、对社会都会带来极大的危害。

【案例 8-1】 如烟：含高浓度尼古丁受质疑[①]

2006年11月22日，《京华时报》刊载《含高浓度尼古丁，“如烟”存安全隐患仍上市销售》，质疑“如烟”戒烟产品。当日，北京赛波特如烟科技发展有限公司致信

① 资料来源：《京华时报》，2006年11月22日。

媒体,否认其产品如烟被疑含高浓度尼古丁报道,该公司称:尼古丁替代疗法(简称 NRT)是世界卫生组织大力推荐使用的控烟、戒烟方法,其安全性和有效性早已在世界范围内得到普遍应用。

2006 年 11 月 24 日,北京赛波特如烟科技发展有限公司发表声明,提出“如烟”产品在专利、商标、安全与卫生检测、生产、销售、宣传等各方面均按照国家有关法律法规办理了相应的手续。公司“如烟”产品已经在澳大利亚、以色列、土耳其等国家经过当地监管部门的批准开始销售。声明表示:公司欢迎任何负责任的批评和建议,但对于任何违反科学、歪曲事实的恶意诋毁,该公司保留采取法律行动的权利。

2006 年 12 月 1 日,如烟召开新闻发布会,公司高层及所谓国内的控烟领域专家为如烟的“烟碱门”质疑做出正面应对:如烟公司出示了所谓国内外著名权威检测机构出具的安全卫生检测。发布会现场,中国控烟领域专家张义芳、臧英年、袁守军纷纷为如烟证明,烟碱中的尼古丁仅是成瘾因素,而非致害因素,尼古丁戒烟法是安全的,并且符合国际戒烟潮流。

2006 年 12 月 3 日,国家烟草专卖局、国家工商行政管理总局、国家安全生产监督管理总局做出回应。国家烟草专卖局有关人士表示,“如烟”主要成分是从烟草中提取的高纯度烟碱,而“烟碱(尼古丁)”被列为危险化学品,对其应实行严格监管。工商总局广告司有关负责人表示,如果鉴定结果认定“如烟”是烟草制品或含有有毒物质,肯定不允许在媒体上发布广告。如果其继续发布广告,将依法进行查处。

2006 年 12 月 25 日,世界卫生组织烟草制品专家在接受采访时表示,通过“如烟”的戒烟方式是无效的,通过肺吸入尼古丁会导致上瘾,根本起不到戒烟作用。世界卫生组织烟草制品科学咨询委员会的海宁菲尔德教授对记者表示,尼古丁替代疗法是一种被临床实验证明了的有效疗法,之所以被世界卫生组织推荐,是因为它是通过口腔黏膜或者皮肤进入人体的,对大脑的刺激非常缓慢,成瘾性也较低;而抽普通香烟时尼古丁是直接吸入肺部的。“因此,尼古丁被吸入的方式是判断其是否为尼古丁替代疗法的重要标志。”

海宁菲尔德教授指出,通过肺吸入尼古丁的方式十分危险,而且最容易让人上瘾。因为尼古丁会在不超过十秒钟的时间里,通过动脉血管对人的大脑和心脏形成比较大的刺激,让人持续上瘾。

第二节　公共关系的伦理问题

在中国,社会公众对公共关系的认识还存在很多误区,与国际上的情况依然存在着较大差距，尚没有形成完整的服务体系，缺乏职业道德的约束，企业片面投客户所好，急功近利，整个公共关系市场仍处于无序状态。高素质公共关系人才的严重缺乏制约了中国公共关系业的迅速发展。公共关系是一种塑造组织形象的管理职能。作为一项涉及面广、综合性强的工作，公共关系在履行职责的过程中，经常涉及一些伦理性的问题，如欺骗性宣传、商业贿赂、损害公众利益等。

一、欺骗性宣传

(一) 欺骗性宣传的含义

宣传是社会组织有意识地把某种观念、意见、态度和情绪，以及风俗、信仰传播给社会所作出的努力，是一种有意识控制社会心理的活动。宣传的目的主要是改变和强化人们的心理状态和精神状态，获取人们对某种主张或信仰的支持。只有引人注目的宣传，才能使企业的产品和服务广为人知，进而激发人们的购买欲望，最终达到扩大销售和服务的目的。

残酷的现实让许多企业都在盼望着有这样一个真正符合他们要求的宣传平台：宣传制作快捷、信息传达准确、操作灵活方便；传播方式多样化、角度多维化、互动人性化；投放具有针对性，目标受众到达率高且受关注度强；传播范围广、不受时空限制，可以二次传播、重复传播且信息可以永久保留；信息具有可检索性且容易迅速查找。不仅如此，还要成本低廉，效果明显。

然而，在竞争激烈的今天，社会上出现了大量的欺骗性宣传，迷惑消费者，损害消费者的利益。所谓欺骗性宣传，是指社会组织故意夸大产品的真实性或者捏造产品的功能来迷惑消费者，进而使消费者心理得到满足的不良宣传。如，电视广告中各类化妆品、家庭用品效用的故意夸大与捏造。这些不真实的宣传，损害了消费者的利益，同时也损害了企业的形象，不利于企业的生存与发展。

(二) 欺骗性宣传的危害

1. 损害企业形象。一般情况下，企业的宣传都是为了得到公众的信赖和好评，进而提高企业的信誉与形象。如果企业在宣传的过程中，故意夸大或捏造了产品的信息，势必会造成消费者对产品的不满意，进而不信任企业的产品，损害企业的形象。

2. 损害消费者利益。现在社会上的广告越来越多，为了引人注目，广告可以借助新闻、文学、艺术、虚构的形式，采用广播、电视、报纸、杂志、路牌、灯箱等手段来推销产品或服务，然而，在宣传的过程中，商家对产品的价值和性能故意夸大，有些食品还会对身体健康产生极大的危害。这种欺骗性的宣传，极大地损害了消费者的切身利益。

3. 破坏市场竞争秩序。随着产品的多样化，同类产品在市场上提供给消费者的选择机会也越来越多，显然，企业的广告宣传作用也发挥着越来越重要的作用。有些企业为了获得更多的利益，不惜违背道德伦理，大肆进行欺骗性宣传，极大地影响了各个企业之间的公平竞争，损害了社会的公平竞争秩序。

二、商业贿赂

企业在从事媒体式的公关活动中常常具有灰色的一面，例如商业贿赂就是存在于这一领域中的一种“灰色”活动。

(一) 商业贿赂的含义

所谓商业贿赂，是指经营者为销售或者购买商品而采用财物或者其他手段贿赂对方单位或者个人的行为。商业贿赂行为是不正当竞争行为的一种表现。这是因为，倘若经营者不是通过降低成本、提高质量等方式参与竞争，而是通过贿赂手段购买或者销售商品，那么必然违背了竞争原则，扭曲了市场关系，更损害了其他经营者的合法权益，导致了市场的不正当竞争。

在企业公关的影响下，新闻界出现了有偿新闻现象——专题专刊进行付费性的新闻传播。从经济活动的层面看，这其中伴有一种接受企业在从事自我树立口碑的公关活动中所进行的貌似交易式的商业行贿。从伦理规范的角度看，这其实是一种有悖于职业道德规范的行为，因为这种行为已经违背了媒体从业者的职业道德规范，严重地影响到正常经济活动的开展及和谐经济秩序的维系。因此，必须对这种行为和现象进行有效的道德诊断和审视。

(二) 商业贿赂的主要表现形态

商业贿赂的表现形态多种多样，具体可以概括为以下五种。

1. 赠送货币现金。包括人民币、外币等，具体以宣传费、赞助费、信息费、科研费、劳务费、咨询费等各种名义的费用出现。

2. 给予有价证券。包括债券、股票、股票认购券、现金支票、代金券等，有时也表现为各种各样的证、卡、提货单等，如信用卡、高级娱乐场所会员卡、折扣券、打折卡等。

3. 给付和收受实物。包括各种高档生活用品、奢侈消费品、工艺品、收藏品等，有时也表现为房屋、车辆等大宗商品。

4. 提供其他利益。包括减免债务、提供担保、免费娱乐、旅游、考察等财产性利益，以及就业就学、荣誉、特殊待遇等非财产性利益。

5. 收受回扣。在这里有一个小小的案例——西门子案，说明了商业贿赂带来的危害与损失。2008 年底，德国电信工程业巨头西门子公司同意支付大约 13 亿美元的罚金了结困扰自己两年多的贿赂案，创下了有史以来的最大商业贿赂罚单。西门子遭遇如此重罚的原因是：在 2003—2007 年间，西门子曾向 5 家中国国有医院行贿 2340 万美元，与此同时，西门子还通过贿赂中国部分官员，获得了价值 10 亿美元的地铁工程和华南地区两个总价值约为 8.38 亿美元的电力高压传输线项目。

（三）商业贿赂的危害

商业贿赂中行贿者的动机是谋取商业利益，它是随着商品经济的发展而产生、蔓延开来的一种负面经济现象。根据《联合国反腐败公约》，它又是一种腐败行为，对我国社会主义制度的危害表现在：

1. 造成经营者之间的不平等竞争，破坏了公平竞争秩序，它使市场竞争变成贿赂、人情及关系网的恶性博弈。

2. 造成物价虚高，特别是一些医药企业实行高定价、高回扣，加重了国家和群众的负担。

3. 严重败坏了社会道德和行业风气。

4. 通过商业贿赂，假冒伪劣商品流入市场，使制售假冒伪劣商品的违法犯罪活动有可乘之机，消费者深受其害。

5. 妨碍了质量、价格、技术、服务等效能竞争手段作用的有效发挥，使市场配置资源的作用失灵，社会主义市场经济难以实现其本有的价值。

6. 行贿的经营者做假账虚报成本，接受贿赂的单位或个人不入账或隐瞒收入，前者抵税，后者不纳税，造成国家和地方税收大量流失。

7. 国家工作人员接受贿赂，其后为保官或晋升行贿，严重破坏了国家的廉政制度建设。

8. 受贿者暗中出卖本单位利益，造成企事业单位管理的困难，严重破坏了企事业单位内部管理制度。

9. 损害我国的国际形象，影响国际评估机构对我国腐败程度的印象。

10. 商业贿赂加大贫富差距，一部分人一夜暴富，更多的人却因在市场竞争中受到不公正的排挤而收入减少，从而使得贫困人口增多。

11. 商业贿赂滋生洗钱和有组织犯罪，其引起的社会不满情绪又会加剧社会冲突，造成一系列的社会动荡和犯罪率上升。商业贿赂泛滥将使国家陷于犯罪率不断攀升的境地。

12. 妨碍政府职能的转变。商业贿赂导致的竞争不公、市场混乱和违法犯罪使得政府监管力不从心，政府部门不得不强化对市场的干预，使得市场经济要求政府转变职能的目标难以实现。

13. 商业贿赂导致政府公共开支的效益被削弱，或者大打折扣。

14. 商业贿赂盛行所导致的官商勾结和结党营私妨碍了法律政令的实施，诱发了地方和部门保护主义，使社会矛盾加剧，妨碍了社会主义和谐社会的构建。

总之，商业贿赂对市场经济和国家廉政制度有百害而无一利，绝非经济发展的润滑剂。

三、公关赞助与慈善活动

世界各地的CEO们每天都会受到捐赠要求的狂轰滥炸，有的来自医疗机构，有的来自环保组织，有的来自教育机构，而绝大多数的企业会屈从于这样的压力。在赞助活动中到底是宣传产品还是宣传品牌并不是伦理问题的关键，关键是赞助与慈善活动背后隐藏的是什么，更主要的是如何进行赞助与慈善活动，以及赞助的是什么，慈善活动的影响力是什么。

在中国利用体育赛事来从事公关活动已渐为人们所接受。从20世纪70年代后期开始，耐克与阿迪达斯的竞争从未停歇，在30年的较量中，虽然阿迪达斯总能成为奥运会、世界杯、欧锦赛等大型比赛的官方合作伙伴，但耐克却凭借其赛场主角——明星运动员的关注及全面的营销手段走出了一条成功的伏击之路，尤其是奥运会这个最大的舞台。2004年，阿迪达斯再次成为雅典奥运会的官方供应商，耐克则依然我行我素。1996年在亚特兰大奥运会上的成功证明，对手即使成为官方的赞助伙伴也不一定能称雄市场。作为全球第一运动品牌，耐克有足够的实力和理由去争取奥运会官方合作伙伴的身份，但同时也有充足的精力将“擦边球”进行到底。亚特兰大奥运会的成功使耐克的营销方式暴露出来，雅典奥运会组委会也拿出了相应的措施来保护赞助商的利益。为了防止“耐克阴谋”重演，雅典奥运会组委会为正式赞助商预留了竖立广告牌的空间，对未经授权的广告牌则坚决拆除。[①]

无论是耐克还是其他品牌，在这里，体育竞技也仅仅成了一个可利用的形式。赞助活动的作用是利用新闻界的猎奇心理，特别是在一些有声有色、有图像的事件中，电视台的兴趣会更大，而这又是广告所无法赢得的，即带来极为令人满意的曝光率，可见通过赞助所赢得的这种宣传更是含而不露。

赞助作为公关的一项专项活动，一般更多地表现为赞助之外的目的，当然这并

① 参见《经济观察报》，2004年9月10日。

不会由此而损害到赞助者的社会公众形象。目前,中国的企业在使用赞助活动时已从以往的争夺赞助权利的较量逐步地发展为探求赞助之外的配套营销的竞争。总之,花了钱之后应该知道该干什么,而且还要再花钱告诉别人说你花了这笔钱。因为赞助并非直接代表着市场,而是代表着赞助企业的形象,因此,赞助需要营销的配套工作来更好地体现。

无论你是如何看待赞助活动的,也不管你对赞助背后的用意作何评论,但是慈善活动的初衷应该是善意的,不过一旦牵扯到公关的问题就不可避免地带来了道德伦理的思考。其实作为一个组织,展示社会责任的公关策略可以通过演讲来阐明使命与价值观,而更多的可以利用公益广告和慈善事业来展现,如捐助教育、卫生保健、福利和艺术事业等。因此,一些有见识的组织会将慈善事业与组织的目的巧妙地结合在一起。慈善活动被称为“同伟大事业相联系的公关攻势”。商家将形形色色的产品和服务与各种各样的公益事业挂钩,一并宣传,一起推销,这不仅有益于商家而且也推进了公益事业的发展。[①]

有些人并不赞成将公关与公益事业结合在一起,公益加公关的做法无疑损害了企业参与慈善活动的纯洁性,如果企业的公益活动总是加上一些附加条件,那么真正的奉献就会逐渐消失,因为人们会更多地为自己的付出计较着回报。另一种担心和指责是公关不会将资金赠予那些不能产生争议性的大众慈善机构,而是把大笔的资金投入那些能引起激烈争议的、极具有争议性的或者是不为大众所青睐的公益事业上,其原因是媒体比较偏爱市场补缺者。

尽管很难推崇公关的强大力量,但是萨菲尔认为,这不能成为一个组织开展公益活动时的全部出发点,还要多考虑慈善活动对于树立公司形象、鼓舞公司内部员工的士气以及对周围社区的氛围等所带来的影响。[②] 事实上,一个组织发展的历史、个人素养、财富来源、公益慈善环境都会是制约公益活动的原因所在。

四、公关礼仪

礼仪是文化的一种展示,也是道德的外在表现。可以说,公关礼仪正是公关伦理的一个具体展现,而公关人员伦理规范的集中体现正是公关礼仪。因为现实生活中看似表面的一些礼仪、规范或规矩,其实都是一种价值观念或是一种文化的体现。

著名国学大师南怀瑾先生在开讲《历史的经验》时,曾专门讲述了“礼”的利弊。

---

① 伦纳德·萨菲尔:《强势公关》,机械工业出版社 2002 年版,第 83 页。

② 南怀瑾:《历史的经验》,复旦大学出版社 1990 年版,第 15－16 页。

他认为，在中国的文化中最喜欢讲礼，礼也包括了一切制度。有礼、讲规矩，这在公家或私人的行为上都是比较好的。但是相反的，制度、规矩行久了，就会出大毛病，会使人偷懒逃避。和法令一样，立法太繁，就有空子可钻了。在南怀瑾讲到的曹操的例子中，郭嘉是曹操初期最好的参谋长，头脑并不亚于诸葛亮。当时曹操想攻打袁绍，但很困难，袁绍是世家公子，部队也多，等于军政大权都掌握在袁绍手里，而曹操力量单薄。可是当曹操和郭嘉讨论当时的战略时，郭嘉却对曹操说，不必担心袁绍，袁绍一定会失败的，因为袁绍是公子少爷，世家子弟出身，处处讲规矩，到处要摆个架子。他的文化包袱太重了，一定会失败，而你曹操不讲究这些，任其自然，该怎么做就怎么做，一定会成功。

道德总是会体现在人们日常的言谈举止当中的，而作为公关人员的一切公关行为其实都会成为礼仪的具体展示平台。如果说，礼仪最直接地体现了公关人员个人的形象，那么公关人员的形象所涉及的不仅仅是个人的影响力，也直接关系到组织的形象。如何在公众面前代表组织进行形象设计也体现出对舆论的引导，从舆论引导中可以显示出一种对社会基本的价值判断的指引。即使面对突发的事故时，在媒体面前，为了表现你的责任与从容，也应该是不卑不亢、从容不迫的。

礼仪是对社会及他人的一种适应，这种适应更多地不是为了自己的地位，而是一种对别人的态度与尊重。礼仪是利他性的，我们在公共场所、在与别人交往时会产生众多的礼仪规范，而作为一个公关人员来说，这份规范拥有了另一个意义，即直接关系到组织公关活动的效果。如果说一种规范的形成过程不仅仅依赖于一种教育的话，公关的伦理规范的建构过程也应该是全社会各种要素的综合运作的结果。

【案例 8-2】 名人“诈捐门”——道德与法的拷问①

事件一：余秋雨“诈捐门”

2009 年 5 月 31 日，《北京文学》编辑萧夏林质疑余秋雨为地震灾区捐款不会超过 6 万元，而不是他默认的 20 万元。余秋雨 2008 年地震后公开表示，希望能在都江堰捐建一所希望小学，都江堰教育局建议余秋雨将本来想捐的 20 万元捐款改成装备三所学校图书馆，双方达成了“君子协定”：三所学校每校 10000 册图书，实际价值超过 20 万元。但是有人质疑，余秋雨的捐赠从捐款到援建图书馆，再到捐书，性质已经不一样，而在这一切都还没有到账兑现的情况下，已经大肆宣传，这是不是“诈捐”？

事件二：章子怡“诈捐门”

2010 年 1 月 22 日，一网名为“善款去向”的网友在天涯社区发帖称，章子怡在

---

① 编者经网络资料整理。

2008年汶川大地震期间宣布过的多宗捐助善款，只兑现了一部分。随后，网民们启动“人肉搜索”，质疑其善款是否完全到位以及善款去向。更有一位美国当地的网友爆料称所谓的“章子怡基金会”目前已经“名存实亡”。至此，章子怡身陷诈捐门。

事件三：成龙“诈捐门”

继章子怡后，一向热心公益的大哥成龙也卷入“诈捐门”。据《上海侨报》报道，2009年5月11日，成龙探访北川中学时，曾承诺捐献电影新作《大兵小将》部分票房援建北川中学。但截至9月1日，新北川中学开学，负责新北川中学援建捐赠的中国华侨经济文化基金会，以及北川中学校长刘亚春透露并未收到成龙当初许诺的捐款。

一个个诈捐门事件，煎熬了国际巨星，同时也考验了光环背后明星的诚信和良知。社会舆论对于名人慈善的关注，在今天到达了一个空前的高度。诈捐只是冰山一角，即使有问题，也只是道德问题，少捐16万元可以视为过失，甚至我们仍然应该感谢章子怡，至少她为汶川震后的重建提供了84万元的善款。但我们不可以因为这16万元的补齐和84万元的感谢，就停止对于戛纳捐款去向的追问。很可笑的是，人们似乎都愿意把这些事件放在“危机公关”的环境下来考量。一个犯罪的行为，再好的公关危机都是没有意义的，那只能是对司法制度的侮辱。“诈捐门”从行为上来说，肯定是不诚信的行为，不够道德。再者，作为一个公众人物，他们的行为会起到引导大众的作用，所以道德上的自律要求应该更高，至少要高于普通人。

当然，我们也应该去拷问一下那些在整个事件中缺位的机构。他们早就应该站出来，追款或者追究法律责任，原本应该是他们的事情；同时，为已经捐款的人洗刷不白之冤也是他们的分内之责。我们更要警告那些机构，不要试图在整个事件中，中途跳出来为某些人洗白，不要用所谓的“将捐声明”替代“已捐结果”，你们的一言一行媒体都在关注，不要试图挑战民众的容忍极限，否则将是作茧自缚。

第三节　公共关系的伦理策略

一、公共关系的伦理策略

（一）政府：加强指导和引导，建立公共关系伦理意识

政府要在宏观上加强指导和引导，努力建立公共关系伦理意识。在依法治国这个大背景下，要适时出台有关中国公共关系的法令法规，使公共关系活动有法可

依。对于公共关系的教学要制定出明确的、带有权威性的规范。对公民进行公共关系伦理教育，提高他们的伦理意识。对已经正式列入《国家职业分类大典》的公共关系职业，应该采取行之有效的具体措施进行管理。对公共关系的各种类型、各个层次的培训要专业化、经常化、科学化、规范化、实用化。政府有关部门应该对这个新兴的职业进行科学、高效、全面的管理，可以监督并授权行业协会对公关人员培训及持证上岗进行检查，以维护政府法令法规的权威性和严肃性。

(二) 企业:把长期目标和短期活动结合起来

企业要建立良好的声誉，必须要经过长期的探索和努力。因此，每一个企业都应有一个公共关系的长期目标，而长期目标必须通过企业在特定时期内的一系列短期活动来实现。企业不能忽视任何一类公众对企业活动的影响力，要做到全方位地开展公共关系，更重要的是必须抓住重点。

(三) 企业和政府:加大宣传，提高公众对公共关系伦理的认识

企业开展公共关系必然要同公众沟通信息，宣传介绍有关企业的情况，这要求企业向公众提供的信息必须是真实、客观的，切忌编造虚假材料，以欺诈行为来获取公众的一时好感。让公共关系伦理为更多的人所知，应该做到如下几点:办好现有刊物，创办新的刊物、报纸;发表和出版更多的学术文章和实务著作;对优秀的公共关系伦理案例及公共关系公司、公共关系各类研讨会进行及时的报道。企业不能弄虚作假，夸大、虚构企业的优点，要以事实为依据，进行合理的宣传。

(四) 社会:集思广益，吸取精华

社会各界必须在今后的市场经济中不断集思广益，吸收国内外已经成功的经验，及时引进先进的、科学的公共关系理论，借鉴其成功的、有效的公共关系实务经验，同时挖掘中国传统文化中与公共关系相关的精华与营养。

二、中国公共关系伦理的发展与前景

(一) 走向国际化

中国公共关系伦理是一个从无到有、从分散发展到逐步规范、从纯国内化到国际化的过程。中国加入世贸组织，对中国公共关系事业的发展产生了重大影响，这种影响表现在中国公共关系市场的国际化趋势更加明显。中国公共关系伦理的发展，将是中国传统伦理与国际伦理的结合。

（二）更加专业化

随着公共关系在中国的发展，市场运作更加规范，公共关系伦理规范更加健全，各种公共关系的培训更加专业，社会上的各个组织对公共关系伦理也越来越重视，形成了一个良好的氛围。

（三）手段科技化

随着多媒体时代的到来，企业组织越来越认识到信息网络、现代传媒新技术对公共关系伦理传播的重要意义。网络使公共关系伦理传播的平等性、双向性、反馈性得到更大程度的提升。信息传播双方已成为真正意义上平等交流的伙伴，实现了更深层次含义上的双向互动，信息数字化将使得未来公共关系伦理发展的手段更加高科技化。

（四）地位战略化

现今社会，组织的形象竞争已呈白热化的状态，公共关系作为一种重要的传播手段和传播战略，将为组织塑造一种“全球形象”。同时，随着竞争的日趋国际化，将公共关系纳入组织的战略管理层面有着重要的意义。在解决全球性问题的过程中，公共关系是最有发言权和成效性的。公共关系在未来发展中的战略地位越来越明显，公共关系伦理产业也将随之形成。

（五）行业自律更完善

随着中国公共关系市场的成熟、公共关系教育的规范化、公共关系市场的国际化，公共关系人才竞争将更为激烈。公共关系市场的发展与不断成熟，会激活公共关系的人才市场。行业中公平、公正、公开的基本规则在激烈的竞争中会得到逐步的确立和维护，行业的自律性也会被更加重视。

【案例 8-3】 “真实”等于伦理吗？[①]

面对公关“真实”的意义，人们可能会提出一个疑问：真实就是符合伦理的吗？艾维·李曾担任洛克菲勒的公关顾问，当他劝说洛克菲勒拿出钱来进行慈善活动时，一个“强盗大王”马上摇身一变成了一个慈善家，这个转变过程肯定离不开伦理的分析。

① 资料来源：《经济观察报》，2005 年 1 月 13 日。

英国载闻媒体集团总裁汪瑞思(Chris Wronksi)创造了“真实电视”。“真实电视”节目展示的所有镜头都是现实中真正发生过的事情,题材涉及警情、救援、自然灾害、人为灾害、工作中的欺骗行为等紧张刺激的真实事件,也有感人肺腑的儿童医疗节目,真实电视还追踪记录婚姻中的不忠行为……尽管没有演员,没有特效,没有绝技,但却不能没有道德。

有一期节目是这样的:赛道上,第一次撞击,一辆赛车被撞成了皱巴巴的纸团;紧接着第二次撞击,那团纸被撞得漫天雪花……连续一个多小时的节目,演的都是真实的车祸,然而切开驾驶室,赛车手不但活着而且竟然行动自如,冲着镜头招手示意。反复地演示了撞击的过程后,解说告诉观众:不要忘记系安全带。观众因此也没有必要因为目不转睛地盯着车祸叫喊而感到内疚,因为我们其实是在接受一次安全教育。

汪瑞思表示:真实电视是想展现人性阴暗的一面,观众看了会感到不舒服的真实,我们肯定是不播的。因为我们希望做有责任的制片人,在任何情况下,我们都要考虑节目带来的道德思考。在任何的国家市场都要和当地合作伙伴或政府部门协商,制定合理的道德原则。汪思瑞说,这种良好的自我约束态度也许就是真实电视能够被全球不同文化的国家都接受的秘密所在。目前,真实电视每周7天,每天24小时在世界各地用18种语言播出,全球收视用户1.2亿,对于诞生尚不足5年的真实电视频道来说,这个成绩是令人骄傲的。

真实电视进入中国之前,对中国观众的口味进行了了解,认为中国观众比较倾向于接受人性美好的一面。为中国选择节目的一个标准就是有示范作用的英雄主义,如不顾自己的生命去帮助别人。

但“真实”经过包装还有多少价值?电视新闻制作与播出是在近几年才迅猛发展起来的,被称为公关专业人员使用的最有劝服力的外部录像工具。电视新闻可以由整整30分钟到90分钟的电视片段编辑而成,包括新闻广播。这些录像节目还可以作为一种未被剪辑的原始素材及档案材料的辅助片段播出,并包括一些建议性的文字。公关文案的作者经常遇到的困惑是,对事实夸大到什么程度才不至于变成空洞无物的垃圾。在稿件的商业目的超过编辑从中所能看到的新闻价值之前,稿件可以有多少“欺骗”?

本章小结

本章重点介绍了公共关系伦理的基本概念和基本原则,以及公共关系中相应的伦理问题。公共关系伦理是一个组织运用道德的传播手段,使自身适应公众的需要,并使公众也适应组织发展需要的一种道德方面的行为规范。公共关系伦理特征主要有形象性、道德性、双向沟通性、真实性、整体性和长远性。公共关系伦理的基本原则主要有求真务实原则、互惠互利原则、公众利益第一原则、不断创新原则及长远发展原则。

公共关系伦理主要包括欺骗性宣传和商业贿赂。欺骗性宣传，是指社会组织故意夸大产品的真实性或者捏造产品的功能来迷惑消费者，使消费者心理得到满足的不良宣传。欺骗性宣传的危害包括损害企业形象和消费者利益，破坏市场竞争秩序。商业贿赂，是指经营者为销售或者购买商品而采用财物或者其他手段贿赂对方单位或者个人的行为。商业贿赂行为是一种不正当竞争的行为。商业贿赂的主要表现形式有赠送货币现金、给予有价证券、给付和收受实物、提供其他利益及收受回扣。

我们可以通过强化公共关系伦理意识，加大对公共关系伦理的宣传，通过把长期目标和短期活动结合起来等措施来规范公共关系伦理。公共关系伦理有助于繁荣社会经济，建立良好的企业形象；优化社会环境，调控社会行为；协调纠纷，倡导社会文明。我国公共关系伦理的发展要不断努力，朝着国际化、专业化、科技化、战略化的目标前进。

案例阅读与讨论

【案例】 柯达相机：遭遇集体投诉[①]

2006年7月3日中消协接到白华等220名消费者的投诉，反映柯达LS 443型数码相机存在严重质量问题。问题相机是柯达于2002年在国内上市的一款LS 443数码相机，在当时，这款数码相机拥有400万像素和3500元的售价，在市面上还属于高端类的产品。

家住北京市东城区的柯达LS 443用户白华，是这一款问题相机国内150余名用户的代言人。据白华介绍，大多数投诉人都是在2003年购买的该产品，而且大部分人从购买后1年左右（少部分人从购买后5个月）开始，该相机就在正常使用的情况下出现黑屏、镜头无法收缩（显示E 45错误）、曝光过度等故障。到柯达维修部门维修，维修部门给出的故障原因都是镜头部件损坏，需花1000多元更换镜头或花更多钱升级为柯达公司其他机型。

另据消费者反映，2005年，这款相机在我国的台湾地区也遭遇消费者的群体投诉，柯达最终向消费者“道歉”并提出了“升级解决方案”。

2006年8月23日，中消协进行群体投诉调解听证会。利用听证形式调解消费

① 资料来源：www.lmjx.net.

者投诉在中消协的历史上是第一次。遗憾的是，柯达没有到场。9月5日，媒体披露柯达炮轰消协的内部邮件。柯达认为，中消协在某机构并未对柯达 LS 443 数码相机进行质量检测的基础上，对外披露了该机构做出的所谓“查验报告”，消协在这件事情上没有实事求是，给柯达公司造成巨大的负面影响。

至于为何没有出席中消协听证会，柯达指出，在我们接到的书面通知中写道，“请你单位派负责人员应诉”，而根据现行《中国消费者协会受理消费者投诉规定》第一条受理投诉原则第二款的规定，调解以双方自愿、合法、合理、公正为基础。柯达法律部门律师以及外部律师的专业立场是无法以“应诉”的名义“自愿”参加会议。

而对于该事件的处理办法，柯达表示将对于消费者的不同诉求，采用不同的解决方案，以达到满意客户的诉求。2006 年 9 月 7 日上午，中消协负责人就柯达相机投诉事件给搜狐发来说明，称“在与柯达公司多次沟通协调的同时，我们也与消费者代表进行着沟通，做消费者代表的工作，听取消费者代表的意见和要求，转达柯达公司对消费者投诉问题的态度，告知他们解决问题需要时间，请他们相信中消协会在法律赋予的职能范围内，尽力帮助他们与柯达公司协商，促进投诉问题的合理解决。有些消费者代表对于柯达公司对消费者投诉不理不睬的行为表示强烈不满，情绪激动的消费者表示宁肯 3000 多元的相机不要了，要到柯达公司门前摔碎了，扩大社会影响，引起柯达高层的重视。中消协立即对消费者进行了劝解，告诉消费者过激行动无助于解决问题，反而会使问题复杂化，希望消费者理智维权，依法维权，消费者听从了中消协的劝解，数百人的群体维权行动一直在有序进行。”

“柯达已经发展了一百多年，一路走来不是很容易，我们相信柯达过去肯定是秉承着一种精神的，否则很难做成现在这么有影响的世界名牌。但我们不得不说，柯达公司在处理中国大陆消费者群体投诉 LS 443 数码相机质量问题上，没有体现出他们是一家重情重义的公司，没有体现出质量是柯达的生命，没有体现出消费者是柯达的血液，也没有做到让广大消费者满意。”消费者代表白华在听证会上说，“我们曾给柯达公司发过两份传真，一点回复都没有。柯达公司的态度很强硬，认为他们的产品没问题，从来没给消费者正常的处理方案。”

随后，柯达公司也向搜狐 IT 等发表了有针对性的六点声明。

一、随意找几个企业的某一类使用过的故障产品分析问题，再给企业产品定性是没有法律依据、不科学和不专业的，是不符合相关程序的，也造成媒体和公众的误解，我们希望在今后工作中依法按程序办理。

二、中消协在听证会上散发的新闻稿白纸黑字注明“8 月 10 日收到对方回函，明确台湾对 LS 443 型数码相机免费升级方案一事确属事实”，而事实上对方在回函中根本没有“免费”字眼，也没有任何有关免费的表述，更无从谈

“明确”和“确属事实”，这一点在听证会上有专家当场提出质疑，希望中消协正面对此事做出合理解释，并向企业道歉，以免影响公信力。

三、中消协只给企业一天半时间准备历史上第一次的听证会，企业也希望配合工作，树立良好新形象。但要求企业以“应诉”名义出席，同时又不告知详情，又安排中消协领导在本应客观公正的听证会上接收感谢锦旗，这与我们理解的“听证会”不是一个概念，企业无法在这样的情况下“自愿”参加。我们并不认为中消协把让企业“应诉”解释为“回应消费者投诉”这一表达合乎常理。在这一问题我们听取了法律专家和法律顾问的专业立场。

四、我们感谢社团组织中消协为此事做出的协调，但希望事情操作得专业、客观、公正、公平、合理，朝着有利于解决事情的方向发展。我们也非常尊重中消协意见，无论何种意见，都会作为我们参考解决问题的依据，避免失察。

五、对于“台湾消费者免费升级问题相机”一事，在台湾确实有消费者拿了升级的数码相机没有回来付钱，但并不代表免费，也不代表柯达没有追索的权利。我们是和台湾官方消保会共同处理该事情的，并持有台湾消保会对事情圆满处理的感谢函。柯达制定在台“满意升级方案”本身就是付费方案。

六、我们愿意与消费者当面沟通，排除误解，共同解决问题。我们正在积极组织当中。

【讨论】

1. 结合案例分析柯达违背了哪些基本原则？
2. 结合案例简述柯达应采取哪些伦理措施？

思考题

1. 公共关系伦理的基本含义与基本原则是什么？
2. 公共关系伦理的特征是什么？
3. 简述公共关系三要素之间的关系。
4. 结合案例说明公共关系中的伦理问题。
5. 公共关系的伦理策略是什么？
6. 假如你是一位公关人员，结合你的思考，对中国公共关系伦理的发展前景作一个预测。

第九章 营销竞争伦理

公平竞争，良性竞争，维护竞争，是竞争伦理的不二法门。

——编者语

本章学习目标

通过本章的学习，掌握营销竞争伦理的基本概念，掌握营销伦理的基本原则，了解营销竞争中常见的几类伦理问题，了解商业秘密、商业贿赂、商业标志等重要概念，简单了解不正当有奖销售和行政垄断，掌握营销竞争中的伦理策略。

本章学习重点

营销竞争的基本概念，营销竞争中的伦理问题，营销竞争伦理策略。

市场竞争是商品经济发展到一定程度的产物，也是促进商品经济发展的动力，现代社会，市场竞争与伦理道德的关系日益密切。万科的“捐款门”事件，恒源祥的“广告门”事件等都显示了社会公众对企业和企业家的高度关注，因此企业在做营销决策时必须考虑公众的伦理道德需求。同时，营销伦理决策中的道德优势和竞争优势是密不可分的，道德行为可以通过树立良好的企业形象等途径转化为企业核心竞争力，此外竞争优势可以促进企业形象的塑造进而推动企业的可持续发展。市场营销的竞争必须是合乎伦理规范的竞争，只有通过符合伦理规范的竞争手段，企业才能求得最佳的生存和发展机会，才能使企业在市场上达到可持续的发展。

第一节 营销竞争伦理概述

一、营销竞争伦理的基本概念

所谓营销竞争，是指企业为了获取市场交易机会，占据市场优势，追求利润的最大化，与其他竞争者展开的一种争夺或较量。市场营销的本质是逐利的，并且贯穿于营销活动的整个过程。营销竞争伦理,简单地说,就是合乎伦理的营销竞争。它要求企业在市场营销竞争中是理性的,是符合法律规定和道德规范的。营销竞争的道德指标要求企业竞争的过程和结果是合理的,是沿着正常轨道前行的。

市场经济离不开竞争,但只有合乎伦理的竞争才能使市场经济又快又好地发展,那些伦理缺失的恶性竞争只会引起市场秩序的混乱,甚至倒退。因此,提倡讲究伦理道德规范的营销竞争至关重要。符合竞争伦理的市场营销,可以帮助企业树立良好的信誉,提高企业在消费者心目中的知名度。企业之间也能更好地进行合作,共同为谋取更大的利益而努力,进而达到双赢的目的。竞争和合作是紧密联系在一起的。合乎伦理的营销竞争也是一种提倡合作精神的竞争,这也是新形势下发展的必然趋势。当前,双赢模式已被越来越多的企业所认可,即企业之间通过合作,运行新的合作经营方式,使双方企业都能够在一定程度上提高获利能力和竞争能力,用公式来表示,就是 1+1>2。

随着我国市场经济的不断深入发展,以及逐渐与国际市场的接轨,我国的企业面临越来越激烈的国内及国际市场的竞争。越来越多的企业开始将竞争优势的着眼点从单一的企业内部转向复合的外部环境,强调企业间的合作与支持,通过协作联合获取外部竞争优势正在成为企业谋求价值增长点的最新思路。因此只有真正地理解竞争的内涵,进行符合伦理道德内涵的营销竞争,才能在这场战争中赢得一席之地。

综上所述,营销竞争伦理就是指导企业通过合理的手段获取交易机会、取得利润,以合乎伦理道德的方式取得竞争优势的伦理道德规范。营销竞争伦理指导下的一切营销活动都是以道德观为中心的。

二、营销竞争伦理的基本原则

在市场竞争中,伦理问题无处不在,不正当竞争严重危害着市场经济秩序,阻碍市场经济快速、健康的发展,诸如商业贿赂、侵犯商业秘密、诋毁他人信誉等问题层出不穷。营销竞争伦理的基本原则是指导市场营销竞争科学合理进行的保障,它可以促使营销竞争更加公正有效,进而遏制不正当竞争,避免资源的浪费,极大地减少对竞争对手和消费者的危害,从而保持市场经济健康、有序地发展。总的来看,营销竞争伦理主要强调四个基本原则。

(一) 公平竞争原则

公平竞争是公平原则在市场营销领域中的具体、深入运用,是营销竞争的根本道德原则,也是双方进行合理竞争的前提和基础。如果双方在地位、机会及权利等各方面不平等,伦理竞争就无从谈起。相互平等主要表现在反对特权、反对以强凌弱等方面。市场竞争中的公平程度可以真实地反映各种市场信息,可以平衡各方利益,化解竞争中的矛盾和纠纷。公平竞争要求主体法律定位的平等、权利的平等、义务的平等、进入市场的平等及交易活动的平等。在竞争中坚持公平原则,主要体现在三个方面:

1. 不采用不正当手段对付竞争对手。现代企业面临越来越激烈的竞争,竞争的激烈程度往往会导致很多企业在竞争中被淘汰。于是,很多企业为了在市场竞争中获得成功,甚至不惜违背伦理道德,在竞争过程中采用不正当的竞争手段对付竞争者。也许这种企业将会获得一时的成功,但最终的结果一定是付出更加惨痛的代价,最终被市场所淘汰。因此,必须端正思想,不采用不正当的手段对付竞争对手,努力塑造良好的竞争形象。

2. 所有企业都应该拥有参与竞争的同等权力。只有权力平等才能行为平等,因此,市场上只要是合法存在的企业都应该拥有参与竞争的同等机会,任何企业为了减少竞争而损害竞争对手的行为都是不符合公平原则的。

3. 所有竞争者应享有与其贡献相称的利益。企业想要获得一定的经济效益,必然要付出一定的成本和代价。同样地,所有竞争者在投入财力、人力等资源的同时,也都享有获得与其贡献相对应利益的权利,这是任何其他企业所不能剥夺的。①

综上可知,公平原则是企业进行道德营销的保障,只有在一个公平的环境里,各个企业才能展开符合伦理的竞争,才能真正做到相互平等。在营销竞争中强调公平原则意味着企业之间竞争起点和竞争规则的公平。

(二) 正当竞争原则

正当竞争是企业立足社会的保障,它是企业应遵循的最基本的道德伦理规范。我国《反不正当竞争法》第 2 条规定不正当竞争是经营者(注意本条对经营者的定义)的行为,即是指经营者违反本法规,损害其他经营者的合法权益,扰乱社会经济秩序的行为。可见不正当竞争行为是一种采取非法的或者有悖于公认的商业道德的手段和方式,与其他经营者相竞争的行为。如果市场上充斥着不正当的竞争行为,最终将导致整个行业环境的恶化,任何一家企业都会面临损失惨重的后果。

正当竞争要求企业在考虑产品本身的成本外,还要综合考虑市场特性、供求状况、消费者的需求状况和竞争对手的情况,以及国际或行业的政策法规,同时还要考虑企业自身、消费者和竞争对手的利益,遵守基本的价格竞争道德。

---

① 高朴:《道德营销论》,江苏人民出版社 2005 年版,第 99 页。

(三) 合作竞争原则

西方著名经济战略伙伴研究专家詹姆斯·穆尔在《竞争的消亡》一书中曾指出:"企业竞争不是要击败对手,而是要联盟广泛的共同力量创造新的优势。"面对复杂多变的环境,竞争越发激烈的市场,单个企业的资源条件与能力毕竟有限。如果寻求竞争对手的密切合作,就可以很好地实现资源共享、优势互补、互利互惠、风险共担,有助于多元化战略的开展,巩固已有的市场地位,增强企业的竞争力等。正所谓"众人拾柴火焰高",企业与竞争对手建立利益共享的竞合关系之后,能够促使双方互相协调发展,共同稳步前进与发展。

同时,市场经济不仅仅是一种竞争经济,更是一种合作经济。在市场经济的条件下,竞争与合作是密不可分的,有竞争就有合作。企业通过与竞争对手的合作,运用新的经营方式,共同开发市场,从而使双方都获得利润,取得互惠互利的结果。可以说,合作是建立在互惠互利的基础上的,只有双方都能够盈利的情况下,竞争对手才能变成合作伙伴。因此,企业要权衡利弊,是竞争还是合作?是两败俱伤还是互惠互利?最主要的还是要依据伦理规范,遵守竞争道德,实现有序竞争。

【案例 9-1】 从攻击性广告看企业的营销道德[①]

2004 年底,联想携 IBM PC 迅速崛起为东方的一颗新星,大有和戴尔、惠普形成中国 PC 界三足鼎立之势。2005 年,惠普公司首先向联想放了一支冷箭,即在中国台湾地区推出了广告"连想,都不要想"。

同年,戴尔的一则楼宇广告在业界引发轩然大波:一名售货员卖出一支冰淇淋,中间却被一位肥胖的中年人拿走,并舔了一口才递给消费者。这则广告看似毫无新意,实则包藏祸心,中年人无疑暗指 PC 企业的分销商,而联想凭借本土的优势在中国拥有最庞大的 PC 分销商队伍。戴尔意欲提醒消费者,在电脑到消费者手中之前,早已被分销商占了便宜,而以直销为主要销售方式的戴尔公司,显然不存在"舔一口"的问题。

战斗让联想一次次接受洗礼,并积累了大量经验。2008 年初,苹果和联想先后推出了各自的超薄电脑产品 MacBook Air 和 ThinkPad X300。联想为了成功抢夺市场,决意以惠普、戴尔之道来对付苹果。广告中,联想用"Everything else is just hot air"(其他所有一切不过是吹牛)的广告词直指苹果 MacBook Air,打出了"No-Compromise"(绝不妥协,不打折扣)的字样,并将光驱显露出来,指出 X300

---

① 资料来源:《V-MARKETING 成功营销》,2008 年 10 月 14 日。

拥有 3 个 USB 接口;而苹果 MacBook Air 不仅无光驱配置,而且只有 1 个 USB 接口。广告中,联想对苹果可谓招招攻在要害之处,手下毫不留情。

当时惠普攻击联想的广告播出后,曾受到多方质疑,因为这种含沙射影的攻击形式,很容易引起消费者的反感,并受到社会对其商业道德的质疑。而这一次,联想充分吸收了惠普的教训,采用"用事实说话"的方式,不仅恰到好处地指出了苹果这一款电脑的缺点,同时也简单明了地体现了自身的优势。但联想显然也出现了失误,即在广告中十分明确地出现了苹果品牌的标志,为这则广告的攻击性打下了更为深刻的烙印,同时也为苹果指责联想的这一做法授以口实。如果苹果真的对这则广告追究起来,也不排除因为侵权而诉诸法律的可能。

这些企业在业内均有一流的声誉,知名度和曝光度已经不是他们所追求的,如何不断推出新品提升销售额被视为这类企业不断进阶的关键因素。我们丝毫不怀疑这些国际性大企业在战略决策上的能力,但是由恶意攻击广告可能带来的后果,相信他们比消费者更清楚,但仿佛他们都不约而同地选择了以打击对手来提升自我的方式。

事实上,每个产品都有自己的优点,每个产品也都存在劣势,况且,消费者的需求更是多种多样的,难以统一协调。而任何一个渴望基业长青的企业,对商业道德的遵守以及对企业形象的维护都是必须要做的功课。此外,对于 IT 界的企业来说,其消费者相对于其他领域而言,是比较成熟的,他们大多受过高等教育,有良好的收入状况,企业需要更多地考虑他们对于广告品位的要求。

第二节　营销竞争的伦理问题

一、侵犯商业秘密

商业秘密是指内容不公开,但被法律和道德规则允许并可以得到法律和道德规则保护的企业特有的信息和知识。一般是指那些不为公众所熟悉的,能给权益人带来经济效益,具有现实的或者潜在的商业价值并经权益人采取合理的措施进行保密的技术信息和经营信息。包括:包装设计、程序、产品配方、制作工艺、制作方法、管理诀窍、客户名单、货源情报、产销策略、招投标中的标底及标书内容等信息。总之,商业秘密就是企业秘密管理的生产方式、销售方式以及其他对经营活动有用的技术上或经营上未被公众知道的信息。它符合三个条件:该信息是秘密的,该信息因其秘密性而具有商业价值,合法掌握该信息的人采取了合法措施对其保密。[①]

侵犯商业秘密就是通过不正当的手段获取、披露、使用或允许他人使用权利人商业秘密的行为。它主要可以分为四种类型：不正当获取商业秘密行为，不正当披露、使用商业秘密行为，合法持有但违反义务或要求的不正当行为，第三人恶意获取、使用或披露行为。

在营销竞争中侵犯商业秘密的手段主要有两种。

(一) 员工的非正常流动

员工的非正常流动即“跳槽”、“挖墙脚”等。企业通过把竞争对手的重要员工拉到自己的企业，并从他们那里掌握竞争对手的商业秘密，包括竞争对手的专利、技术、客户名单、销售渠道、促销手段、价格策略、经营手段等有关的商业机密，其中大部分都关系到企业的营销活动。企业掌握了这些，就可以更加了解竞争对手，并且间接窃取竞争对手成功的秘诀，从而在市场上取得竞争优势。人才的频繁流动给社会经济带来了巨大的影响和冲击，据统计数据显示，70%的侵犯商业秘密的行为是跳槽者带走商业秘密形成的。有专家甚至指出，“人才流动与商业秘密保护从来就是一对孪生兄弟”。2005 年，Google 与微软曾为争夺李开复展开了一场长达 5 个月的诉讼大战。事情缘起于 2005 年 7 月，微软全球副总裁李开复突然跳槽到 Google，出任 Google 中国区总裁，Google 与微软之间的竞争关系加上李开复在微软的敏感地位，使得跳槽案彻底激怒了微软。微软随后在美国将 Google 与李开复告上法庭，称李开复违反了当初与微软签订的竞业禁止协议。这就是一个典型的有关竞争伦理的案例，我们来回顾一下这整个案例。

2005 年 7 月，Google 宣布，前微软全球副总裁李开复已正式加盟 Google，任全球副总裁、中国区总裁，掌管在华业务。同月，微软在其总部所在地华盛顿州将 Google 和李开复告上法庭，理由是两者违反了李在加盟微软时签署的非竞争合约及保密条约。随后 Google 在加州反诉微软，要求法官宣布微软与李开复协议中的竞业禁止条款无效。

2005 年 7 月末，华盛顿州高等法院法官史蒂文发布禁令，禁止李开复在 9 月 6 日前在 Google 从事网络和桌面搜索技术方面的相关工作；9 月 14 日，华盛顿州金县高等法院法官冈萨雷斯就李开复案作出裁决：李开复可以立即为 Google 工作，但工作范围将受到限制。冈萨雷斯表示，微软同李开复签署的竞业禁止协议真实有效，因此李开复在 Google 工作不能涉及他以前在微软参与开发的产品、服务和

① 刘继峰：《竞争法》，对外经济贸易大学出版社 2007 年版，第 144 页。

项目，其中包括与语音、自然语言和搜索技术有关等方面的工作，这一禁令在2006年1月的庭审之前有效。他同时称，李开复筹备成立Google中国研发中心并不违反竞业禁止协议，但他只能负责在中国招聘人才，而不能制定预算、薪酬标准或者确定Google在中国的研究方向。

2005年9月底，李开复飞抵北京就任Google中国区总裁，并启动全国各大高校巡讲，为Google在华大规模人才招聘活动作势；12月23日，微软与Google宣布达成和解。

从以上案例我们可以看出，企业之间对于人才的流动是很敏感的，因为公司重要的员工在不同程度上都掌握着公司一定的重要秘密，而这些秘密正是企业取得竞争优势的关键。李开复之争的出现，是微软与Google激烈竞争的缩影。多年前，微软发展成为软件界的巨头，Google也效仿微软的战略，从擅长的搜索领域发展壮大，占领计算机领域，并有可能扩大到互联网其他新领域。Google表示，关于李开复的争论，是隐藏在微软真正动机背后的一个谜，对于李开复是否违反了非竞争协议只不过是用来恐吓微软其他员工的一种手段，以便使他们打消离开微软的念头。在该事件中，李开复表示，他没有向Google透露微软的任何商业机密，Google也声称告诉李开复在工作中不要使用微软的商业秘密。李开复在他递交的一份法律文件中说，他不掌握与微软的互联网搜索业务相关的任何机密。

因此，对于更换企业的员工来说，要遵守相关法律的规定，严格遵守原公司的商业机密，保证原公司的正当利益不受损害。而作为接受来自其竞争对手公司的新进员工的公司，不能通过不正当的手段进行威逼利诱，迫使该员工泄露原公司的商业机密。

（二）收买竞争对手内部员工

收买竞争对手的内部员工就是企业通过一定的利益诱惑，包括给付物质利益或其他好处，收买竞争对手内部的重要员工，使其告知公司内部一些重要决策及技术信息，从而获取竞争对手的商业秘密。如果一个企业的生存与发展只能长期依靠这种非正当的收买竞争对手内部员工的手段来维持，这明显是违反企业营销竞争伦理的，而多种实践证明，与企业伦理相违背的企业是无法在市场上长期稳定地生存下去的。

侵犯商业秘密是一种不正当的竞争行为，它不仅违背了企业之间公平竞争的原则，还会破坏社会秩序的稳定及经济的有序发展。企业作为社会的重要组成部分，要承担起一定的社会责任，杜绝这种破坏性的、不道德的竞争手段。因为商业秘密是企业经过长久积累并具有巨大经济价值的一种重要资源，这是企业区别于其他竞争对手，取得竞争优势的关键。如果一个企业的商业秘密被侵犯，不仅将遭受巨大的损失，甚至会导致企业的破产倒闭。因此，作为企业自身，应加强商业秘密的保护。其次，应运用正当的营销竞争手段与对手进行市场竞争，认识到侵犯商业秘密的严重后果，树立良好的伦理观念。

三、商业贿赂

商业贿赂行为是不正当竞争行为的一种，国家工商局《关于禁止商业贿赂行为的暂行规定》第二条规定："本规定所称商业贿赂，是指经营者为销售或购买商品而采用财物或者其他手段贿赂对方单位或者个人的行为。"商业贿赂是指经营者以排斥竞争对手为目的，为使自己在销售或购买商品或提供服务等业务活动中获得利益，而采取的向交易相对人及其职员或其代理人提供或许诺提供某种利益，从而实现交易的不正当竞争行为。

法律上规定商业贿赂有三个严格的构成要件：第一，商业贿赂的主体是经营者，未在工商行政管理机关登记注册、非经营者不能成为商业贿赂的主体。第二，商业贿赂行为人主观上有在经营活动中争取交易机会，排斥竞争的目的。其目的是推销产品或服务，或者以更优惠的条件购买产品或服务。第三，客观上采用了以秘密给付财物或其他手段贿赂对方单位或个人行为。商业贿赂排斥正当竞争，损害了其他竞争对手的正当利益，违反了诚实信用、公平竞争的经济道德准则，为我国法律所禁止。

一般来说，商业贿赂的贿赂手段主要有两类：一类是给付财产性利益，包括现金和实物。比如经营者假借各种促销费、宣传费、赞助费、科研费、劳务费、咨询费、佣金等名义，或者以报销各种费用等方式，给付对方单位或者个人以现金或实物；另一类是给付非财产性利益，比如为对方单位中的有关人员提供国内外各种名义的旅游、考察，甚至性贿赂，等等。[①]

商业贿赂是一个世界性的经济现象，它被称为"黑金营销"。商业贿赂与市场营销活动密切相关，通常存在于采购和销售环节，其危害也显而易见。这一行为违背了社会主义市场经济的基本原则，扰乱了市场的正常秩序，不利于公平竞争的资源配置；在大大增加企业经营成本的同时，也容易造成国家税收的损失；商业贿赂为假冒伪劣商品的进入提供了方便，这将直接损害消费者的合法利益；最后，商业贿赂在毒害企业自身，严重破坏正常有序的市场秩序的同时，也严重污染了社会风气。

---

① 孙虹：《竞争法学》，中国政法大学出版社 2007 年版，第 141 页。

三、商业标志混淆

在激烈的市场营销竞争中，企业为了使自己的产品区别于竞争对手，往往会通过采取一定的手段使自己的产品具有某种特色，并因此获得竞争优势。企业除了通过提高产品质量来赢得市场的认可以外，还会通过特定的商标、名称、包装、装潢等外在标志使产品与竞争对手的产品区分开来。这些商业标志对企业的市场营销活动具有至关重要的作用，它是企业取得并保持竞争优势、占据市场份额的有利手段。

商业标志混淆是指通过假冒或仿冒商业标志，借助别人的商业信誉来销售自己的产品。这里提到的商业标志主要是指注册商标、商品名称、包装、装潢、企业名称或者姓名、认证标志、名优标志、产地等。商业标志的混淆主要可以分为以下两类。

（一）同种商业标志间的混淆

同种商业标志间的混淆主要可以从商标、商号、商品名称、包装、装潢这几方面来考虑。商标一般由文字、图形或者其组合构成，附注在商品、商品包装或者相关的广告宣传品上，从而使其产品区别于其他产品的可视性标志。它是消费者认牌购物的消费指南，是经营者名牌战略的营销手段。关于商标的混淆具有多种表现形式，主要包括以下四种。

1. 在同一种商品上使用与他人注册商标相同的商标。比如，不同厂家生产的电风扇，其商标都是“美的”，很容易让消费者产生混淆。

2. 在同一种商品上使用与他人注册商标近似的商标。比如，有企业仿冒“娃哈哈”果奶，将其商标命名为“娃啥哈”，极易误导消费者，使消费者混淆。

3. 在类似商品上使用与他人的注册商标相同的商标。比如，温州某皮鞋厂注册“南希”商标，不久上海一家生产运动鞋的工厂也注册了该商标，这就是类似产品注册相同的商标。

4. 在不同商品上使用与他人注册商标近似的商标。例如，不少企业仿冒我国钟表行业的驰名商标“飞亚达”，在其生产的珠宝、眼镜、服装、钢铁等商品上申请注册“飞亚达”商标，严重违背了营销伦理。

商号，即厂商字号或企业名称，是用来区别不同的生产者和经营者的。商号混淆就是企业假冒或者盗用其他知名商号，搭他人的“便车”。我国有许多著名的企业老字号，如“全聚德”、“知味观”、“同仁堂”、“胡庆余堂”等，它们之所以在世界上享有声誉，其原因就在于这些商号历史悠久并深入人心，在消费者心目中具有很好的信誉，是企业的无价之宝。然而，有些企业擅自使用他人的商号，违背了竞争伦理,就属于不正当竞争。

商品的名称、包装、装潢也同商标、商号一样,对企业有着至关重要的作用,特别是一些知名企业,它们可以使企业扩大知名度,提高信誉,从而在市场上奠定坚实的基础。然而,不少企业常常借着知名企业的"名牌效应",在自己生产或者销售的商品上使用与他人知名商品相似的名称、包装、装潢。这些行为严重侵犯了消费者的知情权,极易导致消费者混淆不清;另一方面也给那些名牌企业造成了巨大的危害,侵占了其无形资产,间接损害了名牌企业的商业信誉。

(二) 不同商业标志间的混淆

不同商业标志间的混淆主要分为商标与商号的混淆和商标与域名的混淆。

1. 商标与商号的混淆。这种情况有三种情形:第一种,将他人商号用作商标,例如以面食为主要服务内容的江苏苏州老字号"朱鸿兴",主打产品包括面、小笼包、馄饨等,但其只在餐饮服务类别上注册了朱鸿兴商标,未在相关产品如冷冻食品上予以注册。后来,冷冻食品类别上的"朱鸿兴"商标已被人抢注,并使用在冷冻水饺、馄饨、小笼包等一系列产品上。对此普通消费者很难辨别冷冻食品上的"朱鸿兴"商标和作为老字号的"朱鸿兴"商标的关系。[①] 第二种,将他人商标作为商号。第三种,将商标和商号交叉使用,比如上海惠工缝纫机厂的"惠工"商号和"海菱"商标,被上海海菱缝纫机设备有限公司将该商标用于企业名称的商号,又在商品上将上海惠工缝纫机厂的商号"惠工"注册为商标。[②]

2. 商标与域名的混淆。域名,又称网址,是连接到因特网上的计算机的数字化地址,在互联网上代表着入网申请者的身份。域名具有潜在的商业价值,因此越来越被企业所重视,同时也出现了不少恶意竞争者,将他人企业知名商标抢注为域名,误导消费者,比如 carrefourproperty. com 域名混淆"家乐福(carrefour)"商标,campyahoo. com 域名混淆了"Yahoo"商标。

随着我国市场经济的迅速发展,市场竞争也是越来越激烈,在经济利益的驱动下,各种不正当的竞争也层出不穷,其中假冒、仿冒又是最常见的行为之一,比如假冒名牌来销售自己的产品,鱼目混珠。商业标志的混淆对社会造成了巨大的危害,阻碍了市场的交易,违反了诚实经营的原则,导致市场经济混乱无序。

四、诋毁他人信誉

诋毁他人信誉主要是指商业诋毁行为,即企业为了占领市场、占据竞争优势,

---

① 孙虹:《竞争法学》,中国政法大学出版社 2007 年版,第 119 页。

② 宿迟:《商标与商号的权利冲突问题研究》,中国人民公安大学出版社 2003 年版,第 108 页。

针对同类竞争对手，故意捏造或者散布有损其商业信誉和商品声誉的虚假信息，以削弱其市场竞争能力，使其无法正常参与市场交易活动，从而使自己在市场竞争中取得优势地位的行为。[①] 信誉是一个企业的生命，对企业的发展和竞争有着至关重要的作用，它是企业在长期的生产经营活动中逐渐形成的，是市场对企业及其产品的综合评价，也是企业持久发展的动力。在市场营销竞争中，常见的诋毁他人信誉的方式主要有以下四种：

1. 自我宣传中的贬低他人，即通过夸大自身企业及其产品的优点和特色，贬低他人，从而抬高自己。常见的方式有极力宣传其产品是“最好的”，“最优的”等。

2. 虚假投诉，是指组织自身或者收买他人，以消费者的名义向工商行政管理机关、消费者协会等部门进行关于竞争对手侵犯消费者权益的虚假投诉。

3. 比较广告，是指通过直接或者间接的手段，在广告中与竞争对手进行质量、服务、性能等方面的比较，突出显示其产品或服务优于竞争对手。更有企业在广告中进行指名道姓的恶意攻击，指出竞争产品的缺点，同时表明自己产品不存在这样的缺点。例如，养生堂刚推出“农夫山泉”矿泉水时，就曾运用比较广告，其拍摄的“水仙篇”电视广告直接对比纯净水和矿泉水的营养价值。而娃哈哈则奋起反击，通过“金鱼篇”电视对比广告，攻击矿泉水易受污染。

4. 利用新闻诋毁竞争对手，就是企业通过新闻媒体的传播作用，捏造、散布竞争对手的虚假事实，对其进行诽谤，从而损害其商业信誉及产品声誉，提高自身产品的知名度，树立自身企业的良好信誉。

诋毁他人信誉的行为是一种损害竞争对手合法权益的行为。对于其他的竞争对手而言，它不仅给竞争对手的名誉造成了直接的损害，同时也给竞争对手带来了经济上的重大损失。如使其失去交易伙伴和消费者，或造成资金和原材料供应的困难或产品的滞销，损失大量的利润和市场竞争的优势地位，甚至破产或被迫转产，等等。此外，这种损人利己、尔虞我诈、不惜以诽谤他人商誉的非法手段折垮竞争对手而牟取暴利的恶劣行径，也欺骗了其他经营者与消费者，最终必然破坏市场公平竞争的正常秩序，而做出诋毁他人信誉的企业也将受到法律的惩罚和市场的淘汰。

五、其他营销竞争中的伦理问题

（一）不正当有奖销售

有奖销售是指经营者销售商品或者提供服务时，附带性地向购买者提供物品、

① 刘继峰：《竞争法》，对外经济贸易大学出版社 2007 年版，第 192 页。

金钱或者其他经济上利益的行为，包括奖励所有购买者的附赠式有奖销售和奖励部分购买者的抽奖式有奖销售。有奖销售是一种促销手段，可以更好地吸引消费者的注意，增加销量。不正当的有奖销售主要有：谎称有奖或故意让内定人员中奖，利用有奖销售推销质次价高的产品，抽奖式有奖销售，最高金额超过 5000 元等。不正当有奖销售严重扰乱了社会秩序，侵犯了消费者的知情权，违背了公平竞争原则和诚实信用原则，还损害了其他经营者的正当权益，等等。因此，企业在进行有奖销售时，要符合法律法规，遵循营销伦理道德规范。

(二) 行政垄断

行政垄断是指政府及其所属部门，凭借行政权力排斥、限制或妨碍市场竞争的行为，它具有强制性，主要有两种形式：强制性交易和地方保护主义。比如，民航、铁路等交通运输部门，为了自身的利益，票价说涨就涨，置乘客的感受与意见于不顾，独断专行，这就是一种典型的强制性交易。在金融危机的背景下，各种“地方保护主义”开始抬头，例如安徽省在一份扶持工业经济发展的文件中规定：鼓励企业在基础设施建设和技改项目建设中，使用符合项目技术要求的省产工业设备；促进各级党政机关、事业单位选购列入本省自主创新产品目录的省产汽车，鼓励城市出租车使用本地企业生产的轿车；鼓励企业积极使用本省产钢铁产品；在推进家电下乡的基础上，促进本省所产农机、化肥向农村市场销售。吉林省长春市则出台了一份被称为政策史上含金量最高的文件，鼓励企业借金融危机加快技术创新和产业结构调整，促进产业升级，同时，也对扶持本地企业作出了一些具体规定，如鼓励政府采购及各县(市)、区、开发区在购车和报废更新车辆时，按规定的标准首选本地汽车产品。对新购本地汽车产品并在长春市内落籍的用户，免收新购汽车检验费、验证费。行政垄断是一种不正当竞争行为，它破坏了市场的平等性，侵犯了市场主体的合法经营权，影响了市场经济的稳定健康发展。

【案例 9-2】 “黑金”，市场营销的腐败之床①

黑金，在政治上指黑金政治，黑指黑道，金指金牛，黑金代表政治人物利用暴力和贿选等手段控制地方政治势力，进一步取得官职或民意代表的位置。这两年，家电大卖场的一些权要人员收受家电企业的“黑金”十分严重。

一、收取“黑金”的理由

家电产品进大卖场要交纳一定的进场费，目前，国内几大卖场的进场费单店要 2 万元起价。这种收费是公开透明的，企业愿进店就交钱，但交了进店费并不

① 资料来源：全球品牌网，2009 年 2 月 11 日。

等于就可以平安进店。大卖场的权要人员，一可以推迟供应商或厂家的进场时间，以没位置为挟，不交“黑金”可以一拖几个月；二可以以选位置为理由要“黑金”，售点的位置好坏关系到销货的数量。

二、“黑金”的巨大破坏作用

（一）“黑金”构成了犯罪

大卖场的权要人员利用强势卖场的权要地位，向厂家或代理商索要“黑金”，或暗示“黑金”，这种行为实际上已构成了商业贿赂罪。

（二）“黑金”对商业单位的品牌形象产生了巨大的破坏

作为一个强势的大卖场，不仅仅要拥有一个较好的商业销售平台，还要拥有一个良好的公共品牌形象。目前，国内几家家电大卖场的部分权要人员都有不同程度地索要“黑金”的恶迹，这在家电营销圈内已是不争的事实。之所以目前没有媒体公开披露或被司法机构干涉，是因为目前国内家电大卖场们处在极强势的位置，不少供应商惹不起。但随着零售业对国内资本的放开，国内更多的商家销售家电产品时讨伐家电大卖场权要人员索要“黑金”的呼声就会爆发。

（三）“黑金”直接导致厂商双方人员的腐败

“黑金”的交易，对家电大卖场的权要人员来说，这块黑色收入要比合法的收入来得快，来得多，也不用费多大心，只要保住乌纱帽就可以了。所以，这些权要人员往往不用花太多心思做好本职工作，而只要想出各种名目收“黑金”就可以了。但是，为了保自己的“摇钱位”，需要拿出一部分“黑金”贿赂上司，导致更大的腐败，因此“黑金”滋生的腐败是可以无限放大的。

而作为企业的营销人员，因为送“黑金”行贿，多少会产生心理不平衡和价值观念的转变，不知不觉中涉足腐败。

三、如何杜绝“黑金”

杜绝“黑金”应从根源上和过程中系统地杜绝，或最大限度地扼杀这种腐败现象。

第一，大卖场应端正和供应商、厂家的合作心态、双方应建立在一种透明、公开、公正的贸易合作关系上，而不是恃强凌弱或高居一端的态度，这是减少“黑金”滋生的重要基础。

第二，大卖场应对权要人员进行思想道德教育和建立各种防范、制约措施。

第三，不少家电大卖场发现一些“黑金”劣迹很重的经理人就给予开除，但基于对本企业的名声考虑，大多都不愿对外“曝光”，所以导致这些人在一个家电大卖场被淘汰后，又能跳至另一个大卖场任职，重操“旧业”。因此，要真正杜绝或最大限度地减少“黑金”，家电大卖场高层必须意识到这个问题的严重性，并认识到会影响整个公司和品牌形象的战略高度，从思想上、从制度上、从效果上多管齐下。

第四，供应厂商也要杜绝“黑金”行贿行为，意识到这是一种商业犯罪，后果严重的话将会触及法律。同时，要认真做品牌，认真做产品，当你有好的品牌，有好的产品，在市场受欢迎，你就不必用“黑金”行贿。

第五，要善于用媒体监督曝光的作用，对大卖场和供应厂商双方涉足“黑金”的曝光警示作用，发扬媒体的社会监督力量，让涉足“黑金”的双方声名狼藉。

第三节 营销竞争的伦理策略

一、完善法律法规

法律是道德生活的外部沉淀和硬性保障。有学者认为，法律是对人类理性所理解的道德准则的一种表达。在市场经济中，法律法规对维护市场竞争秩序起着非常重要的作用。在营销竞争领域里，《反不正当竞争法》和《反垄断法》是两部重要的法律，对市场经济有序地运行起着重要的作用。它们可以在一定程度上规范经营者的竞争行为，制止不正当竞争行为，维护社会主义市场竞争秩序。它们是营销竞争“正当”与“不正当”的评判标准，确立起了竞争的道德准则和伦理标准。然而，随着我国市场经济发展的逐渐成熟，市场竞争日益激烈，特别是我国加入 WTO 以后，我国的《反不正当竞争法》和《反垄断法》越来越显现出其局限性。比如，缺乏总则条款，法律规范过于原则化和抽象化，内容涵盖的范围不够完整，相对而言操作性就比较差；对市场中出现的新型不正当竞争行为难以规制，缺乏调控力，因此很多企业就抓住这个漏洞谋取不正当的利益；行政强制措施及调查取证手段不适应，以至于无法达到有效打击不正当竞争行为的需要；法律责任制度不够完善，无法有效遏制不正当竞争行为，市场上的不正当竞争现象依旧层出不穷；相关法律竞合、冲突现象普遍，造成《反不正当竞争法》的适用困难；行政干预大，有法难依等。

因此，完善法律势在必行。首先要进一步明确对不正当竞争行为及垄断行为的界定，增加认定不正当竞争行为和垄断行为的条款。制定一般条款，灵活应对未来出现的各种新情况、新问题，同时对常见的不正当竞争行为和垄断行为进行列举，以便使这些行为在执法中易于被认定，便于执法操作。其次要明确法律责任制度，特别是当事人应承担的责任义务与相应的惩罚措施，以保证执法的准确和公平。最后还要强化监督检查部门在反不正当竞争和反垄断中的职能和职责，严格执法，从而遏制不正当竞争行为和垄断行为。

二、树立合乎伦理的竞争观念

(一) 平等的竞争

在市场营销竞争中,竞争各方必须要在平等的条件下展开竞争,因为只有在平等的地位上,才能真正实现公平有效的竞争。平等具体表现在竞争各方地位平等、权利平等、义务平等、机会平等。平等的竞争才是合乎营销伦理的竞争,才是符合道德规范的价值。只有在平等竞争环境中,才有利于企业运用正当的竞争策略展开竞争,并且接受市场的挑战。所以在市场竞争中,我们要坚决抵制特权,抵制以大欺小,提倡等价交换,实现技术资源、劳动力资源及原材料等资源的自由流动。

(二) 公平的竞争

在平等的基础上才有公平,市场经济的竞争是公平的竞争。公平,是企业竞争伦理的核心,是根本的企业道德准则。公平规则是社会伦理对企业竞争的环境支撑,是全社会平等互尊意识在企业竞争行为过程中的反映和保证,它要求竞争主体在市场活动中权利和义务相对应,在利益关系中保持机会均等和分配公正,在竞争活动中保持人格、权利、规则及制度面前的平等。①

(三) 合作的竞争

在经济全球化的背景下,企业之间的竞争也变得越来越激烈,不单单存在着国内企业的竞争,还需要面临国际企业的竞争。同时,更加激烈的竞争也意味着更加紧密的合作,竞争与合作本来就是不可分离的。市场经济是竞争经济,也是合作经济。有学者认为,企业经营活动是一种特殊的博弈,是一种可以实现双赢的非零和博弈。这种合作有助于实现竞争双方之间的优势互补,创造"1+1>2"的协同效应,实现共同发展。因此,企业在进行市场营销活动时,要客观分析市场条件,知己知彼,更好地与竞争对手合作,以达到双赢的结果。

三、构建符合营销伦理的竞争决策机制

(一) 企业加强营销竞争伦理的学习,提高道德素养

企业管理层要认识到营销竞争伦理在企业营销活动中的重要性,不仅要加强

① 纪良纲:《商业伦理学》,中国人民大学出版社 2005 年版,第 176 页。

自身对营销竞争伦理的学习，还要动员全体员工的学习热情，使营销竞争伦理真正贯彻到企业的竞争活动中去。其中特别要提高企业营销人员的伦理素养，因为他们是代表企业直接面向市场的一群人，代表着整个企业的伦理素质。只有那些具有高尚的道德素质的企业，才能长期在市场上立足，才能赢得消费者的喜爱与尊重。

（二）建立合乎伦理的企业竞争文化

企业应把营销竞争伦理贯穿到整个企业文化中去，建立一种伦理型的企业竞争文化，形成一种伦理型的组织风气。这样的企业竞争文化不仅仅是为了团结企业员工，加强企业员工凝聚力，还有助于企业树立良好的社会形象，而这正是企业竞争成败的关键因素。合乎伦理的企业竞争文化还有助于构建企业的共有价值观、组织政策、行为规范，等等。

（三）制定符合伦理的竞争策略

制定符合伦理的竞争策略才能真正保证竞争的伦理化。企业在制定竞争策略时要重点关注长期利益而非眼前利益，关注各利益相关者利益而非自身利益的绝对最大化。在竞争策略制定过程中，要坚持以道德观为指导，不能偏离企业的营销竞争伦理。只有这样企业才能赢得伦理优势，而这种伦理优势又正是企业竞争优势的重要源泉。

【案例 9-3】 70%侵犯商业秘密与跳槽有关，竞业限制范围不宜过大[①]

微软公司和 Google 公司之间关于李开复的一场诉讼，让国人对“竞业限制”有了一次深入的了解。距离这场“竞业限制大战”结束已有四年多时间，我国在用人单位和劳动者之间涉及竞业限制的劳动仲裁和诉讼案件却不断上升。

一方面职场上人员流动早已成为常事，对企业来说，商业机密及客户资源很有可能被辞职的员工带走，从而给企业带来损失；另一方面也有企业利用竞业限制条款限制员工正常流动，成为员工正常流动的障碍。那么，竞业限制究竟是不是企业的“尚方宝剑”？

竞业限制，又称竞业禁止，是指为避免用人单位的商业秘密被侵犯，员工依法定或约定，在劳动关系存续期间或劳动关系结束后的一定时期内，不得到生产同类产品或经营同类业务且具有竞争关系的其他用人单位兼职或任职，也不得自己生产与原单位有竞争关系的同类产品或经营同类业务。

---

① 资料来源：《中国青年报》，2008 年 3 月 3 日。

随着产业的发展，商业竞争在市场经济条件下越来越激烈，有些商业秘密直接关系到企业的生死存亡。据统计，70%的侵犯商业秘密的行为是跳槽者带走商业秘密形成的。有专家甚至指出，“人才流动与商业秘密保护从来就是一对孪生兄弟”。

对此，2006 年 1 月 1 日开始施行的《劳动合同法》作出了明确具体的规定，对用人单位与劳动者双方都会起到制约和保护作用。《劳动合同法》第二十三条规定，用人单位与劳动者可以在劳动合同中约定保守用人单位的商业秘密和与知识产权相关的保密事项。对负有保密义务的劳动者，用人单位可以在劳动合同或者保密协议中与劳动者约定竞业限制条款，并约定在解除或者终止劳动合同后，在竞业限制期限内按月给予劳动者经济补偿。劳动者违反竞业限制约定的，应当按照约定向用人单位支付违约金。但第二十四条也同时规定，竞业限制的人员限于用人单位的高级管理人员、高级技术人员和其他负有保密义务的人员。竞业限制的范围、地域、期限由用人单位与劳动者约定，竞业限制的约定不得违反法律、法规的规定。

在解除或者终止劳动合同后，前款规定的人员到与本单位生产或者经营同类产品、从事同类业务的有竞争关系的其他用人单位，或者自己开业生产或者经营同类产品、从事同类业务的竞业限制期限，不得超过两年。

实际上，在草案的审议过程中，就有专家提出，竞业限制的规定要在保护用人单位合法权益与限制劳动者就业权利之间取得平衡，因此适用范围不宜过宽。在李开复从微软跳槽加盟 Google 事件之后，也有业内人士指出，每个人都应该有权支配其劳动力，但这只是表明每个人都有权与别人自由签订其劳动力的使用合约，而不是说他有权随时讳反这样的合约。法律禁止这种通过恶意挖角达到获取他人商业秘密的行为。企业间如果互相挖角，不劳而获对方的商业秘密，将会对社会生活带来巨大的冲击。

有专家指出，竞业限制的范围不能过大，只有企业花费大量人力、物力所开发的商业秘密、商誉、经营效益、业务关系等，才是竞业限制的动因。要求每个员工都要遵守所签订的“竞业限制协议”，实质反而无法追究，形同虚设。同时，竞业限制只能是限制员工的择业权，而不能是剥夺其就业权，如果竞业限制涉及雇员的就业生存权利，法律也很难支持企业的竞业限制行为。

本章小结

本章主要介绍了营销竞争伦理，通过具体分析营销竞争中存在的伦理问题，提出了解决这些问题的伦理策略。

营销竞争伦理就是企业以伦理道德规范为指导进行市场营销竞争，合理地获取交易机会、取得利润，以合乎伦理的方式取得竞争优势。它的一切营销活动都以道德观为中心。营销竞争伦理的基本原则有相互平等、公平竞争和合作竞争。

营销竞争中的伦理问题主要有侵犯商业秘密、商业贿赂、商业标志混淆、诋毁他人信誉、不正当有奖销售、行政垄断等。侵犯商业秘密就是通过不正当的手段获取、披露、使用或允许他人使用权利人商业秘密的行为。它主要可以分为四种类型：不正当获取商业秘密行为，不正当披露、使用商业秘密行为，合法持有但违反义务或要求的不正当行为，第三人恶意获取、使用或披露行为。商业贿赂是指经营者为销售或者购买商品而采用财务或者其他手段贿赂对方单位或者个人的行为。商业标志混淆是指通过假冒或仿冒商业标志，借助别人的商业信誉来销售自己的产品。诋毁他人信誉主要是指商业诋毁行为，即企业为了占领市场，占据竞争优势，针对同类竞争对手，故意捏造或者散布有损其商业信誉和商品声誉的虚假信息，以削弱其市场竞争能力，使其无法正常参与市场交易活动，从而使自己在市场竞争中取得优势地位的行为。

竞争中的伦理策略主要可以从以下三方面来考虑：一是完善法律法规；二是树立合乎伦理的竞争观念，包括平等的竞争、公平的竞争、合作的竞争等竞争观念；三是构建符合营销伦理的竞争决策机制，这就要求企业加强营销伦理的学习，提高企业人员的道德素养，建立合乎伦理的企业竞争文化，制定符合伦理的竞争策略。

案例阅读与讨论

【案例】 纷争“水源门”——凸显营销竞争中的伦理问题①

夏季，各色“水战”不仅会在价格方面体现，瓶装水行业的“口水战”也会齐齐打响。2008 年，康师傅矿物质水遭遇“水源门”，品牌声誉一度受创，而 2009 年，在国内瓶装水销量三甲之列的农夫山泉也被爆出水源问题，而水源正是农夫山泉的王牌。纷纷扰扰的“水源门”事件，在暴露商家商业道德的同时也凸显出了营销竞争中的伦理问题。

一、康师傅“水源门”黑手疑似农夫山泉

2009 年 6 月有媒体报道，康师傅离职高层爆料称，2008 年康师傅“水源门”事件突然在全国各大媒体热炒起来，策划者竟是竞争对手农夫山泉。据了解，2008 年 7 月 24 日起，一篇名为《康师傅：你的优质水源在哪里？》的网络文章在天涯论坛披露，作者称潜入康师傅杭州水厂后发现“康师傅矿物质水是自来水”。在随后很

---

① 资料来源：《南方日报》，2009 年 6 月 11 日。

短的时间内,关于康师傅的负面消息或从网络或从其他渠道开始,从水源延伸到产地、商标标注、pH值高低、商业道德,一夜之间突然全面爆发。据不完全统计,此事所引发的转载及评论超过1000篇,而网络阅读量上亿。随着事态的不断升级,深陷“水源门”的康师傅终于扛不住了,于2008年9月2日“公开道歉”,并做出停播广告、更换产品外包装等行动。

当时有传言指出,挑起该事端的幕后之手是农夫山泉。而此时农夫山泉称,此事纯属捏造,否认了这一猜测。

调查公司AC尼尔森公布的“2008年12月最新零研报告”显示,康师傅的市场占有率——按销售额计算,从2007年的18.1%跌至2008年的17.7%,成为行业第二。据康师傅控股(12.14,0.14,1.17%)日前公布的年报,自遭受“水源门”攻击后,半年内矿物质水业务由盈利变成数千万元的严重亏损。

康师傅控股广州顶津食品有限公司相关负责人日前对本报记者透露,目前就康师傅矿物质水来说,主要的动作就是对水源门做出澄清,另一方面则是进行促销。根据康师傅第一季度财报显示,矿物质水的销量已经逐步回稳,期内销售额较去年同期上升45.74%。但业内指出,数据回升的背后是康师傅以低价促销作为开路先锋的。

二、农夫山泉水源遭质疑

就在康师傅矿物质水逐渐走出“水源门”影响的时候,老对手农夫山泉也陷入了水源危机。康师傅离职高层爆出农夫山泉是“水源门”幕后推手的同一篇报道中指出,中国环境监测总站于2009年3月19日公布的一期《中国地表水水质月报》显示,千岛湖——农夫山泉的水源地之一,2009年1月份的水质已被列入第Ⅳ类。根据国家环保部的分类,地表水共分为五类。从被污染程度的轻重,从Ⅰ到Ⅴ。Ⅳ类地表水主要适用于一般工业用水及人体非直接接触的娱乐用水区。也就是说,千岛湖的水只能作为工业用水,即便要做娱乐用水也不能和人体直接接触。

向来以提供优质水源为王牌宣传的农夫山泉在其长板上受到质疑。对此,养生堂不愿多谈,仅表示,农夫山泉主要的水源地:千岛湖、长白山、丹江口和万绿湖目前水质情况良好。该公司向记者提供了一份2009年6月4日公布的《淳安县2008年度环境质量公报》,在该公报的第二部分“水环境质量”中提到:2008年,千岛湖总体水质符合《地表水环境质量标准》(GB3838—2002)Ⅰ类标准,整体水质良好且基本保持稳定。从监测的24项定类指标看,汞、砷、铜、锌、六价铬、挥发酚、氰化物、石油类8项指标并未检出。

一个月时间两份不同的政府公报得出了明显不同的结论。对此,广东省瓶装水行业协会会长罗坦向记者表示,水行业内的争论不可避免,但农夫山泉的水源问题“应该也是别有用心的人的炒作手段”。

三、行业"口水战"由来已久

"水行业的不良竞争和炒作近年来一直没有停过。"一位业内资深人士介绍。在2000年由农夫山泉发起的水种之争，到2006年的酸碱性话题，行业内这类通过另类的营销模式达到宣传效果的方式一直没有停止。该人士指出，业内的这番风波都源自"水种之争"。目前瓶装水相当于流动广告，基本没有利润空间，一箱瓶装水在流通领域的利润仅为1.2元至1.25元。而农夫山泉这类山泉水的成本，尤其是物流方面的支出更高。康师傅可以促销卖到几毛钱一支，但是农夫山泉肯定做不到。

中投顾问食品行业研究员陈晨认为，正是因为瓶装饮用水的巨大市场才导致这种不正当竞争行为的出现。目前，饮用水市场的发展速度较快，随着市场的壮大，不排除有企业利用不正当关系进行竞争，也不排除有企业不顾消费者的安全。但是，只要不正当竞争行为还在行业内存在，就会对饮用水发展产生不利影响。而随着市场营销、材料、劳动力成本的上涨，瓶装饮用水行业已经进入了"微利时代"，一次不正当的竞争行为将给饮用水企业造成致命的影响。

【讨论】

1. 该案例反映了哪些竞争伦理问题？
2. 结合案例，讨论相应的伦理策略。

思考题

1. 什么是竞争伦理？
2. 竞争伦理的基本原则有哪些？
3. 市场竞争中有哪些常见的伦理问题？试举例说明。
4. 竞争中的伦理策略有哪些？
5. 结合具体实例，对不符合伦理的营销竞争进行分析，并提出具体的伦理策略。

第十章 服务营销伦理

伦理原则是服务人员在提供服务时所应遵循的基本准则。

——编者语

本章学习目标

通过本章的学习，掌握服务营销伦理的基本概念和基本原则，正确把握服务中的伦理问题，了解服务质量的概念及服务质量中的伦理问题，了解服务业中的内部营销、外部营销和互动营销，掌握服务营销伦理的各种具体策略。

本章学习重点

服务营销伦理的基本概念，服务营销中存在的伦理问题，服务营销的各种伦理策略。

当前，我国已经进入到了一个服务经济的时代，服务已成为人们生活中不可或缺的部分，同时也已成为企业参与市场竞争的重要手段之一。服务营销越来越受到现代企业重视的同时，也成为学术界和企业界关注的热点。企业管理者应树立起服务营销的理念，认识到服务营销对企业发展的重要性，同时，更应把营销伦理贯彻到服务营销中去。由于服务领域存在着大量的伦理缺失等不道德行为，企业有必要了解服务营销伦理的重要性，并掌握服务领域中常见的一些伦理问题及具体的应对措施。只有合乎伦理的服务营销，才能最终获得消费者的信任，才能成为企业长远立足于社会的竞争优势。

第一节 服务营销伦理概述

进入 21 世纪以后，服务变得越来越重要，它已成为推动发达国家经济发展的主要力量，服务业创造的产值在一国的 GDP 中所占的比例大幅度提高，服务业就业人数也在大量增加。自改革开放以来，服务业在我国获得了迅猛发展，服务业在国民经济中的比例逐年提高，服务业对经济增长的贡献也在不断提升。同时，越来越多的企业开始认识到服务的重要性，意识到它是企业取得长远发展的关键因素，也是企业获得竞争优势的重要手段。

一、服务营销的概念及特征

市场营销界一般把服务定义为："可被区分界定，主要为不可感知，却可使欲望获得满足的活动，而这种活动并不需要与其他产品或服务的出售联系在一起。生产服务时可能需要或不需要利用有形产品，而且即使需要借助某些有形产品协助生产服务，这些有形产品的所有权也不涉及转移的问题。"从这一定义中，我们可以了解到服务的基本特征有无形性、不可分离性、差异性、不可储存性。这也是服务区别于商品的本质特征，要了解服务营销，就必须先掌握服务的基本特征。

（一）无形性

无形性又被称为不可感知性，是服务的最基本特征，包含两层含义：(1)与有形商品相比，服务的特征及组成元素在许多情况下都是无形无质的，人们不能触摸或凭视觉感其存在；(2)消费者获得服务后的利益也很难被察觉，或者只有在一段时间后，享受服务的人才能感觉到利益的存在。

服务的这一特征增加了服务营销的难度，意味着传统的4P营销组合已不能解决服务营销中的问题。首先，因为它的无形性，服务不能储存起来，这就很难保持供应与需求的平衡；其次，服务缺乏专利的保护，容易被竞争对手模仿，这就很难保持相对于竞争对手的差异化服务优势。此外，服务的无形性还会导致服务定价的困难，以及服务人员与顾客有效沟通的困难等问题。

（二）不可分离性

不可分离性是指服务的生产过程与消费过程是同时进行的，服务人员向顾客提供服务的同时，也是顾客消费、享用服务的过程，生产和消费服务在时间上是不可分离的。

服务的这一特性，要求服务企业将顾客参与生产过程纳入到管理的范畴，不再仅仅是企业对员工的管理。因此服务企业管理人员要有效地引导顾客，鼓励和支持顾客参与生产过程，确保顾客获得足够的服务知识以达成生产和消费过程的和谐。另一方面企业还要注重服务人员和顾客之间的互动关系，两者的互动直接影响到服务的质量以及企业和顾客的关系。

（三）差异性

服务的主体和客体都是人，人是具有个性特征的，因此服务的构成成分及质量水平经常变化，难以统一界定。服务质量的差异性受到服务人员素质和顾客本身素质的共同影响。因此，企业必须采取有力的措施来确保服务质量的一致性，以防止企业形象的混淆，从而对服务的推广产生严重的负面影响。

（四）不可储存性

服务的无形性及不可分离性，致使服务不能像有形商品那样被储存起来。在大多数情况下，顾客也不能购买服务后将其储存。因此，服务企业必须想办法解决产品供求不平衡的问题，通过加大服务促销，推广优质服务示范，积极争取客源，并调节自身的服务接待能力，使服务的供给与需求相适应。

综上所述，服务营销的实质就是促进服务的交换，或以服务功能促进交换，它的核心理念是顾客满意和顾客忠诚。因为服务与有形商品的本质特征不同，致使服务营销与传统的有形商品营销具有较大的差别。服务企业在提高自身产品质量的同时，更要考虑到服务的这些本质特征，有针对性地进行服务营销。

二、服务营销伦理的基本概念

服务营销伦理就是指导企业进行服务营销的道德准则和标准。服务营销伦理旨在正确地指导服务人员向顾客提供服务，使服务营销符合伦理规范，也使顾客能够更放心地接受服务。

服务营销中的伦理问题主要是由服务固有的无形性、不可分离性、差异性、不可储存性等本质特征引起的。由于服务的无形性，使得顾客在购买服务前不能通过触觉、嗅觉、视觉暗示和味觉等方法来判断服务的质量，而只能根据服务人员提供的信息或者参考其他顾客的意见与态度来决定是否购买，这就给服务人员提供了道德欺诈的机会，容易引导他们采取不道德的行为；很多服务是不容易理解或者评估的，因此存在着误导消费者的可能，特别是一些技术性或者专业性较强的服务项目，有些不道德的服务提供者往往利用这个特点，通过实施一些不必要的服务进行收费；由于服务存在着不可避免的差异性，在每一次服务中保持标准化就尤为困难，不道德的服务提供者会利用这个特性通过稍微增加业绩质量的差距来加宽可接受业绩的范围。

针对服务营销特征产生的伦理问题，企业就需要制定和遵循相应的规范来使企业服务营销行为符合伦理要求。服务营销在不断发展，相关的伦理规范也在不断完善，遵循服务营销伦理的结果是企业和顾客的双赢。

三、服务营销伦理的基本原则

（一）诚信原则

诚信是服务营销伦理中最重要的原则之一，它要求服务人员实事求是，为顾客提供“货真价实”的服务产品，顾客接受的服务必须是真实的、完整的。有关诚信原则的内容还包括：(1)在给顾客提供服务时，尊重顾客，保护顾客的私人信息；(2)按照事先的承诺履行服务，不经过顾客同意，不能擅自减少或者增加服务项目；(3)对顾客提供的服务收取合理的费用，不能虚报账单；(4)为顾客提供准确、真实的服务信息。

（二）公平原则

服务营销伦理中的公平是指服务人员应正确、公平、无私地对待每一个顾客，杜绝以貌取人或者个人偏见，特别要避免性别歧视、种族歧视、宗教歧视等。公平是开展服务营销的基础，一方面服务人员对所有顾客提供的服务都应保持一致，不因顾客地位、权利、财富的不同而产生差异；另一方面服务人员应不断提高自身素养，杜绝因自身情绪变化而影响服务质量的问题，尽量为顾客提供标准化的服务，这是服务营销成功的关键因素之一。

（三）有效沟通原则

在服务营销中，服务人员与顾客的沟通特别重要，有效的沟通是服务成功的必要条件。服务营销中的沟通范围很广，从大众媒体广告，到传达保证信息，再到服务人员和顾客的人际交往。在整个过程中，服务营销人员都要遵循营销伦理，杜绝有关服务优势的虚假声明或者做出无法兑现的承诺，要优先考虑顾客的利益，为顾客准确、及时地传达有效的信息，同时，也要积极接受顾客的反馈意见，不断提升服务质量。

【案例 10-1】 美容院伦理问题此起彼伏——商业道德接受拷问[①]

案例一：美容院会员卡欺诈现象猖獗

办张会员卡，到美容院定期美容本是件开心的事，可要是美容院突然“蒸发”，预交款也泡了汤时，就只有窝心的份了。由于缺乏行业监管、索赔难等原因，“美容院蒸发”的事情正在频频上演，而且，治理“蒸发”事件，还挺尴尬……2006 年 3 月，郑州市民张小姐花了 1000 多元，到某美容院办理了几张美容卡，没想到第三

① 编者经网络资料整理。

次去时，该美容院却人去楼空。据悉，美容院多是以“卖产品，送服务”的方式进行经营。目前国内的化妆品生产企业并不规范，一些企业为了扩大产品销量，纷纷以低价吸引美容院加盟，一些美容品牌的加盟费最低只需几千元。在“卖产品，送服务”的经营模式下，顾客多以办卡的方式一次购买一定金额的产品，然后在美容院享受后期美容服务。

案例二：丰胸广告不实，美容院被判欺诈

听信美容院的广告，花钱接受丰胸服务，历时近一年却没有效果，33 岁的赵女士一气之下以欺诈为由将美容院告上法院，要求双倍退还服务费并赔偿损失。北京市朝阳区人民法院一审判决美容院的行为构成欺诈，并赔偿赵女士 9600 元。

2008 年 2 月，赵女士从报纸上看到了北京紫云伊人美容院发布的丰胸广告，广告使用“名媛”或“淑女名媛中心”的名义，广告内容为“绿色增脂丰胸/丰挺，298 元 3 次丰胸/丰挺”等。赵女士经过电话咨询便前往该美容院接受丰胸服务，对方又进一步劝说其接受金额为 4800 元的加强丰胸，共需 7 次，赵女士又补交了 4500 余元进行加强丰胸。对方承诺：胸部最低增大 3 厘米以上，可保 8 年不反弹，反弹免费重新做好，两次之间间隔不超过 7 天，否则不保证效果。赵女士称其交钱之后便按美容院的要求定期前往，风雨无阻，但在经过近一年、超过 50 次的丰胸服务之后，其胸部完全没有变化。

案例三：价格欺诈成为美容院盈利手段

在商场售价为 10 元的粉底液，到了美容院后价格就可以翻 10 倍；一套进价为 80 元的美容产品卖 150 元时无人问津，价格上涨一倍后，却被顾客认为是好产品而迅速畅销。是谁助长了美容院的暴利？2006 年有媒体曾曝光沈阳的一家美容院把进价为 3000 元的羊胎素标价至 40000 元出售。据悉，普通情况下一套包括洗面奶、按摩膏、面膜的三件套进价一般在 80 元左右，这套产品如果整套销售，价钱就涨到了 300 元左右。如果顾客不愿意整套购买，而是每周来美容院做一次护肤，那么每次要花费 50 元左右。一套化妆品至少可以供 20 人次使用，那么美容院仅仅通过一套化妆品，就可以赚取近千元的利润。李丽说，在小型美容院里，每次护肤的价钱在 20 元左右，但这也是一笔不菲的收入。

我国美容业是一个自发产生、自行发展的行业，美容美发行业目前涉及工商、税务、物价、质监、卫生等多个管理部门，但没有一个强有力的统一管理机构，也没有相应的法律法规及统一标准，由此出现了真空地带。会员卡欺诈也好，价格欺骗也好，这一个个美容院中普遍存在的问题正不断地凸显着美容业商业伦理的扭曲性，需要有关部门加以重视，同时也需要消费者加强警觉性，适时地利用法律武器维护自己的合法权益。

第二节　服务营销的伦理问题

一、服务质量的伦理问题

服务是服务营销学的基础，而服务质量则是服务营销的核心。相对于有形产品的质量，服务质量的概念更加复杂，这是由服务本身的特性所决定的。一方面由于服务产品的无形性和差异性，企业无法制定明确的质量标准来衡量服务的质量；另一方面由于服务产品的生产和消费过程同时进行，企业不可能像生产有形产品那样通过控制生产过程来减少操作上的失误，以保证产品质量符合质量标准。服务质量必须经顾客认可，并被顾客所识别，它的内涵应包括以下内容：

1. 服务质量是顾客感知的对象；

2. 服务质量可以依靠客观方法加以界定，但更多地要按顾客主观的认识加以衡量和检验；

3. 服务质量发生在服务生产和交易过程中；

4. 服务质量是在服务企业与顾客交易的真实瞬间实现的；

5. 服务质量的提高需要内部形成有效管理和支持系统。

可见，服务质量与有形产品的质量在内涵上有很大的不同，两者的区别在于：

1. 服务质量较有形产品的质量更难被顾客所评价；

2. 顾客对服务质量的认识取决于他们预期与实际所感受到的服务质量的对比；

3. 顾客对服务质量的评价不仅要考虑服务的结果，而且涉及服务的过程。①

企业为了满足顾客的需求，对服务质量的追求在不断发展，但同时一些不符合伦理道德的行为也在屡屡出现，个别企业利用服务本身的特性，在服务质量上欺骗消费者，牟取暴利，主要表现在以下几个方面。

(一) 服务的不安全性

服务的不安全性是指企业在服务过程中可能对顾客的生命安全造成伤害，包括物质和精神两个层面。比如，餐馆提供不卫生的食物，理发店、按摩店提供不道德的色情服务等。这些行为都是缺乏道德伦理的，是对消费者有害的，企业应提供合乎伦理的服务，并保证自身提供的服务的安全性。

---

① 郭国庆：《服务营销管理》，中国人民大学出版社 2005 年版，第 369 页。

(二) 服务收费问题

服务收费问题主要是指服务人员向被服务者收取的费用不合理,即服务人员收取的费用与提供的服务质量差距大,顾客没有受到与他所支出的费用相当的服务。这样的服务明显带有一定的欺骗性,侵犯了消费者的知情权,不符合伦理规范。比如,有些理发店利用消费者不知情的情况,使用一些价格低劣的洗发水、护发剂来代替本应该使用的价格相对较高的材料。

(三) 虚假功能问题

功能是服务质量特性中最基本的一个要素,是企业提供的服务所应具备的作用和效能。一些缺乏伦理的服务企业经常通过提供虚假功能的服务来谋取不法收入。例如,一些美容机构,宣传某项服务具有很多的功能、优点,而事实上却毫无作用。

(四) 服务时间问题

服务具有时间性,即服务的时间要满足被服务者的需求,包括及时、准时和省时等要求。如果一项服务占用了顾客太久的时间却不见效,或者服务没有达到事先承诺的时间,那么这项服务就不具备时间性。比如,有些教育培训班,实际培训的时间往往没有事先承诺的长;也有些服务企业,事先承诺在一定时间内完成某项服务,却因种种借口不断拖延。这些都是和服务时间有关的伦理问题。

(五) 服务文明问题

服务文明性是提供服务过程中满足精神需求的质量特征。顾客总是期望在服务过程中能享有一个自由、亲切、受尊重、友好、自然与谅解的气氛,有一个和谐的人际关系,这是服务的一个很重要的质量问题。但现实生活中,很多服务提供者往往欠缺文明意识,例如医院里一些医生的冷漠服务态度总是在无形中增加了伤患者和家属的心理压力。

二、服务人员的伦理问题

在提供服务的过程中,人(服务企业的员工)是一个不可或缺的因素,尽管有些服务是由机器设备来提供的,如自动售货机、自动提款服务等,但零售企业和银行的员工在提供这些服务的过程中仍起着十分重要的作用。对于那些需要依靠员工直接提供的服务,如餐饮服务、医疗服务等,员工因素就显得更为重要。一方面高素质、符合相关要求的员工的参与是提供服务必不可少的条件;另一方面员工的服务态度和水平也是决定顾客满意度的关键因素之一。

在服务营销的7Ps组合中,"人员"是很关键的因素,也是比较特殊的一项。对于服务企业来说,人员包括服务员工和顾客,这里提到的服务人员主要是指服务员工,因为他们有可能直接接触顾客,代表的是整个企业。换句话说,服务人员就是服务,没有服务人员也就没有服务。服务人员的伦理问题有很多,其中最常见的有态度问题、侵犯隐私问题、角色冲突等。

(一) 态度问题

在服务的生产与营销中,"人"扮演着一个相当特别的角色,是服务营销组合中一个不可或缺的要素。服务企业与制造企业的一大区别是,顾客所接触到的服务人员的主要目的是实现服务,而不是营销服务。在服务业市场,绝大多数的公司员工都与顾客有某些形式的直接接触,接触机会的增多使得服务员工对顾客的态度问题显得尤为重要。

在许多商场,我们经常会遇到这样的情形:当你穿着朴素进入市场,询问服务人员相关问题时,可能会遭遇到较差的服务态度;而当你穿着华丽,高贵地出现在服务人员面前询问问题时,对方可能会以较好的态度帮你解决问题。对服务行业而言,服务人员的态度非常重要,员工要以热情真诚的态度对待所有的顾客,用心去服务好每一位顾客,这样才能营造出和谐的互动氛围。

(二) 侵犯隐私问题

保护隐私权是一项基本的伦理要求,也是人类文明发展的标志和象征。隐私权是以公民个人生活秘密和个人生活自由为内容,禁止他人干涉的一种人格权,它是指私人生活安宁不受他人非法干扰,私人信息保密不受非法收集、刺探和公开等。

在服务行业,经常会碰到侵犯顾客隐私的问题,如银行、电信、心理辅导行业等。特别是一些需要对顾客隐私进行保密的行业,在保护隐私方面对企业的服务人员提出了更高的要求。如心理行业,心理医生对患者隐私问题的保密措施更加严格,如果保密不当,侵犯了患者的隐私,将产生不可估量的后果;而在电信行业,如果企业将顾客家庭联系情况泄露出去,将会给家庭带来很多不必要的麻烦。在现实生活中,许多服务的伦理问题就发生在消费者身边,处理好服务隐私侵犯问题,也是一项重要的任务,服务人员一定要对顾客的隐私进行严格的保密。

(三) 角色冲突

角色冲突是指一名员工的角色组合中的多个角色间发生不相容的状况。在某些情况下，服务人员会感到自己被要求做的事与其个性、生活取向或价值观之间存在冲突。在一些高度重视平等和个人主义的社会中，若要求服务人员把自己的情感和信仰放在其次，在工作中信奉"顾客永远正确，即使他们错了"的箴言，员工很可能会感受到角色冲突。

服务人员需要遵守某些标准、规章和程序，但当顾客提出过分的要求时，员工就要在遵守规章制度和满足顾客的需求之间作出决定。当员工认为企业在政策上有问题时，这种冲突就更为严重，他们必须决定是冒失去工作的风险适应顾客还是照章办事。如果服务员工的收入直接依赖顾客满意度，这种冲突就变得尤为严重。

三、服务沟通中的伦理问题

一般而言，服务业的营销实际上由三部分组成：内部营销、外部营销、互动营销。这三部分内容相应地存在着服务沟通中的伦理问题，即内部营销的伦理问题、外部营销的伦理问题和互动营销的伦理问题。

(一) 内部营销的伦理问题

内部营销是指服务企业必须有效地培训和激励直接与顾客接触的所有员工和辅助服务人员，使其通力合作，为顾客提供满意的服务。内部营销是一项管理战略，其核心是发展员工的顾客意识。在把产品和服务通过营销活动推向外部市场之前，应先对内部员工进行营销。内部营销的目的是向员工推销服务、支援服务、宣传并激励营销工作。在实务上，营销措施就变成广告活动，这不但是为了影响顾客，同时也是为了影响员工。内部营销侧重于技能与细节，主要包括定期或不定期地举办培训班、内部相互沟通；召开情况介绍会、座谈会、茶话会；内部全员沟通，如定期出版报纸或快报。

在企业中，有时会存在管理人员对公司任务传达不到位的问题。当员工不太愿意销售一种他们自身就不能接受的服务产品时，内部营销就显得更加重要。企业在进行内部营销时，要时刻以伦理观念为指导，更好地对内部员工进行服务营销。缺乏伦理的内部营销手段只会引起员工的反感，挫伤员工的积极性，进而危及企业的生存与发展。

(二) 外部营销的伦理问题

服务营销中的外部营销是指企业提供的服务准备、定价、促销、分销等内容。在服务业营销中，外部营销通常是通过大众传播媒体，将无形服务有形化，通过给予消费大众期望与承诺，来吸引顾客接受服务。传统的外部营销要求以顾客为中心，把顾客利益放在公司利益之上，但是营销伦理要求企业在进行外部营销时以伦理观为中心，为顾客提供符合道德的服务，对顾客诚实，绝不欺骗顾客，并且能够对顾客的意见提出质疑。广告宣传的服务要真实，不能夸大宣传；对提供的服务要负道德责任，拒绝提供低俗恶劣的不道德服务；要积极兑现服务前的诺言，提高顾客的服务满意度。

在服务业的外部营销中，口碑传播的方式非常重要。只有提供符合道德的服务才会拥有良好的口碑，口碑传播的蝴蝶效应非常明显，消极效应通过口碑而放大的速度远远快于积极效应的传播速度。因此，企业提供符合伦理道德的服务非常重要，服务一旦偏离道德观念，消费者不仅会停止购买，而且还可能将不良感觉告诉周边的3—30人，使他们也取消该产品或服务的购买行动。相反，合乎伦理的服务会得到顾客的青睐，并且顾客会将自身的良好服务经历告知他人。因此企业的外部营销要符合伦理道德，创造优秀的口碑，以吸引更多的顾客。

(三) 互动营销的伦理问题

在服务业里，互动营销主要强调服务员工向顾客提供服务的技能，这要求服务员工要履行相应的道德规范，对顾客承担起责任。特别是一线员工，他们直接接触顾客，是顾客评价企业服务质量的一个重要因素。因此，服务员工不仅要掌握精湛的服务技巧，为顾客提供一流、优质的服务，而且要有良好的道德素养，遵循营销的伦理规范。互动营销中常见的伦理问题有服务人员的态度问题，对顾客隐私的保密问题等。

四、其他服务营销中的伦理问题

服务可以通过被特许人、代理人、经纪人和电子渠道传递给最终顾客。许多金融和信息服务目前都通过电子渠道分销，如银行业务、付款和远程教育。与服务中间商有关的主要问题包括以下几点。

(一) 目标和实施方面的渠道冲突

服务供给的各个组成部分在关于渠道的运作方法上并不总是保持一致的，在服务供应商和服务中介之间，在特定区域的中间商之间，在供应商所使用的不同类型的渠道之间(如当一个服务供应商有其自有商店和特许商店时)，都会发生冲突。有时，服务供应商对中间商过分依赖也会产生冲突。

(二) 对服务质量和一致性控制的困难

当多家商店共同提供服务时，委托人和中间商之间最大的问题之一就是不一致性和缺乏统一的质量保证。在服务行业中，依据委托人的标准提供产品和服务会很困难。当低质量服务发生时，产生的影响会危害到整体品牌和声誉，致使服务供应商受到伤害。

（三）授权和控制之间的紧张关系

麦当劳和其他成功的服务企业都建立在一致性管理的原则上，公司通过对其中间商各个方面实施控制，使双方都获得了利益，并能保持长期合作。然而，控制对于中间商也会产生消极的影响。例如，许多服务的被特许人是企业家，他们之所以选择服务特许经营是为了能够拥有和经营自己的企业。如果根据一致性标准传递服务，企业家的独立观点就必须并入服务主供商的惯例和政策中去。

【案例10-2】 体检市场出现"亚健康"——服务行业伦理问题纷争[①]

随着生活水平的提高，人们对体检越来越重视。人们希望通过体检及时发现长年累月奔波劳累中，受到磨损的身体"零件"，并尽快给予"修补"。可有关专家近日提醒消费者：体检市场是一个新兴市场，存在一些鱼龙混杂现象，消费者在选择体检机构时，要多一个心眼，多一分清醒。

近几年，人们对健康的关注，对体检的热情，使得体检市场成为一块大"蛋糕"。而体检市场的升温，也引发了颇为激烈的体检业务争夺战，大小医院、社区卫生服务中心，以及一些民营私人医疗机构，纷纷瞅准时机，投身体检市场。一向把体检作为一个附设项目的各大医院，也纷纷调整战略：腾出场地、增添设备，开设专门体检机构。而一些小医院、诊所为招徕生意，推出的项目不仅可以打折，还能送"检"上门。有些医疗机构干脆把B超、"肝胆"检测之类搬进了社区。对于目前体检市场的情况，有关人士认为，整个体检市场的竞争总体上看还是比较有序的，但也存在一些不规范的市场竞争行为。

有记者在对厦门市体检市场进行调查时看到了这样两种现象：单位体检好似走过场。提起参加单位组织的体检的经历，不少人的感觉是"有点走过场"。陈女士这样讲述自己的感受："不久前，单位组织我们到一家医院体检，检查的时候，由于人多，有几个医生根本没认真检查就在上面盖章、签字，就写'正常'。在有的体检处，医生把收来的体检表漫不经心地放在桌上。更让人难堪的是，进行内科检查时，医生连门都没关好，为了提高检查速度，常常是上一个体检者还没坐起来，就被'撵'下了床，更不用说整理好衣裤。而同时旁边还站着好几个等候的人，医生的大嗓门还常常这样响起：'你有点问题，以前查过吗？'引得等候的同事一下子就围过来。"

---

① 资料来源：《光明日报》，2005年10月21日。

讲起自己的一次体检遭遇，普通公司职员林先生用“啼笑皆非”来形容。近日，林先生收到了社区内一家诊所送的“体检卡”，卡上说为了更好地服务社区居民，诊所推出“体检卡”，优惠为居民检查身体各项指标。林先生被热情地迎进了诊所，被安排在一台医疗器械前坐下，检查医生告诉他，这是诊所新引进的最新体检设备，该设备还连着一台电脑，电脑会自动分析相关数据。一番折腾之后，林先生被告知身体各项机能都稍微有点问题，但最厉害的还是严重肾虚，应该赶快治疗。接着他们就开始拿出一种药，说这是最新产品，补肾最好了，向林先生大力推荐。后来林先生到大医院检查了一下，肾正常得很，却检查出了其他的毛病。

在体检市场还没完全走向规范和成熟的时期，消费者如何才能选择到称心的体检机构呢？有关专家指出，最首要的是，要选择一个合格的体检机构，尽量选择设施齐全、医务人员素质较好的医院，如果贪图便宜而到一些条件不够的地方做体检的话，那是对自己的健康不负责，绝非明智的选择。那么一个合格的体检机构必须具备什么样的条件呢？有关专家进一步指出，在“硬件”上，它要具有相应的完备的医疗检查设备和设施，具有合适的场所和必要的场地条件，这是最起码的要求；而在“软件”上，做体检的医务人员则必须具有“执业医师资格”。两个条件缺一不可，否则就属于违规操作。

第三节 服务营销的伦理策略

一、针对服务质量问题的伦理策略

服务质量是企业建立竞争优势的基础，服务营销伦理有助于企业服务质量的提升，从而在市场上取得服务优势。针对服务质量问题的伦理策略具体可以从以下几方面进行分析。

(一) 树立道德服务的观念

服务管理人员首先要带头树立正确的道德观，为员工提供符合道德的服务；其次，服务人员也要以道德观为核心，为顾客提供优质的服务。合乎伦理的服务质量应该兼顾顾客、员工和企业三方面的需要，共同为顾客提供符合道德的、高质量的服务。

(二) 制定标准化的伦理规范

企业要提供有保证的服务质量，就必须对员工的行动进行规范，制定一套标准化的伦理规范，使全公司上下都能按照这套标准为顾客提供服务。服务质量虽然没有绝对的标准可言，但是服务企业可以通过标准化的伦理规范来使服务质量尽量地满足顾客的需要和愿望。

(三) 服务质量认证

服务质量认证就是通过国际标准化组织，使服务的质量得到权威机关的认可，并且通过提高企业经营的效率和效果，使所有相关方受益，达到顾客满意。服务质量认证可以有效地保证企业的服务质量符合伦理，更好地遵循道德规范。国际标准化组织(International Organization for Standardization，简称 ISO)是国际公认的在质量管理方面的权威，它是一个非政府性的专门国际标准化团体，是联合国经济社会理事会的甲级咨询机构。

(四) 服务质量监控

企业要以顾客为中心，构建符合顾客需要的服务质量测评系统，以营销伦理为指导，对服务质量进行监控。同时，服务质量监控也必须通过服务质量标准的改进而不断更新完善，真正做到全面的、科学化的管理。顾客也应该对服务企业进行舆论监督，对企业的服务质量问题提出意见和改进建议。

二、针对服务人员问题的伦理策略

为了更好地服务顾客，员工往往需要来自顾客和管理人员的反馈信息，无论这种信息是正面的还是负面的，能提供获得成功机会的“工作产品”最能使人满意。如果没有绩效评估和奖励，员工的成功就得不到赏识和鼓励。以下列举了几点针对服务人员的伦理策略。

(一) 合理的绩效评估

一个高效的员工绩效评估系统对公司的形象和业绩有很大的帮助。这个系统必须具有透明性和时间性，并保证公平、公正。在某一服务角色需要优先考虑的事项和对该服务角色行为进行评估的方式之间要保持一致性；服务提供者需要为履行其服务职能做好准备，员工应该有机会学习需要的技术和知识，以便在绩效评估系统中表现良好；向评估对象解释所用的评估方法；在工作群体中，绩效评估系统应该尽可能保持统一，使每个员工的工作业绩都由同一套规则来判定。

(二) 科学奖励

对工作出色的服务人员进行奖励，有助于调动服务人员的工作积极性。把奖励与公司形象和策略联系在一起;运用多种方法奖励杰出的工作行为,包括物质奖励、非物质奖励、评选先进等;考虑用股票奖励员工,使其成为公司的所有者。奖励不一定要煞费苦心、成本高昂,对员工成绩表示肯定的诚心最为重要。

(三) 培养员工的道德意识

在公司,企业需要对员工进行道德教育,并经常开展相关的道德教育培训。将服务营销伦理纳入到企业文化中去,在全公司营造道德文化,制定相应的伦理规范并督促全体工作人员进行学习和执行。服务人员在为顾客提供服务时,要自觉规范自身行为,增强自身道德意识。对不遵守伦理规范或进行不道德行为的员工,企业应加大惩罚力度,从严处理。

三、针对服务沟通问题的伦理策略

服务沟通管理源于市场,融于企业,具有与生俱来的灵活性、主动性,有助于企业以较低成本实现有效的管理。

(一) 营造一种内部营销的大环境

内部营销实质上是以营销手段进行管理,管理层是内部营销的轴心。各级管理人员应身体力行,给普通员工作出示范,为企业正确理解和实施内部营销作出表率。企业应建立客观、简单、恰当和适时的评估标准,经常衡量员工的工作业绩和贡献大小,让员工在评估、奖励和人事变动中知道重点所在。对员工的培训有三个任务:一是使员工能够详尽了解服务战略的运作,理解自己与他人、与公司其他部门及与顾客相联系时的角色;二是促进员工对服务战略和营销工作的深入理解和掌握;三是建立和增进员工之间的沟通、销售和服务技能。

(二) 技术培训

许多企业为培训员工开办了专门的学校,比如假日酒店大学、麦当劳的“汉堡包大学”等,这些学校为本企业的员工培训制订专门的培训计划,配置专门的培训人员。

(三) 加强团队合作

当前服务的很多特性,如无形性、异质性、不可分割性等,决定了当服务人员合作协调时,顾客满意度会显著增强。由于服务工作经常要和人打交道,所以会比一般工作更具挑战性,团队合作有助于减轻这些压力和紧张感。当员工感受到支持或有团队作为后盾时,能更好地保持工作热情,并且向顾客提供优质服务。通过促进团队合作，服务企业能够增强员工提供优质服务的能力，同时员工之间的相互支持也会增强其作为优秀服务提供者的意愿。

（四）塑造服务企业文化

将标准化的服务与员工的个性结合起来，在服务标准的要求中充分彰显出个人服务的魅力，在多元化基础上形成服务共识。塑造服务企业文化，需要调整现有的规章制度，提高员工的素质，强化员工的服务意识，设计各种仪式和活动以增强凝聚力，塑造服务明星人物，完善内部的文化传播网络等。

（五）授权给员工

对员工进行授权意味着允许服务人员在服务传递过程中行使某种程度的决定权。对员工的授权不仅仅是简单意义上的授予其权利，而是管理人员将必要的权利、信息、知识和报酬赋予服务一线员工的同时，让他们主观能动地、富有创新地工作。也就是说，"授权"通过赋予服务人员一定的权利，来发挥他们的主动性和创造性。

四、针对其他服务营销问题的伦理策略

（一）提高服务的客户满意度

建立服务质量管理体系，实现客户需求、服务设计、作业要求、质量控制之间的良性循环，提高服务质量和服务能力在企业核心竞争力中的贡献度。实行个人客户、公司客户满意度和单项产品客户满意度调查制度，持续测量客户需求、期望及其重要度，推行在标准化基础上的个性化服务，有效控制人员、产品、流程、环境、态度等因素对服务质量的影响。

（二）提高服务的可感知性

关注服务形象的塑造，高度重视形象策划和媒体宣传，注重信息披露和公众反应，将服务展示落实到每一个环节。

（三）做好服务流程再造

对服务的作业顺序、客户互动顺序进行明确化，根据客户的需要，有针对性地提供产品或服务，缩短员工与客户、管理者与员工、管理者与客户之间的距离，在确保质量和安全的前提下，改善内部合作方式，以提高客户的满意度，提高服务的效率和效果。

【案例 10-3】 私家车成为汽车租赁市场“黑车”主力军[①]

当前的上海汽车租赁市场出现了一个很常见的现象:有些私家车车主会将自己的私家车出租给上海汽车租赁公司,而有些不道德的公司可能瞒着车主随即将车转手给湖南的汽车租赁公司,赚月租金之间的差价。2009 年 7 月 19 日,多名上海车主将私家车出租后,车子竟然在湖南“失踪”。

上海《东方早报》记者在采访中发现,上海目前从事汽车租赁的公司远远多于实际具有运营资质的企业,这不仅搅乱了上海汽车租赁市场,危及了车主、承租人的利益,同时隐患颇多。对此,全国汽车租赁工作委员会副会长方仲持表示,私车已成为汽车租赁“黑车”的主力。多辆上海私家车湖南“失踪”一事,就是不规范操作经营导致的一次严重爆发。上海目前汽车租赁现状是有租赁运营资质的企业仅占总数的 1/10。

车主将私家车出租给上海汽车租赁公司,公司瞒着车主随即将车转手给湖南的汽车服务公司,赚月租金之间的差价。而湖南的公司又以高额押金、低价年租金的方式将上海私车出租给湖南当地租车人。当湖南的汽车租赁公司持巨额现金投资失败并被查封后,上海车主开始疯狂地寻找自己的车。

2009 年 7 月 19 日,上海《东方早报》记者随机联系了沪上多家租车公司,多数都表示可以提供私家车出租。在上海《东方早报》记者联系的 6 家上海汽车租赁公司中,有 5 家明确表示有私家车可以出租。其中 4 家表示,提供长期出租的帕萨特中,根本没有“Y”字牌照的车辆,有 1 家表示“Y”字牌照和普通牌照车辆都有,租车者可以随意选择。

上述 5 家汽车租赁公司中,租用一辆帕萨特的平均月租费在 7500—8500 元不等,只需要支付 2 万元押金就可以开走车辆。5 家公司都表示,公司租车需要提供法人营业执照副本、法人身份证的原件及单位公章,个人租车者需要提供本人身份证、驾驶证、户口本等材料。有 2 家公司提出需要提供 20 万元左右的经济抵押,并有每月行驶里程限定,其他的公司对经济抵押、行驶里程并没有硬性规定。

“在国外,汽车租赁行业像快餐一样常见。”美籍华人邵剑向上海《东方早报》记者坦言,他去国外时一下飞机就能看到大量的汽车租赁点,只需要出示一下自己的信用卡和驾照就能把车开车,凭的就是诚信。

据全国汽车租赁工作委员会副会长方仲持介绍,上海汽车租赁行业从 1992 年安吉公司第一个在沪成立开始起步,在 2001 年的 APEC 会议后迎来了发展高峰,从当时的 3000 辆猛增至如今的近万辆。如何看待和处理私家车进入租赁市

① 资料来源:《东方早报》,2006 年 8 月 30 日。

场的现状，如何进一步规范和整顿上海汽车租赁市场，已经是迫在眉睫的问题。

自己的车被这样的无情摧残，广大私家车主联名呼吁，主管部门应该加强疏导和打击，对“黑租赁”可以采取兼并、收购、托管等各种方式进行管理。上海汽车租赁公司的稳步发展不但要提高市民素质，行业的规范更是不可缺少的。

本章小结

服务是可被区分界定的，主要为不可感知、却可使欲望获得满足的活动，这种活动并不需要与其他产品或服务的出售联系在一起。服务的基本特征主要有无形性、不可分离性、差异性、不可储存性。

服务营销伦理是指导企业进行服务营销的道德准则和标准，它的基本原则有诚信原则、公正原则及有效沟通原则。

服务是服务营销学的基础，而服务质量则是服务营销的核心。服务质量是指服务能够满足规定和潜在需求的特征和特性的总和，是指服务工作能够满足被服务者需求的程度，是企业为使目标顾客满意而提供的最低服务水平，也是企业保持这一预定服务水平的连贯性程度。服务质量的伦理问题主要包括服务的不安全性、服务收费问题、虚假功能问题、服务时间问题、服务文明问题等。服务人员的伦理问题有很多，其中最常见的有态度问题、侵犯隐私问题、角色冲突问题等。服务沟通中的伦理问题主要包括内部营销的伦理问题、外部营销的伦理问题以及互动营销的伦理问题。其他服务营销中的伦理问题还有目标和实施方面的渠道冲突，对服务质量和一致性控制的困难、授权和控制之间的紧张关系等。

针对服务质量问题的伦理策略主要有树立道德服务的观念、制定标准化的伦理规范、服务质量认证、服务质量监控等；针对服务人员问题的伦理策略主要有进行绩效评估、进行奖励、培养员工的道德意识等；针对服务沟通问题的伦理策略主要有营造一种内部营销的大环境、技术培训、加强团队合作、塑造服务企业文化、授权给员工；针对其他伦理缺失的服务营销问题的伦理策略主要有提高服务的客户满意度、提高服务的可感知性、做好服务流程再造等方面。

案例阅读与讨论

【案例】 中国电信强化服务见成效[①]

电话装、移机超时，话费纠纷多，前台营业服务“生、冷、硬”——以前电信服务

① 资料来源：《光明日报》，2004 年 3 月 14 日。

中常存在的这些问题，如今在中国电信各级公司已经很少见了，中国电信近两年通过积极改革原有的管理体制、服务观念和工作方法，提高了企业的服务水平，在为用户服务方面闯出了一条新路。

中国电信强化服务工作的主要措施有以下六个方面。

（一）完善服务质量管理办法和评价标准

中国电信先后制定了《中国电信企业服务规范和服务标准》、《中国电信服务质量监督检查实施办法》、《中国电信企业重大服务质量问题处理办法》、《中国电信用户投诉处理办法》等规章制度。管理规范了，用户投诉处理流程和信息反馈体系运作流程也得到了进一步优化。

（二）坚持服务质量管理两个制度，即通报和明察暗访制度

通报制度是指定期对用户投诉处理情况、服务质量情况进行通报；明察暗访制度是指从集团公司到各省公司形成了服务质量督查网络，并采用企业自查、互查，集团公司抽查，社会监督员监察相结合的方式，效果较好。近3年来，中国电信集团公司组织对21个省会城市、180多个地市、360个县约1000多个营业场所和大部分地区的公用电话进行明察暗访，有效地促进了各地的服务工作。

（三）提高服务水平，及时解决用户投诉

1. 建立和完善投诉处理网络，从公司到各本地网均设定专人处理用户投诉，形成集团公司、省公司、地市分公司三级投诉处理网络，通过上下呼应既能妥善解决好用户的投诉，又大大缩短了处理时间。

2. 举办服务质量管理培训班，使各级服务工作人员掌握服务工作要求及处理能力。

3. 建立完善的服务质量监督、分析、统计处理系统，实现了实时的、动态的管理。该系统使集团公司能及时、准确掌握企业的服务质量情况和全国服务标准贯彻落实情况，实现了投诉处理的实时控制。

（四）加快企业内部改革，调动职工积极性

中国电信集团积极推行五项机制创新，即竞争上岗、薪酬分配、绩效考核、员工职业发展和教育培训创新。目前初步建立了以岗位职责为依据，以工作业绩为重点，定性定量相结合的考评等办法，使广大员工的竞争意识、进取意识、服务意识得到明显增强。同时，通过流程重组，整体提高了企业的管理水平，真正建立起前后端型的组织架构、以公司整体业绩为目标的业绩考核体系和以市场为导向的内部客户制度，解决了过去对市场反应慢、业务流程不畅、员工职责不清、绩效考核不到位等问题，使企业整体服务意识得到明显提高。

（五）细分用户，让服务有的放矢

中国电信始终坚持把"全面提升服务水平，努力创造客户价值，不断谋求共同

发展"作为客户服务的目标，对用户市场进行了细分，分为三大客户群体：大客户、商业客户、公众客户。对三大客户群体，中国电信实施了差异化服务，即：对大客户实施个性化服务，对商业客户实施专业化服务，对公众客户实施标准化服务。并对大客户进一步提供"量体裁衣"式的定制服务，初步建成了全国三级大客户营销服务体系，在实现全球一站式服务的基础上，推出"零距离"贴近客户、"零中断"保障客户和"零时延"快速响应客户的服务体系，全面提升了服务水平。2003 年 5 月中国电信在上海设立了专门服务国际客户的全球客户服务中心，成为国内首家设立统一服务界面，专门服务国际客户，提供全天候、多语种国际业务服务的运营商。为保证大客户服务质量，中国电信还建立"VIP 客户响应中心"、"VIP 客户技术支撑中心"和"全球客户服务中心"，在国内首家设立了大客户统一服务界面受理故障申告。

对商业客户，中国电信实行了商业客户经理负责制，根据客户所处的不同区域以及所在的行业特性，为客户开发和设计不同业务和解决方案，由专业人员提供咨询、受理、申告等多样化服务。

对广大公众客户，中国电信实行的是社区渠道服务经理负责制，通过规范化的服务流程向广大客户提供标准化的服务。

对农村用户，中国电信则实行了农村统包责任制。

为方便用户，中国电信还建立了 10000 号服务渠道，用户随时可通过 10000 号进行服务受理、投诉、咨询和话费查询等。

（六）抓典型、树榜样，把基层服务工作向前推进

组织开展全国青年文明单位和满意服务企业评选和全国优秀质量管理小组的推荐工作，不断树典型、立榜样。今年推出了深圳黄木岗营业厅、上海 114、厦门 10000 号等文明服务窗口。目前中国电信各企业中由团中央命名的全国"青年文明号"共有 96 个。此外，还开展"用户至上、用心服务"达标创新竞赛评比活动。

措施到位后，中国电信的服务效率和服务质量得到了大幅度提升。目前，中国电信的电话装机平均时限达到 4 天，装机及时率达到 98.4%，故障修复时限平均达到 34 小时，修机及时率达到 99.3%；计费准确率大幅度提高，话费争议投诉量占投诉量的比重明显下降。2000—2003 年用户向部申诉中心越级投诉逐年下降。2000 年中国电信用户有理由投诉总件数为 723 件，是各运营商投诉最多的企业，而且超过其他企业投诉的几十倍。到 2001 年下降到 114 件，下降幅度 80%；2002 年用户有理由投诉为 17 件，在 2001 年基础上又下降了 85%，占各运营企业总投诉的 10%以下；2003 年用户有理由投诉为 10 件，在 2002 年基础上又下降 41%。投诉量占各运营企业总投诉 7%以下，为各运营企业投诉比重最少的企业。另外，近几年中国电信用户满意度也在不断提高，经第三方调查，中国电信用户满意度指数

是:2001年为77,2002年为79,2003年为80.3,几年来满意度指数共提高了3.3个百分点,平均每年提高1.1个百分点。

中国电信的用心服务赢得了广大用户的认可和信赖。到2003年底中国电信已拥有1.62亿固定电话用户和750万宽带用户,中国电信推出的“互联星空”、“小灵通短信”等新业务,受到了用户和业界的广泛好评。中国电信近年来取得的成效,得到了党和国家领导人的充分肯定,也受到了全球的瞩目和赞誉。2003年3月,美国《财富》杂志评出中国电信为年度“全球最受赞赏的公司”,其公布的材料中反映,中国电信实际成绩已超过英国电信、法国电信和德国电信等欧洲发达国家主体电信公司,跻身全球行业排行榜第9名。

【讨论】

1. 该案例体现了中国电信哪些方面的伦理道德规范?
2. 结合实际,说明其存在的缺陷及改进方案。

思考题

1. 服务的概念是什么?它有哪些基本特征?
2. 服务营销伦理的基本概念及基本原则是什么?
3. 服务营销中有哪些典型的伦理问题?请结合实际回答。
4. 针对不同的服务营销伦理问题,列举具体的伦理策略。
5. 请结合实际案例,对服务营销伦理进行分析。

第十一章　网络营销伦理

合乎伦理的网络营销是未来发展的一个新趋势。

——编者语

本章学习目标

通过本章学习，掌握网络营销伦理的基本概念和基本原则以及网络营销伦理的基本特点，正确把握网络营销中的伦理问题，了解网络知识产权问题、网络隐私问题、虚假信息及网络商业欺诈问题，切实有效地运用好网络营销中的伦理策略。

本章学习重点

网络营销伦理的基本概念与基本原则，网络营销中的伦理问题，网络营销中的伦理策略。

随着互联网的快速发展，网络营销在给中国企业带来巨大商机的同时，也产生了许多负面影响。由于多种因素影响，网络营销活动中容易出现侵犯公众隐私权、侵犯著作者版权等不道德的行为，这不仅会危及企业的长远利益，还会对电子商务的健康发展产生不良影响。网络营销带来了新的伦理问题，并逐步使原有的道德问题更加尖锐，网络营销伦理建设迫在眉睫。企业的成功在于人，人的成功在于德，必须采取相应措施维护消费者的合法权益，提高我国电子商务企业的伦理水平，增强我国电子商务在国际上的竞争力。

第一节　网络营销伦理概述

一、网络营销伦理的基本概念

（一）网络营销伦理的由来

国际互联网又称因特网，是集现代通信技术、信息技术、计算机技术为一体，由众多局域网、城域网、大规模广域网通过普通电话线、高数率专用线路、光缆、卫星和微波连接而成的全球范围内的计算机网络集合体。这些网络把不同国家的大学、公司、科研机构以及军事和政府等组织的网络连接起来，实现网上的信息交流与资源共享。[①]

随着互联网的不断成熟和广泛普及，新型的商务模式——电子商务获得了空前的发展。但互联网的发展是一把双刃剑，它在给人们的生活带来便利的同时也产生了许多负面影响。其中一个突出问题就是网络空间的道德失范现象，产生道德败坏的行为，即在网络上出现一些与传统道德和伦理相违背的现象。这些"不伦理"的现象并不是虚拟的，它根植于现实社会这块土壤中并得以发展，有其深刻的经济根源、社会根源与历史根源。

与传统营销相比，网络营销在降低交易成本等方面具有明显的优势，互联网的迅速发展为企业开展营销活动提供了一条新途径：现代企业可以在网上向消费者展示自己的产品或服务，可以与消费者进行双向的互动式沟通，在时机成熟时达成交易。网络营销因其时空的无限性、表现方式的多样性、信息交换的互动性、市场的成长性以及销售过程的整合性，吸引了越来越多的商家。但同时，大量的伦理问题也随之出现。

（二）网络营销伦理的基本含义

1. 网络营销的内涵。网络营销是以国际因特网为基础，利用数字化的信息和网络媒体的交互性来辅助营销目标实现的一种新型的市场营销方式。网络营销不等同于电子商务，它是电子商务企业管理价值链系统的一种有效手段，是电子商务得以开展的高效、经济的信息载体。网络营销作为一个以现代信息技术为依托的新生事物，在市场营销中发挥了许多传统营销不具备的作用，并越来越多地受到人们的关注。

网络营销是网络营销伦理的基础，它并不是孤立存在的，是企业整体营销战略的组成部分。网络营销活动不能脱离一般营销环境而独立存在，对于不同的企业，网络营销所处的地位有所不同。以网络服务为主的网络公司，更加注重于网络营销策略；而在一般的企业中，网络营销通常只是处于辅助地位。网络营销依赖互联网为应用环境，与传统市场营销相比有其自身的特点，因而具有相对独立的理论和方法体系。

网络营销利用各种手段，更好地满足客户的需求及营销者的销售目标。它能

① 李进良、倪建中：《信息网络辞典》，东方出版社 2001 年版，第 326 页。

给个体和组织增加价值，不能增加价值的网络不管是对个体还是组织都是毫无意义可言的。网络营销可跨越时空界限，随时随地向消费者提供商品服务；能够全方位地展示产品和服务，可以更好地和消费者沟通；能够有效地满足消费者个性化、多样化的需求。消费者网上购物，只要将想买的产品，要求的条件和对网上产品的心理价格等输入到相应的应用工具中，服务器便将消费者和能够提供该商品的供货商联系起来，大大提高了买卖交易的效率和准确度。

2. 网络营销伦理的概念。很多社会学者曾对网络营销伦理下过定义。刘云章等在《网络伦理学》一书中认为：网络伦理学是研究网络社会中存在的各种道德关系的科学。[①] 还有人认为：网络营销伦理是指建立在传统营销理论基础上的，利用网络和相关电子技术来完成市场营销目标的道德准则。对网络营销伦理的理解，还可以从以下几个方面入手。

(1)网络营销伦理是建立在传统营销理论基础之上的。因为网络营销是企业整体营销战略的一个组成部分，网络营销活动不可能脱离一般营销环境而独立存在，网络营销伦理理论是传统营销理论在互联网环境中的应用和发展。

(2)网络营销伦理是以互联网为载体的新营销方式、方法和意义的现代市场营销理论。网络营销需要在互联网上开展，因此企业开展网络营销，要从道德上重视互联网的作用。在互联网普及的今天，重视互联网中的伦理问题显得尤为重要。

(3)网络营销伦理以更好地实现市场营销目标为目的。网络营销伦理的基本目标、思想与传统营销是基本一致的，只是在实施和操作过程中与传统营销的方法和手段存在着较大差别。网络营销的目标是通过网上营销开拓市场，还包括寻找潜在客户、打响知名度、扩大企业影响等。

(4)网络营销伦理是一种道德准则。企业进行网络营销首先要遵守道德准则，如道德观念、道德规范、道德行为等。进行道德营销是企业生存与发展的根本，任何企业都不能违背道德这层底线。提倡网络营销伦理就是为了让更多的企业与个人进行道德营销，创造和谐氛围。

(三) 网络营销伦理的基本特点

1. 理论的交叉性。网络营销伦理理论是在众多新的营销理念(如网络整合营销理论、网络直复营销理论、网络软营销理论等)的积淀、新的实践和探索的基础上发展起来的。它吸纳了当代计算机科学、网络技术、通信技术、密码技术、应用数

---

① 刘云章：《网络伦理学》，中国物价出版社2001年版。

学、信息学等多学科的技术与方法。

2. 全球性和开放性。网络营销的一个重要特征就是全球性和开放性。它不仅对所有国内的市场主体开放,而且不受地域和国界的限制。由于具有超越时间约束和空间限制的特点,网络营销为企业减少了市场壁垒和市场扩展的障碍,使企业面临更广阔的市场空间。

3. 虚拟性。网络营销中,不但买卖双方在交易时互不见面,而且也没有单据或凭证等交换谈判记录,使用的资金甚至标的本身都是被虚拟为数字形式的符号。在交易双方眼中,不但市场是虚拟的,店铺和交易大厅是虚拟的,就连交易对手也是虚拟的,交易对手仅仅只是一个企业或个人名称的代码或电子邮件地址。网络营销的虚拟性对市场主体的商业信用和伦理道德水平提出了更高的要求。

4. 便捷性。网络营销利用计算机网络,使人们能以非常方便、简捷的方式完成过去较为繁杂的商务活动。企业可以利用网页及时地向市场发布各类信息,展示产品视觉形象;能够快速地从市场获取信息,并对市场的变化作出迅速的反应;还可以方便地寻找交易伙伴和交易机会,并通过电子单证交换、电子商务跟踪、电子资金转账等手段快捷地完成整个交易过程。

5. 渠道的直接性。网络营销减少了很多营销环节,使传统的迂回模式变为直接模式,厂商直接通过网络与顾客进行联系和销售,使商品流通过程大为缩短,节省了大量时间,提高了运作效率。

6. 资源的整合性。在网络营销的过程中,将对多种资源进行整合,对多种营销手段和营销方法进行整合,对有形资产和无形资产的交叉运作和交叉延伸进行整合。这种整合的复杂性、多样性、包容性、变动性和增值性具有丰富的理论内涵。

7. 实践的鲜明性。网络营销不仅是观念的产物,更是企业活动的产物。网络营销理论的发展和企业的市场营销活动是紧密联系在一起的。企业的市场营销活动实践为网络营销理论的生长提供了肥沃的土壤,网络营销理论的发展又被用于指导企业市场营销活动。①

二、网络营销伦理的基本原则

(一) 开放原则

网络应该为一切愿意参与网络社会交往的信息主体提供平等交往的机会,它

---

① 郝戊、王刊良:《网络营销》,机械工业出版社 2007 年版,第 7 页。

应该排除现有社会成员间存在的政治、经济、文化差异，为所有成员所拥有并服务于社会全体成员。网络主体的行为必须服务于网络社会的整体利益，个体利益服务于整体利益。

(二) 公平原则

每个网络信息的主体都有其特定的网络身份，即用户名、网址和口令，所有网络人都可享受网络社会提供的一切便利和服务，而没有现实社会中政治、经济、文化、受教育的程度及尊卑等级的烙印；没有肤色民族不同的种族歧视；也没有国家不同的区别对待，所有网络信息主体都是平等的。网络对每个用户都应该一视同仁，它不应该为某些人制定特别的规则或给予某些用户特殊的权利，所有网络用户享有的权利都是相同的。

(三) 兼容原则

网络不是仅向某些国家、组织、团体开放和服务，而是服务于所有社会成员，没有国别、阶层、身份地位、文化印迹的区分。网络的开放性和共享性要求人们的交往应该达到无障碍性畅通，因此网络伦理的建设应该照顾到种族、国别、文化的差异。也就是说，网络主体间的行为方式应符合某种一致的、相互认同的行为规范和准则，并为整个网络社会所接受，最终实现人们网络交往的行为规范化、语言可理解化和信息交流的无障碍化。

(四) 网络主体权利和义务相统一原则

每个网络用户可以浏览信息、下载信息、发布信息，享受网络提供的一切便利和服务，网民在享受这些权利的同时也应该为网络社会尽相应的义务。如：提供有价值的信息，规范自己及其他网络信息主体的行为，享受别人有效信息的同时也应该为其提供有价值的信息等。

【案例 11-1】 "新江南"公司的网络营销①

"新江南"是一个旅游公司，为了在"五一"黄金周之前进行公司旅游项目促销，公司营销人员计划将网络营销作为一项主要的促销手段，其中将网络营销作为重点策略之一。由于公司在网络营销方面以前并没有多少经验，因此这次活动计划将上海作为试点城市，并且在营销预算方面比较谨慎，并不打算大量投入广告，仅选择部分满足营销定位的用户发送网络广告。目前暂时没有条件开展网上

① 资料来源：《网络营销与案例分析》，经编者整理。

预订活动，主要是品牌宣传，并为网下传统渠道的销售提供支持。

“新江南”公司的网络营销现状为：公司网站已经建立两年多的时间了，但是网站的功能比较简单，主要是公司介绍、旅游线路介绍、景点介绍等，网站有注册用户1000多人，但是由于疏于这方面的管理，已经有半年多的时间没有向会员发送过信息了，最后一次发送是元旦前的促销信息，向会员发送新增的旅游线路。因此，公司内部的营销资源非常有限，还需要借助于专业服务来发送网络广告。在服务的选择上，花费了比较多的时间。因为首先要对服务的邮件列表定位程度、报价和提供的服务等方面进行比较分析，在多家可提供网络营销服务的网站中，“新江南”最终选择了新浪上海站，该网站有一份关于上海市白领生活的电子周刊，订阅数量超过300000份，这份电子刊物将作为本次网络营销的主要信息传递载体。为了确保此次活动取得理想的效果，计划将从2004年3月26日开始连续四周投放网络营销信息，发送时间定为每周三，前两次以企业形象宣传为主，后两次针对公司新增旅游路线进行推广。接下来该公司的市场人员的主要任务是设计网络广告的内容，针对内部列表和外部列表分别制作，并且每个星期的内容都有所不同，他们仍然有许多工作需要准备。

网络营销活动结束后，当网络营销人员分析每个月的公司网站流量时，吃惊地发现，在进行网络营销期间，公司网站的日平均访问量比上个月增加了3倍多，日均独立用户数量超过了1000人，而平时公司网站日均独立用户数量通常不到300人，尤其在发送邮件的次日和第三日，网站访问量的增加尤为明显，独立用户数量的最高记录日达到了1500多人。在这次活动中，公司的营销人员也发现了两个问题：一是内部列表发送后退回的邮件比例相当大；二是企业网站上的宣传没有同步进行，来到网站浏览的用户的平均停留时间只有3分钟，比活动开始前用户的平均停留时间少了2分钟。

第二节　网络营销的伦理问题

与传统营销相比，网络营销最大的优势在于它可以改善信息的流动、协调不同活动、减少不确定性，从而降低交易成本。从目前情况来看，有形的技术问题解决起来比较容易，因此，发展网络营销面临的主要问题不是技术或硬件方面的问题。要大规模地开展网络营销，使其形成能够产生经济效益的商业模式，一个最大的制约因素在伦理方面。这种无形的伦理因素影响到网络营销的各个方面，不仅影响着人们对网络营销这一新模式的信任和信心，而且直接影响到网络营销企业本身的经济效益和经营规模的扩大。由于网络营销的无政府性，也使网络营销产生一些传统营销中很难遇到的新道德问题。

一、网络营销伦理问题产生的原因

（一）网络结构缺陷

网络技术的发展，一方面推动着社会发展和商务运作，另一方面使整个社会分裂成两种不同的空间——电子空间与物理空间，从而出现了虚拟社会与现实社会。虚拟的网络社会是离散的、开放的、无国界的，这使人们对网络上他人行为的管理和监控变得较为困难，容易滋生不伦理和不道德行为。很多人认为，网络上的言论和行为是自由的，他人是看不到的，也追踪不了，因此经常在网络上攻击、谩骂别人，或者散布谣言，造成人心恐慌而不承担责任。

（二）经济利益驱动

任何行为都有其深刻的经济根源，网络上出现不道德、不伦理的现象也与经济息息相关。正是由于不正当的经济利益驱使人们铤而走险，蔑视道德力量的约束和法律、法规的监控，在网络社会中肆意驰骋，侵害他人隐私和权益、盗取银行密码、网络诈骗、网络聚赌、制黄贩黄、通过网络即时通讯工具诱使他人犯罪等。由于具有高额的经济回报，且通过网络犯罪较难搜寻线索，又缺少现有法律法规制裁，给不道德行为者获取非法利益留下了可乘之机。

（三）网络法律法规建设不健全

国家的政策法律制度作为一种硬性规范，约束企业和个人行为，但目前我国网络法律法规还很欠缺，各方面法律工作正在完善。虽然目前我国已出台一些有关互联网发展的政策和规定，例如在 2000 年 3 月，我国为了防治和监管计算机病毒，颁布《计算机病毒防治监管办法》；同年 9 月 20 日，国务院第三十一次常务会议制定颁布《中华人民共和国电信条例》；为了规范互联网信息服务，国务院于 2000 年 10 月颁布并施行《互联网信息服务管理办法》；2004 年 6 月颁布实施《互联网站禁止传播淫秽、色情等不良信息自律规范》，以此规范公民的网上行为。但这些法规往往政策多，监督力度不够，或者受到部门和地区限制，致使已出台的政策流于形式，不利于网络资源融合和网络空间的净化。因此，应加强法律法规建设，通过法律的威慑作用规范网民行为，净化网络空气，还原虚拟社会的本色。

二、网络营销的伦理问题

(一)网络知识产权问题

我国网络信息技术的迅猛发展在给人们带来巨大便利的同时,虚拟世界的侵权行为也逐渐升级,网上侵犯商标权、专利权、著作权和商业秘密的行为以及各种不正当竞争行为层出不穷,网络纠纷不断。

网络知识产权就是由数字网络发展引起的或与其相关的各种知识产权。网络知识产权除了传统知识产权的内涵外,还包括数据库、计算机软件、多媒体、网络域名、数字化作品以及电子版权等。数字化、网络化是网络信息资源的基本特征。还有信息量大、种类繁多、信息更新周期短、资源庞大、开放性强、组织分散、没有统一的管理机制和机构等特点。网络信息资源的这些特征决定了网络知识产权具有与传统知识产权完全不同的特点。如知识产权具有专有性,而网络知识产权的保护则是公开的、公共的信息;知识产权具有地域性,而网络知识产权则是无国界的。

目前,网络中的知识产权问题无外乎知识产权的基本类型:网络著作权纠纷、域名抢注和不正当竞争纠纷及网络专利纠纷。

1. 网络著作权纠纷。当前涉及网络著作权的问题比较突出,相关的案件也比较多,各种关于网络知识产权问题的讨论层出不穷。网络著作权纠纷的突出原因仍然与计算机网络本身的技术特点有关。从技术上看,互联网只是以二进制数编码的对大量可识别信息的存储与交换的平台。这些信息的表现形式是人可识别的各种符号,与以往不同的是在互联网上所有可识别的符号全部"数字化"了。以往的争论是围绕这种"数字化"后的表达是否是著作权的客体的延伸进行的,现在新修订的《著作权法》明确了"信息网络传播权"。决定一部作品是否在互联网络中传播是权利人享有的权利,这与著作权法的基本原则相一致,也解决了作品被数字化后的性质归属问题。

当前比较集中的问题是互联网信息服务提供者在作品的网络传播中所应处的地位和应承担的责任。网站刊载信息的著作权问题始终没有得到妥善解决。新修订的《著作权法》制定了相关信息网络传播权的单行法规的条文,其中对互联网信息服务提供者在作品网络传播中的地位问题有所规定,让互联网信息服务提供者获得类似与图书出版者或录音录像制作者、广播电视组织相同的权利。

2. 域名抢注和不正当竞争纠纷。随着互联网与电子贸易的发展,域名成为企业进入信息化社会、适应现代化国际商业市场竞争的重要工具。它不仅可以代表一个企业的形象、信誉、商品及服务质量,也成为企业无形资产的一部分。在国内,因"域名抢注"而引起的纠纷较早出现,且曾引起过普遍关注。网络作为一种新的信息存储与交换载体,用以识别某些相关信息的"人机接口"的网络域名与提供这些信息的主体间的关系是密不可分的。这些主体毫无疑问地要把在"现实空间"中通过长期积累形成的,具有巨大商业价值标志的符号性体现扩展到虚拟空间中来,这就有可能出现形成在先的标志性知识产权与域名的冲突。

正是看到这种冲突会带来的"商机",域名抢注成为涉及网络的知识产权问题中影响最广泛的一类。域名抢注具备三个特征:(1)将别人知名的商标、商号或其他商业标志抢先注册为域名;(2)抢注域名数量众多;(3)以公开出租和出售被抢注的域名为要挟,迫使知名商业标志的权利人高价买回被抢注的域名。① 国际上,目前已建立了"域名纠纷解决机制",通过民间仲裁的方式来解决域名与知识产权的冲突。由于提供给当事人的救济手段已较多,域名纠纷已不再如几年前那样引人注目,域名与知识产权冲突的论争与探讨也已趋于平淡。

3. 网络专利纠纷。从专利权的特点来看,所谓"涉及互联网络的纠纷",基本上是与网络技术相关的,这与前面提到的涉及网络的商标和著作权纠纷不是同一类问题。近些年来,主要是在美国,出现了基于互联网络的商业模式的专利,其中已有相当一部分获得了授权。比如,戴尔计算机公司的"直销模式"(Direct Business Modes)就申请了多项专利。

这些基于互联网络的商业模式如果可以获得专利,极有可能引起纠纷。因为互联网络的技术内容比较确定,而进行商业活动的方式方法很难有较显著的创新与突破。即使是技术与商业方法的结合,其中共性的、共同的成分在逻辑上仍是比较多的,利用这些确定的技术进行商业活动的方式方法的创新性究竟有多大,是一个值得探讨的问题。正因为这样,在美国,自1999年以来已发生多起基于互联网的商业模式专利的纠纷。在国内,对基于互联网络的商业模式是否可以授予专利权的问题尚在讨论中,还未出现相应的案件。

(二) 网络隐私问题

网络隐私权是隐私权在网络环境下的延伸。在网络社会中,随着网络技术的发展和广泛应用,网络隐私问题也越来越引人注目。近年来,侵犯隐私权的事件日益增多,个人隐私权受到了前所未有的威胁,阻碍了网络经济的正常发展。因此,在网络商业化的环境下,越来越多的国家尤其是发达国家已加强了对网络隐私侵权问题的重视,并纷纷采取了相应的措施。反观我国,对网络隐私侵权的理论和相关制度的研究仍较为滞后,立法上也并未对网络隐私权给予确认。隐私权法律保

---

① 薛虹:《域名抢注的法律分析》,《科技与法律季刊》,1999年第1期。

护制度正面临着空前严峻的挑战。

1. 不合理收集他人私人资料。在网络时代，了解并满足用户的需要和期望，是网上经营者的首要任务。因此，上网者经常会碰到填写个人资料的情况，这些表格包含了很多个人数据，如姓名、性别、出生年月、家庭住址、电话号码、身份证号码、职业、收入等。网络经营者一般不会说明需要这些数据的原因、使用目的等，由于填表者无法监督这些数据的使用情况，浏览者日益担心个人隐私问题。

目前大多数网站都使用了具有跟踪功能的"Cookie"软件。"Cookie"是由网站服务器发送并储存在你的电脑硬盘上的小的信息数据文件。用户第一次访问网站时，"Cookie"文件就存到用户的电脑上，当用户再次进行访问时，网站服务器就会读取存在该用户电脑上的"Cookie"文件。这样，网站在未经授权的情况下制作了用户的个人档案，可以基本掌握用户的个性和网上购物习惯，从而有针对性地实现其商业目的。另外，网络黑客也成为隐私权保护的一大威胁。黑客一般都有高超的计算机技术，很容易侵入他人电脑，破坏和窃取他人资料，侵害他人隐私。

2. 非法传输他人隐私，篡改、监看他人电子邮件。在网上擅自宣扬、公布他人的资料，泄露他人的隐私，是一种比较严重的侵权行为。在互联网上利用技术篡改、监看他人的电子邮件也是很普遍的现象，这和现实生活中私拆他人信件没有本质上的区别。电子邮件在传输的过程中需要经过几个服务器，在任何一个中转点，都有被偷窥的可能。还有一部分黑客常常会把邮件的内容进行篡改再发给收信人，收信人看到的实际上已不是真正的发信人发过来的内容。

3. 电子垃圾邮件的泛滥。只要在网络上拥有一个电子信箱，就很难不受到垃圾邮件的侵扰，如各类广告、促销活动、网上购物优惠券等。探究其因，主要是提供电子邮箱服务的网站向网络广告商大量转卖其掌握的用户资料，从而使网络广告商不费吹灰之力就可以向用户的电子邮箱寄发大量垃圾邮件。垃圾邮件不仅会浪费用户的存储空间，更会侵犯用户对个人隐私享有的保密、支配及利用的权利。更有甚者，一些垃圾邮件内容不健康甚至带有恐吓、色情引诱的性质，这不仅会给收件人的私生活安宁造成侵扰，更可能会引发恶劣的社会影响。

（三）虚假信息泛滥和网络商业欺诈

由于网络的虚拟性特点，企业可以不受约束地在网络中发布各种信息。即使消费者已经意识到某些信息的虚假性，也很难向发布信息的企业进行追究。这些欺骗性的商业信息充斥于互联网之中，严重影响了网络营销的正常发展，使得广大消费者对网上发布的诸多信息都心存疑虑，对企业丧失起码的信任。

在中国，与市场经济配套的法律还很不完善，不少企业不讲信誉，制造假冒伪劣产品，欺诈消费者。网上购物方便了消费者，但是假冒产品屡见不鲜，有时甚至会出现更为严重的情况，例如用户付款之后收不到货品。这种网络商业欺诈的现象使越来越多的网络用户对于网络营销的可信度产生了怀疑。

【案例 11-2】 被忽略的真实"人肉搜索"事件[①]

一、"天价头"事件

2008 年 3 月 29 日，郑州媒体报道，两名 14 岁女生在"保罗国际"店里剪发后，被要价 1.2 万元，两人借了十几个同学的生活费才交上这笔钱。2008 年 4 月 1 日，全国各大媒体对此跟进报道。新闻在网络上发布后，网友启动"人肉搜索"，公布出保罗国际的注册信息，固定电话和手机号码，以及汽车牌照等，进而发展为到店门口聚集并打出标语等。4 月 2 日中午 12 时许，郑州市地税局稽查局执法人员来到保罗国际，依法将其经营账目暂扣。4 月 3 日，保罗国际被郑州市有关部门责令停业整顿。

二、"女白领自杀"事件（又称"3377"事件）

2007 年 12 月 29 日，北京一白领女子姜岩跳楼自尽。姜岩的姐姐将姜岩生前写下的死亡日记以及自杀内幕披露在天涯论坛上，将姜岩自杀原因归咎于第三者的介入。引发义愤网友的"人肉搜索"，曝光了姜岩丈夫王菲及第三者东方的照片以及个人资料，而王菲所在的盛世长城广告公司对姜岩的不幸表示悼念，并决定辞退王菲和东方二人。

三、"比基尼功夫少女"事件

2006 年 8 月 10 日，一篇名为《中国的耻辱！色情武术学校为境外网站服务》的帖子出现在猫扑网大杂烩论坛上，打开帖子的网友震惊地发现，这是一组未成年少女身穿比基尼的色情照片和在室外正常练功夫的照片。经过"人肉搜索"，有网友指出，一张练武图上树梢后露出的建筑物正是河南省博物院主馆。而国外的中国留学生发现在美国一家"比基尼功夫"的网站上，只要注册为会员，交费 15 美元就可以浏览至少两千多张类似的图片以及相似内容的视频。这一网站 2004 年 3 月注册，管理人叫燕高飞。通过"人肉搜索"，被取缔的博爱少林武校成为最大嫌疑地，而佛罗里达陈氏太极拳协会会长燕高飞也被猫扑网友认定为第一嫌疑人，并发出了 2 号"宇宙通缉令"。8 月 17 日，博爱少林武校的前校长杨某被媒体找到，回忆了照片出炉过程，证实是燕高飞所为。迫于舆论的压力，"比基尼功夫"网站主动关闭。

四、"谭静坠楼"事件

2008 年 4 月 5 日，广州东风广场一栋高楼横梁上挂着的半裸女尸被发现。据

① 资料来源：《中国经营报》，2008 年 6 月 30 日。

媒体报道,"住户王先生"和"警方有关人士"认为死者系性工作者,因嫖资纠纷,被3名韩国男子从30楼扔下坠亡。4月9日,死者亲友在网络上发帖澄清死者名叫谭静,是一名模特和演员,而并非性工作者。有网友启动"人肉搜索",称3名韩国人均为大韩航空机务人员,还公布了大韩航空及韩国驻广州领事馆的电话,要求网友爆打。4月15日,大韩航空向媒体表示,该公司从未出现过网络上公布的3名机务人员。据媒体报道,这3名韩国人是在广州做服装生意的商人。而广州市公安局办案民警24日称,警方已对谭静出事现场的物证进行了DNA严格鉴定,未能得出谭静被逼杀、3名韩国人有犯罪行为的结论。

第三节　网络营销的伦理策略

一、网络知识产权保护的伦理策略

互联网侵权盗版问题是一个世界性难题,目前还没有一个国家能够找到有效根治的途径和办法。对中国而言,在原来知识产权问题还没能很好解决的情况下又遇到了新的挑战。

(一)网络著作权保护

网络著作权是基于作品的创作而产生的,不需经过任何部门的审批,也不要求发表或登记,作品一经创作完成就自动产生权利,受《著作权法》的保护。《著作权法》第十条对著作权各项权利的规定均适用于数字化作品的著作权,将作品通过网络向公众传播,属于著作权法规定的使用作品的方式,著作权人享有以该种方式使用或者许可他人使用作品,并由此获得报酬的权利。

在网络环境下,未经版权所有人、表演者和录音制品制作者的许可,不得将其作品或录音制品上传到网上和在网上传播。网络信息很容易被他人复制、篡改和消除,从而造成对权利人的极大损害。对此,需要建立和完善网络著作权的管理规范;在无从追究真正侵权人的情况下,追究网站、网络在线服务商的共同侵权责任;通过技术手段,对上传的网络作品进行保护;构筑网络道德体系,道德凭借自我约束来作用、规范人的行为;通过加强人们在网络中内心的自我约束力,来达到防止网络侵权的事前预防。

(二)数据库的保护

对于由享有版权的作品构成的数据库,依照《伯尔尼公约》第二条第五款和第二条之二第三款的规定，可以作为汇编作品受到版权的保护。对于由包括不享有版权的“数据或其他材料”构成的数据库，依据 WTO 的《与贸易有关的知识产权协议》第十条第二款的规定，“只要其内容的选择或安排构成智力创作，即应予以保护”。我国对数据库的保护应既能促进民族数据库资源产业的发展，又要避免和减少西方发达国家对数据库资源的垄断，在著作权法保护的前提下，构建一个完善的数据库著作权保护体系。

（三）域名的保护

域名，又被称做网址，是连接到国际互联网上的计算机地址，是为了便于人们发送和接收电子邮件或访问某个网站而设计的。我国尚不存在专门调解域名与商标法律冲突的法律法规，根据互联网的特点，从对域名知识产权保护的角度出发，我国应加快立法步伐，尽快制定适合互联网络时代的域名保护法，明确域名的法律地位以及域名纠纷的处理原则及解决方式，使对域名这一知识产权中的新兴客体的保护有法可依。但是，在没有制定专门域名保护法之前，为了便于域名纠纷在司法实践中有法可依，应该先扩大对现有知识产权法中某些条款的解释。

（四）专利权的保护

我国专利法规定：“专利权授予后，任何单位和个人未经专利权人许可，都不得实施其专利，即不得为生产经营目的制造、使用、许诺销售、销售、进口其专利产品；也不得使用其专利方法”。未经专利权人许可而实施他人专利的行为是侵权行为，要受到法律的处罚。对于侵犯知识产权的行为，权利人可以向人民法院起诉，也可以请求知识产权管理部门查处。[①]

（五）树立网络主体权利与义务相统一的道德意识

面对“信息共享”与“知识产权”这一两难的问题，每一个网络行为主体都必须意识到，自己既是网络信息和网络服务的使用者和享受者，也是生产者和提供者，当自己享有网络社会的一切权利时，同时也必须承担相应的责任，这体现了权利与义务的统一。个人选取信息自由的权利是与个人的道德义务相一致的。为了保证网络社会的正常秩序和发展条件，为了大家共同、长远的利益，行为主体也必须履

① 宋恩梅：《网络知识产权保护的经济学分析》，《中国信息导报》，2005 年第 7 期；周磊：《我国网络环境下的知识产权保护》，《图书情报论坛》，2006 年第 3 期。

行一定的道德义务。这就要求我们必须树立权利与义务相统一的意识，坚持网络交往中的互惠原则。

二、对我国网络隐私权保护的伦理对策

关于网络隐私权的保护，目前世界各国主要采取两种方式，一种是偏重采用国家立法主导模式的法律规制方法，如欧盟；另一种是偏重采用行业自律的模式，如美国。这两种模式，各具特色，有利有弊，值得我国借鉴。根据我国的立法体制和法律传统，我国应以法律规制为主，兼用两种模式。

（一）制定专门保护网络数据隐私的法律

为了与国际接轨，我国应尽快制定专门的网络隐私保护法。这部法将对个人的数据信息作全面的保护，比如关于个人信息的使用和公开、个人信息的使用和披露必须征得当事人的同意或有明确的法律依据，任何人不得将收集到的信息对第三方作收集目的之外的披露；信息主体有权向收集人确认自己的信息是否被保存，知悉被保存的内容，并有更正、更新和删改的权利；而一旦个人的隐私权受到侵害时，权利人有权要求停止侵害并要求赔偿等。

（二）敦促网站传播的行业自律

从根本上说，用户的网络隐私权保护与网站长远健康发展的目标是一致的。因此，在立法的基础上建立行业自律体系，对推进行业自身发展和提高行业的道德水准都具有重要意义。值得欣慰的是，国内的一些网站已经宣布和出台了保护网络隐私的条款或政策。新浪（中国）网站在首页公示了它的隐私权政策，该政策中提到了将使用“Cookie”收集个人资料，并明确告诉用户可以拒绝“Cookie”及拒绝之后果。另外，网易网站、搜狐、雅虎（中国）也都公示了自己的隐私权政策。但是，这样的政策并不能百分百地保证隐私的保护，这只是行业自律，更多地依靠网络企业的道德水准。

（三）加强政府对网络的监管

所谓网络监管，是指国家运用行政、技术、法律等手段，对网络信息的传播、提取、交流、处理等过程进行监控和管理，包括禁止个人或组织非法收集、篡改、传播、利用他人的隐私资料。但是我们要意识到，政府也可能成为网络隐私权的侵权主体。因此，政府一方面要加强对网络的监管，另一方面也必须保证监管的合法性和安全性。

(四)个人应增强隐私保护意识

个人在使用网络时必须加强自身的隐私保护意识,如不轻易填写 Web 页面上的各种表单,填写时需要认真考虑填写真名的必要性;在申请免费电子邮箱时尽量不要使用真名,匿名填写是网民的权利;在网上购物要谨慎,要查看网页上是否具有隐私保护的声明。总之,在进行网上交易时,一定要注意所填内容是否会泄漏自己的隐私。[①]

三、对规范网络道德的伦理策略

江泽民曾指出:"互联网是开放的,信息是庞杂多样的,既有大量进步、健康、有益的信息,也有不少反动、迷信、黄色的内容。互联网已成为思想政治工作一个新的重要阵地,国内外敌对势力正竭力利用它同我们党和政府争夺群众、争夺青年。我们要研究其特点,采取有力的措施应对这种挑战。"[②]

(一)网民应增强自律意识和能力

在社会舆论、风俗习惯、社会监督难以发挥作用的情况下,网民自律意识的培养就显得尤为重要。因此,作为道德主体的网民应该自觉地养成自律意识,在网络社会中主动承担起相应的责任和义务,使网络真正"为我所用"。自觉建立起一种道德信念和道德内省机制,增强道德责任感。对于网上信息,应有所取舍有所选择,增强自律意识和能力。

(二)规范网络秩序

网络容易使人忘记自身的社会角色而做出一些违反道德的行为。网民必须加强守法意识的培养,把自律与网络法制规范结合起来,发挥道德的影响力,强化法律的约束力。政府需要颁布法律,使杂乱无章的网络世界能有序进行,这就必须从根源上解决问题,以健全法律为出发点,建立专门的法律来维护网络安全和健康,其中应特别重视对青少年的保护。政府还应继续完善网络管理办法,使之更具操作性;全党、全社会要大力倡导网络文明,加强网络文明的建设。各行政职能部门应相互配合,营造、培育出全社会共同遵守的、健康的网络环境,明白无规矩无以成

---

① 张锋学:《论网络时代网络隐私权的保护》,《河西学院学报》,2005 年第 2 期;陶辉、石运光:《论网络隐私权的法律保护》,《南昌教育学院学报》,2005 年第 2 期;刘彻:《网络隐私权及其法律保护》,《前沿》,2005 年第 10 期。

② 曹培东、陈菲菲:《亟待加强学生的网络道德教育》,《教育与职业》,2004 年第 50 期。

方圆的道理,学会用法律的观点判断是非,用法律来维护自己的合法权益,用法律规范来履行公民的义务,将网络道德规范内化为自觉的网络道德意识。

(三) 加大网络宣传与教育

网络深刻影响、改变着人与人、人与社会的关系。网络使传统的意识形态教育方式突破时空限制,凭借数字化、多媒体、信息量大、交互性强、覆盖面广等特点,为主导道德意识形态提供了前所未有的先进方法和手段,也提供了良好的客观条件。在挑战与机遇并存的条件下,要坚持正确的舆论导向,宣传网络对社会的进步作用;要适当宣传一些反面例子以起到警示作用,加强舆论监督,对于一些危害青少年身心健康且违背网络道德的事件给予曝光,使网民深刻理解网络不道德行为的危害。

利用网络进行广泛深入的主导意识形态教育,一方面建立高质量主导意识形态教育网站;另一方面重视思想道德教育软件的开发。思想道德教育软件要把对公民的道德以生动形象、喜闻乐见的形式表现出来,精心设计教育内容,广泛地传播科学健康、思想向上的信息,以渗透性方式发挥隐性教育的作用,为主导意识形态所使用的哲学、心理学、社会学的方法插上现代高科技翅膀,使之成为寓德性、知识性、交互性、趣味性、生动性于一体的红色电子教材,最终达到潜移默化的效果。

【案例 11-3】 “网络推手”背后的伦理规范①

网络推手,又名网络推客、网络策划师,是借助网络媒体推广企业产品、品牌和人的一种新兴职业。网络推手必须通晓网络操作规则,熟谙大众接受心理,手握八方可用资源,通过网络新闻、论坛、博客、QQ 群、搜索引擎、视频及平面媒体进行整体推广。“网络推手”推广的对象包括企业、产品和人。

网上曾经轰动一时的“中国最美深山女教师”在广收捐款后,被其网络推手证实其中有私吞捐款的行为。网民在震惊之余,开始一边倒地谴责“最美女教师”,殊不知,她只不过是推手及网络媒体追逐自身利益的一个“道具”。后来,网络推手制造“最美女教师”背后的内幕基本揭开:从开始介入起,这就是一桩明确的商业行为。最后,双方因一笔最大的捐款发生龃龉,于是关系崩溃。

“网络推手行业太缺乏规范了。”曾经调查“中国最美深山女教师”事件前前后后的记者周春林说,实际上“中国最美深山女教师”是网络推手失败的经典案例,背后的利益纠葛,暴露出网络推手的“非常道”。除了不规范外,网络推手浓厚的商业气息遭人反感,对网民的感情是一种欺骗。

---

① 编者经相关报道整理。

"这个行业的确比较混乱，存在鱼龙混杂的现象，会导致网络事件信任度的问题。"著名网络推手阿任称，网络推手由原始的推人到现在推企业，从事件炒作到产业化运作。目前，大大小小的网络推手公司有很多，但30人以上规模的网络推手公司屈指可数，在北京，不过三四家，上海和其他城市更少。据估计，全国有八九千名职业网络推手在从事这个行业，网络推手这个行业有巨大的利益空间，但同时也存在不规范的现象。阿任声称他已经申请成立网络推手协会，目的就是要使这个行业规范化，使网络推手行业健康发展。阿任把网络推手称为"红客"，网络推手所从事的工作没有恶意，而是健康向上的，和黑客的破坏性行为是有本质不同的。同时，作为网络推手的"红客"和网络暴民也是有很大区别的，由于目前"红客"有利益的需求，一般不会做伤害大多数人感情的事情。

著名网络推手陈墨说，中国现在的网络推手至少有数万人。他们成为一支活跃在互联网背后的隐形大军，关于他们社会责任、营销策略、法律底线的争论，也一直在持续，"职业化的网络推手亟须规范"。

现今，网络推手这一行业尚未形成成熟的行业伦理规范，为吸引眼球、追求商业或其他利益而进行恶性炒作，成为了一种流行的手段，这非常令人担忧。目前某些"网络推手"基于忽悠、煽情、刺激手段的"营销"，只能成功一时，随着网络传播市场的成熟，最终必然会被淘汰出局。因此，网络推手在从事网络营销的时候，应表明自己的身份，不能让网民以为该事件是自然事件，应该有一个标志或者告知的文字提醒，网络炒作也应该基于道德的角度，尊重网民，规范操作过程。

本章小结

本章重点介绍了网络营销伦理的基本概念和基本原则。网络营销是网络营销伦理的基础，它并不是孤立存在的，是企业整体营销战略的一个组成部分。网络营销活动不可能脱离一般营销环境而独立存在，对于不同的企业，网络营销所处的地位有所不同。以网络服务为主的网络公司，更加注重于网络营销策略；而在一般的企业中，网络营销通常只处于辅助地位。网络营销伦理是指建立在传统营销理论基础上的，利用网络和相关电子技术来完成市场营销目标的道德准则。

对于网络营销中的伦理问题，需要从四方面进行考虑：网络知识产权问题，网络隐私问题，虚假信息以及网络商业欺诈问题。网络知识产权就是由数字网络发展引起的或与其相关的各种知识产权。网络知识产权除了传统知识产权的内涵外，还包括数据库、计算机软件、多媒体、网络域名、数字化作品以及电子版权等。网络隐私权是隐私权在网络环境下的延伸。不合理收集他人私人资料，非法传输他人隐私，篡改、监看他人电子邮件，电子垃圾邮件的泛滥这些都是网络隐私问题。

针对网络营销的伦理问题，相应地产生了众多伦理策略。(1)网络知识产权保护的伦理策略：网络著作权保护，数据库的保护，域名的保护，专利权的保护，树立网络主体权利与义务相统一的道德意识。(2)对我国网络隐私权保护的伦理对策：制定专门保护网络数据隐私的法律，敦促网站传播的行业自律，加强政府对网络的监管，个人应增强隐私保护意识。(3)对规范网络道德的伦理策略：网民应增强自律意识和能力，规范网络秩序，进行网络宣传与教育。

案例阅读与讨论

【案例】　电脑病毒传播案①

2009年元月，仙桃市龙华山派出所民警在办理第二代身份证时，发现办理第二代身份证所用的计算机已中毒，即使杀了毒，随后也会恢复原貌。紧接着，该局分部办公计算机也因中了熊猫烧香病毒而瘫痪。与此同时，该市公安局网监大队接到仙桃市江汉热线信息中心报案称，该网站的中心服务器大面积中了熊猫烧香病毒。如此来势凶猛的计算机病毒，在该市还是首次出现，这引起了该市公安局网监部门的高度重视。有关数据显示，自2008年12月以来，被熊猫烧香病毒感染中毒的电脑有50万台以上，数百万网民深受其害。

警方还发现，《瑞星2006安全报告》将熊猫烧香列为十大病毒之首，2006年度中国大陆地区电脑病毒疫情和互联网安全报告的十大病毒排行中，该病毒一举成为毒王。2009年1月22日，该市公安局网监大队将此案向公安局长余平辉、政委李培刚及副局长叶铁官汇报。2009年1月24日，该局正式立案侦查，定名为“1・22”案件。

一、侦查：武汉男孩被列为重大嫌疑人

仙桃市公安局副局长叶铁官介绍，立案后，该市网监部门上网络搜寻相关资料，对熊猫烧香计算机病毒进行分析调查。结果发现，熊猫烧香病毒是一种感染型蠕虫病毒，能够感染系统中exe、com、pif、src、html、asp等文件，中止大量的反病毒软件和防火墙软件进程，并且会尝试读取特定网站上的下载文件列表，通过网页浏览局域网共享及U盘等多种途径进行快速传播。

另外，被感染的计算机，会出现蓝屏频繁重启，以及系统硬盘中数据文件被破坏、GHO文件被删除等现象，被感染的用户系统中所有的exe可执行文件，全部被改成熊猫举着三根香的模样。根据病毒的感染和传播特性分析，该局网监部门推测：熊猫烧香病毒的作者系一个团队或是一个人编写；或是一人编译，多人再传播。

① 资料来源：《武汉晨报》，经编者整理。

国家计算机病毒应急处理中心及网上相关信息显示:熊猫烧香计算机病毒程序中,都有 whboy 武汉男孩的签名,且该病毒感染网页文件后,会在网页中加入一段代码,把网页转向特定网址。该网站注册信息显示,注册人来自武汉。网监部门技术人员胡红义、刘杰分析,拥有全部病毒代码的人,应该是武汉人,很可能与2005 年爆发的武汉男孩 QQ 尾巴等木马有很大关联。该市公安局网监部门决定,进行串并案侦查。侦查过程中,该局网监部门获得了相关信息,whboy 以写武汉男孩传奇木马出名,且其作品中通常以 whboy 和武汉男孩签名。因此,该市公安局网监部门将武汉男孩列为重大犯罪嫌疑人,开展有针对性的调查。

二、收网:佯购软件钓出武汉男孩

2009 年 1 月 31 日,在省公安厅网监总队的指挥协调下,成立了"1·22"专案组。2 月 1 日,专案组通过调查走访,查明武汉男孩与另 2 人共同租住在武汉市洪山区。专案侦察员在武汉佯装购买杀毒软件,钓出了一名出售者。专案民警分析,这名出售者就是武汉男孩。后经侦查,武汉男孩叫李俊,男,25 岁,武汉市新洲区阳逻镇人,对电脑比较精通。2 月 2 日,民警张良耀刘杰等人对李俊租居屋实施 24 小时监控。当日下午,专案民警研究实施抓捕行动,制定了抓捕方案和审讯方案。2 月 3 日,专案组通过种种迹象分析,武汉男孩有可能要外逃,抓捕行动须提前进行。3 日晚 8 时 40 分,守候在出租屋内的仙桃网监大队民警,将回到出租屋取东西的李俊抓获,并对出租屋进行了勘验。

经突审,李俊交代,熊猫烧香病毒系他所写,病毒源代码在他与雷磊居住的某宾馆房间的硬盘内,并承认有一份源代码给了雷磊(男,25 岁,武汉新洲区阳逻镇长山村人,系李俊的同学)。专案民警立即出击,将准备外逃的雷磊抓获,并提取了笔记本电脑硬盘等物品。国家计算机病毒应急处理中心对提取的源码进行鉴定,认定该源码为熊猫烧香病毒源码。

三、审讯:为好玩、搞钱而传播、销售病毒

2008 年 9 月,李俊在武汉某电脑学校学习软件开发时,就开始制作熊猫烧香病毒。2008 年 10 月,李俊毕业后,在武汉洪山区租了一单间房屋,潜心制作熊猫烧香病毒,在写作过程中,不断与雷磊交流写作进度。2008 年 11 月,李俊将熊猫烧香病毒写完,通过 QQ 群发布出售熊猫烧香病毒的消息,先后在网上以每个病毒 500—1000 元的价格出售约 20 套。2009 年 1 月 24 日,雷磊找到李俊,告知其网上炒作熊猫烧香很厉害,要其避一避。

当日,李俊与雷磊在武汉某宾馆开一房间,一起研究熊猫烧香,由雷磊继续在网上替李俊出售 2000 只已中毒的肉机。2 月 4 日,仙桃市公安局网监大队对现场再次进行核查后,将李俊、雷磊押回仙桃公安部,组织协调山东、浙江、云南、广东、广西等地网监部门,对涉案人员服务器实施布控扣押。2009 年 2 月 5 日晚,仙桃公安局副局叶铁官，在山东威海将王磊抓获。经初审，王磊交代，他是传播熊猫烧香病毒最多的一人，日平均进账7000元以上，所得与李俊平分。

王磊还交代了另两个传播者，其中一个叫X火。在省厅网监总队的支持下，仙桃警方获悉自称X火的就是仙桃人。当晚，警方在X火家中将其抓获（此人真名王哲），另一路追逃专班，在浙江温州将嫌疑人叶培新抓获。此时，正在南昌收缴服务器的该网监大队队长万正明，接到指挥部的通知后，驱车赶往浙江丽水，3路追捕专班在浙江丽水会合，6日晚，将嫌疑人张顺抓获。经审讯，李俊为熊猫烧香病毒制作者，其他5人为销售传播者，其目的就是搞钱。

李俊交代，熊猫烧香病毒是将几种病毒合并在一起，演变成一种新病毒肉机来控制电脑，在电脑里制造木马程序，盗窃他人电脑里的QQ号游戏装备等，得手后变卖获利，李俊一天最高收入达万元。6名嫌疑人落网时，警方现场共收缴10余万元，其中王磊还用赃款购买了一辆吉普车。至此，从2月3日至10日，仙桃公安局网监大队先后在湖北、山东、浙江等地抓获了涉案的6名主要犯罪嫌疑人。

【讨论】

1. 此案例体现了网络营销中的哪些伦理问题？
2. 对于案例中出现的问题应采取怎样的策略？

思考题

1. 简述网络营销伦理的基本概念和基本原则。
2. 网络营销伦理的特点是什么？
3. 网络营销中的伦理问题有哪些？并结合实例进行说明。
4. 当你的知识产权被侵犯，你会采取什么样的策略？
5. 当你的个人隐私被侵犯，你会怎样做？
6. 规范网络道德的伦理策略是什么？

第十二章　国际营销伦理

国际营销伦理是经济全球化发展的必然要求。

——编者语

本章学习目标

通过本章学习，掌握国际营销伦理的基本概念和基本原则，把握国际营销活动中常见的伦理问题，了解国际营销中各伦理问题的表现形式，具体掌握国际营销的伦理策略。

本章学习重点

国际营销伦理的基本概念，国际营销中的伦理问题，国际营销的伦理策略。

在经济全球化的驱动下，跨国贸易飞速发展，各国企业之间的联系不断加强，市场营销活动已不能局限在本国境内，开始向国际化方向发展，国际市场营销应运而生。但是在国际市场竞争中，由于各国企业存在不同的文化理念、风俗习惯、行为方式和经营模式，必然会产生各种各样的冲突和矛盾，这就要求国际化企业在全球经济活动中建立起最基本的、对营销活动具有约束力的伦理道德准则，即一个合乎伦理的全球化。这种全球化伦理能够为国际市场营销活动提供共同的伦理价值观、关系准则和行为标准。

第一节　国际营销伦理概述

一、国际营销伦理产生的背景

不同的国家和地区会有不同的伦理规范，跨国企业在进行国际市场营销活动时，必然优先考虑整个国际环境，这是企业履行国际营销伦理的前提。国际营销环境可以从以下三方面来考虑。

（一）国际营销的经济环境

一国的经济环境是制约和影响企业开展国际营销活动的最主要因素。因为一国所处的发展阶段会影响该国市场上各行业的发展及市场运行情况。跨国企业必须对目标市场国的经济环境有一个深刻的了解，对该国的经济结构也要有一定的认识，并同时考察该国人民的收入水平。一国的国民收入与产品的需求量有很大的关系，一般来说，收入水平越高，对某些产品的需求量就越大。此外，经济环境还包括一国的基础设施，通常情况下，跨国企业应选择那些基础设施条件较好的国家开展营销活动，对于基础设施较为薄弱的国家，应努力寻找开展营销活动的机会。不同国家不同的经济环境会使得民众对伦理问题的观点和态度不同。相对而言，在经济发展水平较落后的国家，企业成功的压力往往比较大，于是，贿赂、敲诈、欺骗可能会被认为是确保组织继续生存的必要条件。这从一定程度上也反映了马斯诺的需求层次理论。

（二）国际营销的政治、法律环境

政治环境包括影响和制约企业开展国际市场营销活动的各种政治因素，包括企业母国、东道国及国际性等因素。东道国的政治环境包括该国的政治体制和政策方针、政党体系及纲领文献、政府干预，以及政治的稳定性。法律环境也包括三个方面，即企业母国的法律环境、东道国的法律环境，及国际法和国际惯例。国际营销的政治、法律环境对国际营销的影响是巨大的，它可能给跨国企业带来一定的政治风险。因此，企业在进行国际营销前要全面评估目标市场国的政治、法律风险，寻找避免和减少政治风险危害的对策。其中，政治、法律环境对伦理的影响是多方面的，企业应把它区分开来。首先是东道国法律和伦理的界限，因为不同的国家会有不同的伦理规范，也会有不同的道德准则，跨国企业务必需要把不同准则搞清楚；其次是东道国政府自身的伦理问题，比如政府是否腐败，对营销伦理是否重视等，通常能从一国的法律制定及执行情况等方面看出来。

（三）国际营销的社会文化环境

国际营销环境的差别，主要体现为不同国家文化背景的差异性，它是国际营销实践中最富有挑战意义的环境因素，包括语言文字、宗教信仰、教育水平、价值观念、风俗习惯、审美意识等方面。社会文化的冲突可能导致国际冲突和矛盾，因此，跨国企业要充分认识东道国的社会文化，使其营销活动适应当地的社会文化环境。文化差异在宗教和哲学思想中反映最为明显，如欧洲和美国主要受基督教思想的影响，强调个人的重要性；而在东方尤其是东亚和日本，则是儒家思想和佛教占主流地位，更强调家庭和集体的观念。

不同的社会文化必然导致对伦理问题的重视程度以及对规范应如何取舍等问题态度的不同。在美国，对伦理问题的讨论比较多，讨论的重心在于那些关系到美国公众自身的“微观”问题，缺乏对关系到整个经济体系的“宏观”问题的讨论；而且，这些“微观”问题的讨论往往是针对某些公司的具体的不道德行为而进行的，显然美国人在评价伦理规范时会比较多地考虑个人的利益。在日本，对伦理问题的讨论主要集中在“中观”问题上，也有一些对“宏观”问题的讨论，但是对关系到个人利益的“微观”问题的讨论几乎没有。也就是说，日本人考虑伦理规范时会把集体利益放在第一位。在欧洲，对伦理问题讨论很少，原因之一是多语言的存在性，而且绝大多数讨论集中在“宏观”问题而较少涉及“微观”问题，并且大多和社会科学相关，而与实际联系不多。由于文化的多样性和民族之间的相近性，欧洲伦理问题的探讨较之于美国和日本更加有国际化的倾向，即更多地考虑国际之间的问题。①

(四) 其他的国际营销环境

除了以上几点，国际营销环境还包括人口环境、自然环境等，这都会或多或少地影响国家营销活动的进行。人口因素是组成市场的最基本因素，它直接影响到该国的市场需求特点，如需求总量、需求水平、需求结构、需求心理等。因此企业对东道国展开国际营销活动前必须对该国的人口环境作全面、细致的考察，并制定合乎伦理的营销策略。一国的自然环境包括地形、地貌、气候、自然资源、国土面积等，他们也会不同程度地影响国际营销活动。近年来，由于生态环境的不断恶化，某些国家，特别是发达国家，以保护环境为由制定了一系列贸易保护措施，使得外国产品无法进口或进口时受到一定限制，从而形成绿色壁垒。这其实是一个很严重的伦理道德问题，它严重影响了跨国企业的利益，不利于国际间道德营销的发展。

二、国际营销伦理的基本概念

(一) 国际市场营销的概念

我国加入 WTO 后，也逐渐参与到经济全球化的进程中来。随着我国对外开放程度的不断提高，越来越多的国内企业开始走出国门，同时，越来越多的跨国企业也开始进入中国市场，企业之间的竞争愈加激烈。因此，国际市场营销变得尤为

---

① 王文华、周祖城：《营销伦理》，上海交通大学出版社 2005 年版，第 212－215 页。

重要，要想在国际竞争中占得一席之地，我国企业必须认识到国际市场营销的重要性，积极参与国际竞争，分享经济全球化的利益。

综上所述，国际市场营销是指企业向一国以上的市场提供产品或者服务，在满足目标市场需求的基础上实现更大的经济利益的跨越国界的经济活动。

（二）国际营销伦理的内涵

经济全球化促进国际市场营销的发展，同时在国际贸易中更加强调了营销伦理的重要性，它对维持国际市场经济有序稳定的发展具有重要作用。有秩序的国际市场是法制的市场，更是道德的市场，因此必然要求重视国际营销伦理。国际营销伦理的核心是确定国际营销的共同原则和价值标准，它来源于世界各个国家和民族的伦理道德观，但又高于各个国家和民族的伦理道德观，它是全人类在国际市场营销中共同的价值取向。

随着经济全球化的进一步深入，各国间不同的经济、政治和文化价值观的冲突也开始凸现出来，因而产生了很多不可避免的矛盾和纠纷。国际营销伦理，作为国际市场营销统一的价值标准，对于协调这些矛盾和纠纷具有非常重要的意义，它有助于全球经济公平、健康地发展，更有助于国际市场营销活动稳定、有序地进行。如果说国际市场营销得以顺利进行的最终保证是国际营销伦理，那么国际营销伦理所要保证的又是每一个国际营销活动参与者的基本利益以及跨国贸易的公正、合理。

综上所述，国际营销伦理就是企业在进行国际市场营销活动时所要遵循的伦理规范，它是国际市场有序运转的重要保障，也是企业进行跨国经营成功的关键要素，它有助于企业在国际市场中取得明显的竞争优势，获得更大的经济利益。

二、国际营销伦理的基本原则

（一）公平贸易原则

公平贸易是国际市场营销最基本的原则，也是最根本的道德原则。它要求参与国际市场营销的各个企业之间做到非歧视、反倾销、反补贴；要求国际通行价格与实际价值相统一；要求交换的货物与其实际价值相符，即货真价实。公平贸易建立在交易双方平等的基础上，这就要求在国际贸易过程中，各个企业之间的权利、义务平等，不受地域、特权等的影响。

（二）相互尊重原则

跨国企业在进行国际市场营销时，要充分考虑目标市场国的社会文化环境，尊重当地的传统文化与生活习惯，不应把自己的文化价值和道德观强加给目标市场国。国际营销活动只有在相互尊重的前提条件下，才能健康地发展。

（三）互惠互利原则

跨国企业在市场准入、关税减让、取消进出口配额、最惠国待遇与国民待遇等方面要充分考虑合作伙伴的正当要求，国与国之间的贸易要建立在互惠互利的基础上。只有这样，才能使国际市场营销活动有序、稳定地进行。

【案例 12-1】 联想笔记本电脑“电池门”①

一、事件直击

2006 年 9 月 16 日，一台由联想公司生产的、型号为 T43 的 ThinkPad 笔记本电脑在美国洛杉矶国际机场起火。随后，这台笔记本电脑立即被送达日本研发中心，工作人员对它进行了仔细的检查。经联想公司证实，这台笔记本电脑在日本工程师的初步调查后认定，采用了与戴尔、苹果电脑事故中相同的索尼电池，而且此次事故正是由于电池问题所引起的。至于是否需要对 T43 笔记本电脑进行大规模召回，联想表示，将根据检查结果再作决定。

二、事件始末

索尼深陷“电池门”也不是一天两天了。以前也曾有过戴尔和苹果公司分别以电脑所配备的索尼产可充电锂电池有过热并着火的危险为由，进行大规模笔记本电脑电池召回的动作，总量高达 590 万块。索尼公司表示，将会承担两次召回行动的所耗成本。

屋漏偏逢连夜雨，经历戴尔、苹果和东芝等笔记本电池召回之后，一直处于旋涡之中的日本电子巨头索尼不得不接受又一个残酷的事实。联想称，经调查后发现，陷入着火阴影中的联想 IBM 笔记本使用的也是索尼电池，且着火的罪魁祸首正是电池。这一次，联想把索尼逼上了“悬崖”。2006 年 9 月 16 日，一名美国用户的联想 IBM 笔记本在洛杉矶国际机场着火，这是联想笔记本首次遭遇着火事故。随后，联想介入调查，被证实着火的笔记本为联想 IBM ThinkPad T43 笔记本。9 月 23 日，索尼称公司正在对这起联想 IBM 笔记本着火事件进行调查。

三、都是电池惹的祸

2006 年 9 月，联想发言人雷·格曼证实，一台 IBM ThinkPad T43 笔记本在该月初确实在洛杉矶国际机场着火。联想工程师进行初步调查后认定起火是由索尼电池导致的。由于索尼电池多次起火，导致 2006 年 9 月戴尔和苹果相继召

① 资料来源：《国际金融报》，2006 年 9 月 25 日。

回410万块和180万块笔记本电池，东芝因供电失效在一周内召回了34万块索尼电池。虽然事件尚未调查清楚，但业内普遍认为，即使电池发生过热和着火故障的机会很小，但联想还是不得不与戴尔、苹果等同行一样，对这些存在安全隐患的笔记本电池进行召回，不管这些电池是不是索尼制造的。联想和索尼仍在继续研究这次笔记本问题事件，双方都希望能尽快弄清问题根源。当前，许多笔记本电脑制造商都使用索尼的电池。据估计，全球还有大约100万台采用有问题的索尼电池的笔记本电脑仍在使用中。

电池本身问题也好，厂商恶意仿造也罢，无不揭示了国际市场的一些有关伦理道德的问题，值得所有当局者和社会人士深思。

第二节　国际营销的伦理问题

一、倾销与反倾销

（一）倾　销

倾销是指出口厂商在国际市场上，以低于正当的市场价，甚至低于生产成本的价格向某一特定市场大批量抛售某种产品，从而对进口国的某些工业造成重大损害或重大威胁的一种不正当的贸易行为，它严重违反了公平贸易的国际营销伦理。在国际贸易中，构成倾销的三个关键要素是：(1)产品以低于正常价值或公平价值的价格销售；(2)这种低价销售的行为给进口国产业造成损害，包括实质性损害、实质性威胁和实质性阻碍；(3)损害是由低价销售造成的，两者之间存在因果关系。总之，倾销是一种人为的低价销售措施，属于不公平竞争。倾销价格可能会有两种情况：一是产品本身有问题，比如质量不好或者产品具有一定的伤害性，这种情况既属于产品的伦理问题，又属于价格倾销，因此构成了双重伦理问题；另一种情况是产品本身没有问题，仅仅是为了使公司能迅速进入国际市场并提高市场占有率而倾销，或者是当国内市场对于公司产品而言过于狭小，难以支撑公司有效的生产水平，而该产品技术在国内又遭淘汰时，便将产品转移到国外倾销。[1]

（二）反倾销

反倾销，是对外国商品在本国市场上的倾销所采取的抵制措施，是指进口国依

① 王方华、周祖城：《营销伦理》，上海交通大学出版社2005年版，第236页。

据本国的反倾销法，由主管当局经过立案调查，确认倾销对本国同行业造成损害后，采取征收反倾销税等处罚措施的调查程序。反倾销税一般是指除了对倾销的外国商品征收一般进口税外，再增收的附加税，从而使其商品不能廉价出售。各国在采取反倾销措施时，也会产生伦理问题。特别是近年来，随着国际贸易自由化程度的提高，各国企业之间的竞争日益激烈，再加上金融危机的影响，反倾销已被一些企业用作将外来竞争对手排挤出本国市场的手段，滥用反倾销的贸易保护主义倾向也日益明显。

这类例子在发达国家针对发展中国家的国际贸易中尤为突出，我国目前已成为世界上受贸易保护主义伤害最大的国家之一，仅从1979年8月—2001年底，就有30多个国家对我国提起反倾销和保障措施，案件累计达480多起。我国的反倾销案件占世界反倾销案件中的比例由20世纪80年代的3.6%猛增至目前的13.3%，远远超出我国在世界贸易中所占的份额。反倾销对我国企业而言有很大的不公平性。中国不被以欧盟和美国为代表的一些国家承认为市场经济国家，认为中国企业的成本和价格不是由市场决定的，所以会选取第三国作为参照，即在计算“正常价值”时，通常采取“替代国”办法，用印度等国的相同产品的销售价或成本来“替代”我国涉案企业的成本。替代国办法具有明显的不公平性，但是根据WTO反倾销协议，美国和欧盟等成员方在今后15年内仍将继续对我国采用“替代国”办法。①

随着中国市场的日益繁荣和壮大，特别是加入世贸组织后，中国与国际的联系越来越紧密，更多的跨国企业进入中国，外国的产品也大量涌入国内，由此也产生了我国对国外产品的反倾销问题。我国从1997年制订《反倾销条例》以来，不少国内企业也采取了反倾销的措施进行“正当防卫”。到2001年底为止，国内企业共提出了18起反倾销指控。2000年11月，浙江巨化集团等几家公司代表国内二氯甲烷产业向外经贸部提起反倾销调查申请。同年12月，外经贸部发布公告，决定对原产于英国、美国、荷兰、法国、德国和韩国的进口二氯甲烷进行反倾销立案调查，并于次年8月公告决定：对原产于上述6国的二氯甲烷实施临时反倾销措施。②

二、歧　视

所谓歧视就是不平等看待，当偏见进一步发展就会成为歧视。我们这里所说的歧视，主要是指在国际经济领域里的歧视，包括价格歧视、市场歧视、待遇歧视、种族歧视、宗教歧视等。歧视在国际市场营销中是一个常见的伦理问题。

①② 参见新华网(www.xinhuanet.com)，2002年6月5日。

国际市场营销中的价格歧视是指在国际营销活动中，一家厂商在同一时间对同一产品或服务索取两种或两种以上的价格。它还可以指一家厂商的各种产品或者服务价格之间的差额大于其生产成本之间的差额。这种定价明显地违背了营销伦理，伤害了消费者的正当利益，属于不正当竞争。例如，同型号的一台某国外品牌笔记本电脑在中国内地市场的官方报价为人民币 24888 元，美国市场为 1949 美元，按照汇率计算得出 1949 美元为 16118 元，再考虑到消费税、增值税和关税的因素后，美国市场的利润约为 2599 元，而中国市场的利润约为 8458 元。[①]

市场歧视主要是指在国际市场营销中，同样的产品在不同国家和地区的销售和服务不同的问题，主要表现在售出的产品发生问题之后。例如，日本三菱汽车公司的问题车，成为了顾客、媒体、消费者协会关注的焦点。从某种意义上来说，三菱公司并非不负责任，而是它对待不同国家的消费者有不同的标准。它将产品的质量标准分为对日本国内的标准、对欧美国家的标准和对中国这样的发展中国家的标准等三种不同的标准。像这类企业在国际经营中实行多重标准，实际上是一种违背良心和道德，缺乏伦理的行为。

此外，在国际市场营销中还存在着待遇歧视、种族歧视、宗教歧视等，这是严重有违营销伦理的。待遇歧视就是跨国企业中本土化的员工与外籍员工工作不一样，报酬不一样等问题。在国际市场营销中，企业要对东道国的文化及价值观持尊重态度，不能歧视任何种族及宗教信仰，尊重各族人民的合法权利，尊重东道国的风俗习惯和传统文化。有资料显示，法国美容化妆用品大厂欧莱雅公司（L′ORÉAL）招聘销售女郎年龄必需介于 18—22 岁，衣服尺寸在 38—42 号之间，而且必须是“BBR”。所谓“BBR”就是法文的“bleu，blanc，rouge”（蓝、白、红，法国国旗的颜色），也是法国人尽皆知的“白种人”代称。该案例中，欧莱雅公司就带有明显的种族歧视，不符合伦理道德。

三、不恰当产品销售

国际市场营销中不恰当的产品销售主要指发达国家对发展中国家销售不恰当的产品，这里的不恰当产品主要包括有害产品、质量不安全的产品，甚至是垃圾产品。比如，烟酒之类具有社会争议性的产品，发达国家的企业因在其本国市场发展受限，而大量转移到其他政策较为宽松的国家，特别是尚未认识到其危害性的一些发展中国家。

质量不安全的产品主要是指那些产品所含成分具有危害性，或者产品质量不

① 王方华、周祖城：《营销伦理》，上海交通大学出版社 2005 年版，第 235 页。

达标，不符合相应指标的产品。很多跨国企业在我国市场上出售的产品常被检测出不达标，比如雀巢奶粉、品客薯片等。

至于像电子垃圾、有毒废料等工业垃圾，具有很强的污染性，而且处理费用较高，所以发达国家往往想方设法把这类物质廉价转售给发展中国家，从而给发展中国家的生态环境造成了很大的污染和破坏。随着科技的进步，各类电子产品层出不穷，而且由于其更新换代速度极快，电子垃圾产生的速度也极快，它已成为世界上增长最快的垃圾。据报道，世界上每小时就有4000吨的电子垃圾被丢掉，相当于1000头大象的重量。这么多的垃圾，必然需要一个垃圾场进行处理，发达国家很自然地想到了发展中国家，我国也是其中受害者之一。据统计数据显示，全世界的电子垃圾，80％被运到亚洲，其中90％丢弃在中国，中国正成为世界上最主要的电子垃圾场，可见，制定中国电子垃圾管理法规刻不容缓。

四、平行进口

所谓平行进口，是指未经相关知识产权权利人授权的进口商，将由权利人自己或经其同意在其他国家或地区投放市场的产品，向知识产权人或独占被许可人所在国或地区的进口。平行进口有以下几个特点：(1)被进口的产品与特定的知识产权相关；(2)被进口的产品有着合法的来源，即系由权利人或经其同意之人投放于出口国或地区的市场，因此，这类商品又被称为“真品”；(3)被平行进口的产品以低价与进口国或地区市场上原有的同一知识产权产品展开竞争；(4)在进口国或地区存在反对平行进口的相关权利人。在国际市场中，当企业的产品在两个市场中的价格存在差异，且差异大于产品在两个市场之间转换所发生的关税、运输成本和国际中间商利润等全部费用的总和时，平行进口就会发生。①

从严格意义上来说，“灰色市场”的概念比“平行进口”的概念更加宽泛，它同时涵盖并不存在授权进口，而只有未经授权的进口情形，在这种情况下，无所谓“平行”进口。但在大部分情况下，人们往往忽略两者的差异，将其视为同一概念。“灰色市场”表明了其介乎正当的“白色市场”与非法的“黑色市场”之间，同时这一用语也表达了人们对平行进口合法性的怀疑态度。中国市场上存在着大量的灰色市场，各种水货泛滥，严重干扰了市场的正常运作，不利于市场的公平竞争和有序发展。

五、其他国际营销中的伦理问题

除了以上常见的伦理问题之外，在国际市场营销中还存在腐败贿赂等伦理缺

① 李威、王大超：《国际市场营销》，机械工业出版社2008年版，第231页。

失的问题。国际营销贿赂是指跨国企业在进行国际市场营销活动时，为争取机会特别是为争取相对于竞争对手的市场优势，通过秘密给付财物或者其他报偿等不正当手段，收买客户的责任人、雇员、合伙人、代理人和政府有关部门工作人员等能影响市场交易的相关人员的行为。目前国际营销贿赂已成为一个普遍性的问题，在伊拉克“石油换食品”计划中，美国多家企业卷入了营销贿赂丑闻之中。贿赂是不符合国际营销伦理的，作为一个有道德观的企业，作为具有社会责任感的企业，应坚决抵制这种行为。

【案例 12-2】 台州渐成最大洋电子垃圾场①

2006 年 6 月，记者从上海检验检疫局了解到，在对一批从外高桥口岸入境的来自意大利的废塑料实施环保查验时，发现里面的货物根本不是“废塑料”，而全部都是压碎了的废电话机、碎线路板、电池等。过磅一称，3 只集装箱的电子垃圾重约 50 吨。据了解，这是 3 年来上海市一次查获数量最大的电子垃圾。“浙江台州地区正在成为发达国家倾倒有毒电子废料的新地点。”在 2006 年 4 月 21 日举行的“电子废物与生产者责任国际研讨会”上，巴塞尔行动网络及绿色和平组织公布了他们的一项最新调查报告。

相关专家向记者介绍说，所有废旧后的家用电器、电脑设备及打印机、复印机、手机和各种电池，如果处置不当，都会成为电子垃圾。其中，废旧家用电器中就含有铅、镉、汞、六价铬、聚氯乙烯塑料、溴化阻燃剂等 6 种有害物质；而每台电脑则含有 300 多种有害的化学物质。

目前，电子垃圾正在成为困扰全球的一个大问题。尤其是发达国家，由于电子产品更新换代速度快，电子垃圾的产生速度也更快。美国是世界上最大的电子产品生产国和电子垃圾的制造国，每年产生的电子垃圾高达 700 万吨至 800 万吨，而且量正在变得越来越大，未来几年内仅要淘汰的旧电脑就有约 3 亿台。整个欧洲的电子垃圾大约是 600 万吨。据统计，德国每年要产生电子垃圾 180 万吨，法国是 150 万吨。

而在国内，随着中国高新产业的迅猛发展和人民生活水平的迅速提高，办公、生活中使用的电脑、手机、打印机等电子产品也以惊人的速度激增。它们报废后产生的电子垃圾对环境构成了严重污染。据了解，废弃的电子垃圾又含有丰富的可回收物资，包括贵重金属、塑料、玻璃以及一些能再利用的零部件。根据国外的研究报告，1 吨电子板卡可以分离出 286 磅铜、1 磅黄金、44 磅锡，仅 1 磅黄金就价值 6000 美元，因此对这些电子垃圾进行不需要先进技术、设备、成本低的手工拆

① 资料来源：《国际金融报》，2004 年 6 月 21 日。

解是有利可图的。但是这些废弃物处理起来非常复杂,费用极高,兴建电子垃圾处理厂不仅投入巨大,而且在5、6年内都很难盈利。

1992年由150多个国家签署的《巴塞尔公约》曾明确规定,各国所产生的有害垃圾应该在各国境内处理,严禁向其他国家输送。然而,一些发达国家和企业还是不择手段将电子垃圾转运到发展中国家和地区,国际间的垃圾转运便随之产生并逐年加剧。有关资料透露,美国产生的电子垃圾80%出口都被装进集装箱运到了印度、中国和巴基斯坦。其中中国又占了90%。

从国家环保总局网站上获悉,进口电子垃圾在中国登入的地域呈现日益扩大的趋势,已从广东省蔓延到湖南、浙江、上海、天津、福建、山东等地区。由于处理手段极为原始,只能通过焚烧、破碎、倾倒、浓酸提取贵重金属、废液直接排放等方法处理,已经开始造成严重的生态恶果。而由电子垃圾引发的其他一系列不易被察觉的问题,如民工劳动权益及保障、不公平贸易、企业责任等,也正成为新的关注焦点。

第三节　国际营销的伦理策略

一、国际营销伦理问题的原因分析

要减少和消除不道德、不合乎伦理的企业行为,就必须先分析产生国际营销伦理问题的原因,进而追根寻源,提出解决问题的具体策略。国际市场营销因其环境的多样性和复杂性,其伦理问题的原因也是多种多样的,我们可以从跨国企业和东道国两个方面来分析。

(一)跨国企业方面

1. 对伦理道德的认识不足。国际营销的主体是跨国企业,因此跨国企业的道德素质起着非常重要的作用。对伦理道德认识的不足正是很多营销伦理问题产生的最主要原因。很多企业认为营销活动只关法律,不关伦理,认为只要不违法就是符合道德,这是一种很肤浅的认识,因为法律是最基本的道德,而道德则是法律的升华,企业不仅仅要遵守法律法规,更要提高道德素养,努力成为一个有道德的企业。企业应追求长远的生存与发展,但在实践上,跨国企业往往为了追求短期的利益而不顾伦理道德规范,导致不少伦理问题的产生。

2. 跨国企业领导者道德素质亟待提高。跨国企业领导者的道德素质对企业的营销活动也有很重要的影响。道德水准低的领导者对企业员工具有消极的影响作用，会妨碍企业的发展和壮大；而具备较高道德素质的领导者会对企业道德起到示范作用，积极影响员工的道德规范，起到相互促进的作用。

3. 企业文化的社会责任感体现不高。企业文化是整个企业的精神支柱，对企业的长远发展起着至关重要的作用。缺乏社会责任感的企业文化不仅不能帮助企业走上迅速发展的道路，甚至可能成为企业发展的致命弱点。不道德的企业文化也是国际营销伦理问题产生的原因之一。此外，跨国企业内部缺乏明文规定的企业伦理守则，或者对不道德的行为加以纵容，没有及时地采取相应的措施进行惩罚，这样不但助长了不道德经营行为，还挫伤了企业员工的道德积极性，不利于企业的良性发展。

（二）东道国方面

东道国是企业开展国际营销活动的目标市场国，因此东道国的环境与伦理问题的产生也有必然的关系。不健全的制度和立法体系或者执法不严、有法不依的情形纵容了不道德营销活动的开展；地方保护主义的盛行也为各种伦理问题的产生提供了温床；整个社会缺乏伦理道德的宣传和倡导助长了不道德的社会风气等。

二、国际营销的伦理策略

（一）跨国企业应努力构建正确的国际伦理规范

1. 树立正确的道德价值观。如果企业员工没有正确的道德价值观，企业的国际营销活动就缺乏企业理念、信条、宗旨等明确的企业社会责任。跨国企业在进行国际市场营销时，要加强对营销伦理的认识，致力于发展全球视野，追求企业长远的生存和发展，树立正确的道德价值观。因为从长远看，企业的伦理优势必然会转化为竞争优势，而这种竞争优势在企业竞争中起着非常关键的作用。

2. 将营销道德建设纳入到企业的文化建设中。企业应将营销道德建设纳入到企业文化建设中去，因为一个企业的文化体现了其遵循的道德价值观。企业文化包含两个层次：深层次的企业文化，即企业所有成员共同的价值观；浅层次的企业文化，即指导企业员工日常行为活动的规范。企业应将营销道德建设纳入到这两层企业文化建设中来。在深层次上要树立合乎伦理的企业文化，在浅层次上应制定集体的企业道德行为规范，并要求企业不折不扣地遵守道德规范和法律法规。

3. 提高国际营销管理人员的道德水准。国际营销管理人员的道德水准反映了跨国企业的道德观和社会责任，而且随着道德因素在跨国公司的战略和运作发展中越来越重要，国际营销管理人员的道德素养在跨国经营中也变得尤为关键。这就要求营销人员树立正确的营销伦理观，养成正直的个人品性，体察东道国的社会传统和文化，对该国的短期和长期的需求具备正确的认识，杜绝贿赂、欺骗等不正当手段，自觉在国际营销实践中履行社会责任和遵守道德准则。

4. 提高跨国企业的国际化水平。跨国企业在制定国际营销战略时要充分考虑伦理因素，设立具体的伦理目标，并作为控制过程的一部分由管理者进行检查。跨国企业必须制定清楚的指导规范，并具体规定其在国际市场中的目标、责任，以及禁止的内容。这些规范要与企业的核心价值观保持一致，并且充分考虑在目标市场国的合法性及人民的接受性。当跨国企业与目标市场国的伦理价值观之间产生了不可逾越的差距时，应及时暂停当地的市场营销活动，并且采取必要的措施进行补救。除此之外，跨国公司应该提供高质量的、安全的、文化上适当的产品，还要根据目标市场国的具体环境及时改进产品，适应当地市场的要求。最后，跨国公司应当定期地对伦理影响进行回顾以检测其市场活动对所涉及民众的社会和文化福利的客观影响。跨国企业要尽最大的努力去定义并且量化自身行为的伦理影响。

以下是理查德·T.德·乔治的七条原则，给出了美国的跨国公司在发展中国家经营时应遵循的基本原则[①]。

准则一：跨国公司不应做任何故意直接的伤害。所谓故意直接的伤害，是指故意伤害他人。这条准则要求跨国公司在发展中国家经营时要考虑公司以外其他人的利益，也就是说，如果交易涉及的另一方不能够保证第三方的利益，诚信行为的跨国公司就应当责无旁贷地保证受公司活动影响的该国人民的利益不受伤害。

准则二：跨国公司应当为东道国带来利益而不是伤害。这条准则基于这样一个假设，即发展中国家与发达国家相比总是无力保护自身的利益。如果美国的跨国公司给东道国带来了伤害，会加剧东道国和美国地位的悬殊；会以损害穷国为代价给富国带来好处；会加剧发展中国家对发达国家的依赖；并且最终会进一步加剧世界范围的紧张状态。因此，当发展中国家的弱势显著时，跨国公司就不能忽视这种伤害的可能性，应当同时为东道国和自己谋利益。

准则三：跨国公司的活动应当为东道国发展做贡献。这条准则比准则二更进一步，也是更高的要求，它的意义在于，若不能促进欠发达国家的发展，它们就会依然处于欠发达状态，而此时跨国公司却依然从这些国家获得利益，这样就无法消除差距问题，从而形成了一种典型的压榨行为。

准则四：跨国公司应当尊重其雇员的人权。这一条准则与准则一具有普遍适用性。所谓尊重雇员的人权，指的是在对个人的严重剥削不受法律阻止甚至还习以为常的地方，这种严重剥削应当受到道德的适当阻止。事实上，这是给跨国公司

---

① 王方华、周祖城：《营销伦理》，上海交通大学出版社 2005 年版，第 224－227 页。

在雇员的人权方面设置了一条底线。有些人权是得到公认的。1948 年的《联合国人权宣言》列举了人权的基本需要，第 23 章主要涉及商业和营销的内容：

1. 每个人都有工作的权利，有被雇佣的自由选择的权利，有获得公平的良好的工作环境的权利，有得到失业保护的权利；

2. 每个人都有获得同工同酬的权利；

3. 每个工作的人都有获得公正和满意的报酬以保证他和他的家庭的生活需要，并且如果必要的话，还可以通过其他社会保护的方式获得补充的权利；

4. 每个人都有为了让自己的兴趣实现而加入贸易组织的权利。

准则五：只要当地文化不违背道德准则，跨国公司就应当尊重它。跨国公司往往代表着一种强势文化。由于它们在实力和财富上的优势，如果有意强行推销它们的文化时，往往会损害当地的传统价值和文化。因为这种文化或价值观的输入常常更多地带来强势文化中的糟粕而不是精华。比如，许多美国公司带入发展中国家的是一些美国人已经抛弃的文化。

准则六：跨国公司应当缴纳其公平分摊的税款。这一准则的针对性很强，因为在实际操作中，许多跨国公司通过种种手段逃避税款，例如国际价格操纵、转账支付和摆脱任何国家的管制。这些方法和手段可能是违法的，也可能在法律上是没有问题的，但是从伦理角度来讲，都存在着缺陷。

准则七：跨国公司应与当地政府合作发展和实施公正的背景机制。这一准则强调了跨国公司协助建立国际层级的背景机制的责任和义务。在国际商务中，跨国公司是主要的参与者，他们是全球一体化的重要组成部分和推动者，由于它们的特殊地位和能力，跨国公司对良好的国际背景机制的形成有着天然的优势和不可推卸的责任。与当地政府合作正是这一行为的必要步骤。

(二) 国际经济组织应积极发挥道德监督作用

国际经济组织正发挥着越来越重要的作用，它可以在一定程度上对国际营销活动进行监督和指导，使其正常、规范地运作。国际组织应不断加强自身在国际贸易中的作用，并制定相应的原则与规范，使国际营销参与者能够认真贯彻、执行。与国际市场营销相关的国际经济组织有世界贸易组织(WTO)，国际货币组织(IMF)，世界银行(WB)，亚洲及太平洋经济合作组织(APEC)，上海合作组织(SCO)，东南亚国际联盟(ASEAN)等。

世界贸易组织(WTO)成立于 1995 年 1 月 1 日，总部设在日内瓦。作为正式的国际贸易组织，它在法律上与联合国等国际组织处于平等地位。其宗旨是促进经济和贸易发展，以提高生活水平、保证充分就业、保障实际收入和有效需求的增长；根据可持续发展的目标合理利用世界资源、扩大货物和服务的生产；达成互惠互利的协议，大幅度削减和取消关税及其他贸易壁垒并消除国际贸易中的歧视待遇。近年来，为保证国际经贸活动的正常进行，强化了许多原则，主要包括：(1)公平贸易原则，它要求在成员国之间做到非歧视、反倾销、反补贴；(2)互惠互利并尊重贸易伙伴原则，它要求成员国在市场准入、关税减让、取消进出口配额、最惠国待遇与国民待遇等方面考虑伙伴的正当要求；(3)透明度原则，它要求成员国所实施的与国际贸易有关的法令、条例、司法判决、行政决定，都必须予以公布，一成员国与另一成员国所缔结的影响国际贸易的协定，也必须公布，以防止对第三方造成歧视。从某种意义上说，这些原则和规则已经成为经济伦理上的"国际惯例"，每一个成员国对这些原则的贯彻都没有理由敷衍塞责、讨价还价，甚至拒绝执行。[①]

国际营销组织不仅仅要把国际营销引导到正确的秩序上来，而且还要致力于把国际市场营销发展成符合伦理道德的营销，反过来，这也会更好地促进国际秩序的稳定发展。所以，国际营销组织应积极发挥道德监督作用，并且制定基于诚信的营销道德测评，以检测跨国公司的市场营销活动对所涉及的社会和人民的伦理影响。开展营销道德测评，会在两个方面产生积极影响：一是促使更多企业认同国际营销道德标准，将其营销行为纳入到国际营销道德规范中来；二是在开展国际营销活动、寻求合作伙伴时，会在信息搜集难度大、国外情况不了解的现状中更有效地选择合作伙伴，降低国际营销的风险。

(三) 完善国际市场营销的有关法律法规

当今的国际贸易与国际经济合作中法律、法规体系尚不完善，因此国际社会必须尽可能来完善法律法规，利用法律法规来清楚地界定并约束违法的、反社会的和反竞争的行为。虽然法律与道德不是一个范畴，但当经营者的道德意识不能提升到一定的层次时，法律的作用就突显出来了。目前，跨国企业在境外经营主要受目标市场国法律的限制，而本国法律一般不予以关注。世界各国应基于国家形象和国家经济利益的长远考虑，完善并制定相关国际营销的法律，在法律中体现对境外营销行为的约束。以我国为例，虽然我国加入世界贸易组织已 9 年多，但我国目前针对跨国企业的专门法律还不够完善，所以我国应加紧制定并完善相关法律，并本着树立国际良好营销形象的原则在相关法律中引入国际市场营销道德问题的处置办法。

(四) 消费者应提高维权意识

在国际市场营销中，各国消费者的维权成本较高，消费者维权的意识也较淡

---

① 纪良纲：《商业伦理学》，中国人民大学出版社 2005 年版。

薄，特别是对于那些发展中国家的消费者。由于传统文化的差异，各国消费者的消费习惯不尽相同，很多消费者的消费意识较为薄弱，这在一定程度上助长了跨国企业的诸多不道德行为。从总体上讲，消费者维权意识的增强，可以削弱国际经营企业的不道德动机，在一定程度上促进了国际营销道德建设。

（五）共同构建国际营销道德体系，营造和谐国际贸易环境

对于什么行为是营销道德行为，什么行为是营销非道德行为，不同社会文化背景下的企业对此的认识差异很大。因此，就有必要构建国际营销道德体系，制定国际伦理规范。国际伦理规范应包含各国企业的道德价值观，排除那些狭隘的、种族的、特殊的东西，还要尽可能地考虑利益相关者的观点。可以说，国际伦理规范是可以应用到所有地方的原则。国际营销道德体系除了国际伦理规范，还包括各国不同的伦理道德规范。因此，在进行国际市场营销中，除了要遵循国际伦理规范，还要综合考虑目标市场国的传统文化和伦理道德。国际营销道德体系应贯穿到企业国际市场营销活动的整个过程，即从营销调研活动开始，到针对目标市场特点，制定产品、定价、分销、促销、公共关系策略等。在这些营销活动中的道德性问题涉及不同的主体，不同的文化，不同的地域，因此，想要构建一个适应所有文化的道德体系存在着很大的难度，但当它构建成功时，将会在很大程度上规范国际营销行为，为国际市场活动的展开营造一个和谐的环境，并将极大地促进国际贸易的发展。

【案例 12-3】 灰色市场侵蚀 IT 业①

一项由毕马威会计师事务所与反灰色市场联盟合作完成的最新调查研究显示，灰色市场向信息技术制造商及其分销商提出了严峻的挑战。灰色市场同样还在影响许多其他行业，包括汽车、消费品、医药等。此项研究证实了计算机及其相关产品是受到灰色市场负面影响最为严重的行业之一，而每年通过灰色市场实现的 IT 产品销售收入高达 400 亿美元。此次调查研究了由 11 家主要 OEM 厂商、43 家授权分销商和 10 家从事经纪业的组织提出的灰色市场问题。

灰色市场有风险也有回报。巨大的价差与高额利润机会使得灰色市场参与者背着制造商进行交易。经过授权的分销渠道与灰色市场中的参与者不可避免地牵扯到一起，很多还脚踩两只船。OEM 厂商、分销商、经纪人和大型机构客户都参与其中，然而只有个人消费者毫不知情。

调查显示，OEM 厂商产品进入灰色市场有以下主要渠道：利用伪造文件或其

① 资料来源：新华网，2003 年 3 月 31 日。

他欺骗方式获得合法折扣，授权分销商购买多于其供给终端消费者实际数量的产品，再将剩余产品售给经纪商而非退回OEM厂商。OEM厂商有时需要处理库存积压产品以腾出空间给新产品，这也为灰色市场提供良机。灰色市场也为OEM厂商带来二次成本。这些成本表现为：终端消费者会因为产品质量问题而埋怨厂商从而折损厂商品牌。另外，有67%的受调查公司在继续为灰色市场产品提供售后保证，这也会侵蚀其盈利能力。所有OEM厂商都承认其受到灰色市场的冲击，但87%的受调查者表示仍然需要授权分销商体制，而只有一半的厂商提出对其分销商的交易加以控制。只有33%的被调查公司真正重视灰色市场问题并分配资源在该任务上。61%将责任归入销售和市场部门，而只有13%让内审部门处理。

分销商有时难以满足与OEM厂商订立的分销合约条款，这不仅由于分销条款的苛刻而且分销商内部也不存在保证销售渠道监控的控制系统。所有受调查分销商都表示在与经纪商竞争，他们提供同样产品但具有价格优势。面对漂亮而合法的包装，消费者完全不知其中可能隐藏的缺陷而导致其利益的受损，这些缺陷包括没有有效保证、不合格、已受损甚至伪造的部件等。消费者很少能从灰色市场买来的产品中获得满意效果，即使它们存在折扣。调查估计有60%的终端用户在灰色市场商品上有与合法市场商品同样的支出。

灰色市场能否被改造成IT业的增值因素呢？灰色市场已经成为信息技术供应链上的成熟并普遍的部分，所以如果完全取缔它可能会打破现有的平衡系统。为此，必须采取行动，即重新定义各方关系。关键在于改进分销渠道中各方的利益关系，并主动采取措施减轻灰色市场行为的冲击，来保证合法渠道的完整性。整个行业制造商与授权分销商之间改进条款设计以限制灰色市场行为并达到双赢目的的协议显然是突破口。但是只有在制造商与授权分销商相互商议作出决定的密切合作下实行的契约才是基础。

大多数的受调查者承认他们因滥用及欺诈受到影响，因此补救措施也同样需要从这里开始。灰色市场问题的解决还需从销售和市场部门开刀，因为这些部门中可能普遍存在着违反规定的现象。另外，寻求外部资源进行制造商与分销商关系的整合与管理也不失为重要的方法。

本章小结

本章主要介绍了国际营销伦理的基本概念和基本原则，列举了一些国际市场营销活动中常见的伦理问题，并从多角度提出了一些伦理策略。

国际营销伦理就是企业在进行国际市场营销活动时所要遵循的伦理规范，它是国际市场有序运转的重要保障，也是企业进行跨国经营成功的关键要素。国际营销伦理的基本原则主要有公平贸易原则、互相尊重原则、互惠互利原则。

国际营销活动中的伦理问题主要有倾销与反倾销、歧视、不恰当产品销售、平行进口、贿赂腐败等。倾销是指出口厂商在国际市场上，以低于正当的市场价，甚至低于生产成本的价格向某一特定市场大批量抛售某种产品，从而对进口国的某些工业造成重大损害或重大威胁的一种不正当的贸易行为，它严重违反了公平贸易的国际营销伦理。歧视在国际市场营销中是一个常见的伦理问题，通常包括价格歧视、市场歧视、待遇歧视、种族歧视、宗教歧视等。国际市场营销中不恰当的产品销售主要是指发达国家对发展中国家销售不恰当的产品，这里的不恰当产品主要包括有害产品，质量不安全的产品，甚至是垃圾。所谓平行进口，是指未经相关知识产权权利人授权的进口商，将由权利人自己或经其同意在其他国家或地区投放市场的产品，向知识产权人或独占被许可人所在国或地区的进口。国际营销贿赂是指跨国企业在进行国际营销活动时，通过提供、给予有价值之物，达到影响政府官员或企业人员履行其职责时所作所为的目的。

国际营销的伦理策略可以从以下几个方面进行考虑和分析：跨国企业构建正确的国际伦理规范；国际经济组织积极发挥道德监督作用；完善国际市场营销的有关法律法规；消费者应提高维权意识；共同构建国际营销道德体系，营造和谐国际贸易环境。

案例阅读与讨论

【案例】 欧盟对中国鞋反倾销，是伦理抨击还是恶意而为？①

针对欧盟对华皮鞋征收反倾销税，中国商务部公平贸易局负责人今天发表了措辞严厉的讲话。这位负责人指出，欧盟此举是对少数成员国贸易保护主义势力的屈从，是“损人不利己”的短视行为。

欧盟各国代表于 2006 年 10 月 5 日达成折中决定，对中国和越南产皮鞋征收反倾销关税。根据欧盟对华皮鞋反倾销案终裁，中国涉案企业中除 1 家因获得市场经济待遇被征收 9.7%的反倾销税外，其余企业均被课以 16.5%的税。反倾销税从 2006 年 10 月 7 日起征收，为期两年。这意味着未来两年内，欧盟市场的鞋类进口商将为原产自中国的皮鞋支付 16.5%的进口关税。这将大大损害中国皮鞋在欧盟市场上的价格竞争力。

欧盟皮鞋进口商组织进行的测算显示，中国皮鞋的均价为每双 8 欧元(合 10

① 资料来源：http://www.c－cnc.com，2006 年 10 月 11 日。

美元)。征收反倾销关税后,每双进口鞋价格应会上涨超过1欧元。这一新的税率将影响到14%的中国对欧鞋类出口。欧盟市场每年需要25亿双鞋子,目前中国产品占据欧盟皮鞋市场35%左右的份额。

自2006年4月欧盟下令对进口自中国和越南的皮鞋征收临时性关税后,中国皮鞋对欧盟出口额逐月下降。商务部外贸司提供的数据显示,2006年6、7两个月,中国皮鞋对欧盟出口与去年同期相比分别下降了3%和4.9%。2006年前8个月,中国皮鞋对欧盟出口仅增长19.2%,增幅明显下降。5天后,第100届广交会即将开幕。商务部外贸司司长鲁建华说,欧盟征收反倾销税肯定会对本届展会上皮鞋的成交量有所影响,不过具体情况尚有待观察。

对于中国皮鞋制造商尤其是生产低档产品的鞋业制造商来说,只能通过压缩出口业务或者裁减员工来应对反倾销关税的冲击。"欧盟对中国皮鞋反倾销将影响到7万中国制鞋工人的就业机会。"鲁建华今天回答本报记者提问时表示。作为劳动力密集型产业,制鞋业为来自中国广袤农村的数量庞大的农民工提供了就业机会。目前中国制鞋业从业人员多达400余万人。

中国商务部公平贸易局负责人指出,欧盟的反倾销措施不仅损害了中国企业的利益,亦令欧盟广大消费者、进口商、零售商的利益受损。"特别是对那些低收入家庭来说,无异于雪上加霜。"这位负责人说,欧盟商界团体和消费者组织纷纷对欧盟的终裁方案进行抨击就是例证。

欧盟有很多品牌鞋企业在中国构建了长期的采购关系,并在质量控制、技术标准、人员培训等方面做了长期投资。"欧盟的反倾销措施是对这一长期贸易关系的扰乱,难免使在华投资的欧盟鞋企蒙受损失。"该负责人指出,中国鞋类企业每年从欧盟购买6亿多美元的原材料,欧方的反倾销措施也势必损害这些原材料供应商的利益。

然而欧盟委员会却只看到欧洲部分制鞋企业和工人的损失,2001年以来欧盟的制鞋业已丧失了4万个就业岗位,这一定程度上是受亚洲产品冲击所致。"但这并不能阻止欧盟进口商从中国、越南之外的其他国家进口皮鞋。该措施无法达到其所预期的保护那些缺乏竞争力的南欧成员国鞋类产业的利益及就业的目的。"中国商务部公平贸易局负责人反驳说。

"欧委会在调查、裁决中存在诸多问题,违背了WTO所倡导的自由贸易和公平贸易的原则。"商务部公平贸易局负责人在接受采访时说。他再次否认了中国产品存在所谓倾销行为。该负责人指出,中国鞋类产业是一个高度竞争的产业,仅对欧盟出口的企业就达1000家以上,绝大多数是私营企业或外商投资企业。这些企业不可能以低于自己成本的价格出售产品,使自己亏损。这些企业也不存在政府给予的补贴。这位负责人说,中国政府加入世贸后,已严格按照世贸的规定取消了各种出口补贴。2005年以来，中国皮鞋对欧洲出口增长较快，主要原因是欧盟对华鞋类产品实施10年的配额体制终结后，中国出口潜力得到释放，与倾销毫无关系。欧盟裁决中国企业存在倾销完全是基于否定中国企业的市场经济待遇这一前提，这是不符合中国实际的。他特别指出，欧盟鞋类产业由于劳动力成本高、技术投资不足已不再具有比较优势。多年来，欧洲鞋类产业不断向盟外转移，就业减少，这也是国际产业转移的正常现象。"即使在欧盟对中国鞋实施10年配额期间，这一现象也一直存在。将原因归结为中国产品的进口是立不住脚的。"他说。

中国商务部认为，欧盟否决绝大多数涉案企业市场经济地位，不仅违背了欧盟在WTO框架下的义务，也与欧盟自己的法规和判例不符。此前，欧盟曾给予中国82家各类企业市场经济待遇，占申请市场经济待遇企业总数的35%，而在市场化程度很高的鞋类产业中，163家企业中仅有1家企业获得市场经济待遇。此外，欧方裁决中还存在待遇裁决不合理、替代国选择不合理、抽样企业代表性不足、损害及因果关系评估不全面、税率计算存在随意性等问题。商务部有关负责人表示，25个成员国在最终投票中，有12个成员国反对采取措施，只有9个国家支持，也说明欧盟的反倾销裁决存在问题。

"欧洲不能一方面宣称要成为现代化和充满活力的经济体，一方面又保护低效率的制造商免于全球竞争。该决定破坏了竞争、增长、就业以及消费者福利，没有人因此受益。"他援引欧洲体育用品联盟主席的一番话指出。

【讨论】

1. 该案例反映了国际营销中哪些伦理问题？
2. 针对案例，请提出具体的伦理策略。

思考题

1. 什么是国际营销伦理？它的基本原则有哪些？
2. 国际市场营销中常见的伦理问题有哪些？
3. 倾销和反倾销的概念是什么？
4. 平行进口的概念是什么，它有哪些特点？
5. 国际营销中的伦理策略有哪些？
6. 结合具体的国际营销案例，分析其存在的伦理问题及对策。

参 考 文 献

[1] 纪良纲.商业伦理学[M].北京:中国人民大学出版社,2005.

[2] 邝鸿.现代市场营销大全[M].北京:经济管理出版社,1990.

[3] 王方华,周祖城.营销伦理[M].上海:上海交通大学出版社,2005.

[4] 欧阳润平.义利共生论——中国企业伦理研究[M].长沙:湖南教育出版社,1999.

[5] 高朴.道德营销论[M].南京:江苏人民出版社,2005.

[6] 陈正辉.广告伦理学[M].上海:复旦大学出版社,2008.

[7] 郭金鸿.道德责任论[M].北京:人民出版社,2008.

[8] 韩德昌,窦家瑜.广告理论与实务[M].天津:天津大学出版社,1996.

[9] 汪涛.广告学通论[M].北京:北京大学出版社,2004.

[10] 伦纳德·萨菲尔.强势公关[M].北京:机械工业出版社,2002.

[11] 南怀瑾.历史的经验[M].上海:复旦大学出版社,1990.

[12] 刘继峰.竞争法[M].北京:对外经济贸易大学出版社,2007.

[13] 孙虹.竞争法学[M].北京:中国政法大学出版社,2007.

[14] 宿迟.商标与商号的权利冲突问题研究[M].北京:中国人民公安大学出版社,2003.

[15] 郭国庆.服务营销管理[M].北京:中国人民大学出版社,2005.

[16] 李进良,倪建中.信息网络辞典[M].北京:东方出版社,2001.

[17] 刘云章.网络伦理学[M].北京:中国物价出版社,2001.

[18] 郝戊,王刊良.网络营销[M].北京:机械工业出版社,2007.

[19] 李威,王大超.国际市场营销[M].北京:机械工业出版社,2008.

[20] [美]K.道格拉斯·霍夫曼,约翰·E.G.彼得森.服务营销精要[M].大连:东北财经大学出版社,2004.

[21] 乔·L.皮尔斯,约翰·W.纽斯特郎.管理宝典:开创管理新纪元的36部经典著作集粹[M].大连:东北财经大学出版社,1998.

[22] 曹培东,陈菲菲.亟待加强学生的网络道德教育[J].教育与职业,2004(1).

[23] 王泽应.论企业道德责任的依据、表现与内化[J].道德与文明,2005(3).

[24] 一泓.伦理主管——美国企业管理新趋势[J].中外管理,1994(6).
[25] 许平,刘青青.设计的伦理——设计艺术教育中的一个重大问题[J].南京艺术学院学报(美术及设计版),1997(3).
[26] 陈敏文,肖东升.论灰色市场及其对经济的影响[J].当代经济,2001(6).
[27] 薛虹.域名抢注的法律分析[J].科技与法律季刊,1999(1).
[28] 周磊.我国网络环境下的知识产权保护[J].图书情报论坛,2006(3).
[29] 张锋学.论网络时代网络隐私权的保护[J].河西学院学报,2005(2).
[30] 陶辉,石运光.论网络隐私权的法律保护[J].南昌教育学院学报,2005(2).
[31] 刘彻.网络隐私权及其法律保护[J].前沿,2005(10).
[32] 甘碧群.关于绿色营销问题的探究[J].外国经济与管理,1997(3).
[33] 杨文兵.论企业经济行为的伦理限度[J].社会科学,2001(8).
[34] 宋恩梅.网络知识产权保护的经济学分析[N].中国信息导报,2005(7).
[35] Debra L Nelson,James Campbell Quick. Organizational Behavior: Foundations,Realities and Challenges[M]. St. Paul: West Publishing Co., 1994.
[36] NC Smith,J A Quelch. Ethics in Marketing[M]. Homewood, IL: IRWIN, 1993.
[37] Gene R Laczniak,Patrick E Murphy. Ethical Marketing Decisions: The Higher Road(Needham Heights)[M]. MA: Allyn&Bacon,1993.
[38] L W Stern, A I El-Ansary. Marketing Channels[M]. Englewood Cliffs, NJ: Prentice Hall,1988.
[39] Thomas M Jones. Ethical Decision Marking by Individual in Organization: An Issue Contingent Model[J]. The Academy Management Review, 1991, 16(2,April).

参考网站及杂志

[1] 中国营销传播网
[2] 易卖管理学习网
[3] 电脑商网
[4] 全球品牌网
[5] 中国知识产权司法保护网
[6] 新浪网
[7] 中国直销网
[8]《新智囊》
[9]《信息时报》
[10]《北京晚报》
[11]《光明日报》
[12]《新闻晚报》
[13]《经济观察报》
[14]《国际金融报》